匡之文集 卷 9

Kuangzhi Personal Collection Volume 9

传为美谈

Spread as a Beautiful Tale

齐匡之 著

竹和松出版社

出版：竹和松出版社 (Zhu & Song Press)

Zhu & Song Press, LLC

North Potomac, Maryland 20878

书名：传为美谈

著者：齐匡之

责任编辑：朱晓红

责编信箱：editor@zhuandsongpress.com

封面设计：竹和松传媒

出版社网址：www.zhuandsongpress.com

印刷地：美国，英国

开本：8.27 inch x 11.69 inch

字数：204 千字

印次：2024 年 6 月第 1 版

发行：全球（中国大陆除外）

ISBN-13: 978-1-950797-54-7

ISBN-10: 1-950797-54-6

电子版 ISBN-13: 978-1-950797-55-4

电子版 ISBN-10: 1-950797-55-4

2021 年 3 月，参加纪录片《过年的画》拍摄，李伟摄于天津站

作者简介

齐匡之，笔名匡之。1950 年生于南京。籍贯天津。

是“老三届”一份子，曾插队高淳县顾陇公社松溪大队笠帽墩村。返宁后在南京市五金机械公司仓库工作，后任公司计统科专职商业情报员。就读于南京大学中文系，文学士。

曾辗转工作于数家企业，经历了国营五交化批发企业盛极而衰最后被外资集团收购兼并的全过程。

诗集《今夜无梦》和中篇小说集 《简单程序》千禧年由黑龙江人民出版社出版。另有数百篇文学作品散见于国内《诗刊》、《江苏文艺》、《新华日报》、《雨花》、《南京日报》、《青春》及香港《新晚报》、美国《世界日报》等各家报刊杂志。1986 年成为江苏省作家协会会员。

自上个世纪九十年代初不再给报刊投稿，闭门尝试感兴趣题材长诗创作，题材遍及两千多年前的牧野之战、十九世纪太平天国攻占南京及后来湘军攻陷天京、辛亥革命、二十世纪日军攻占南京、知青节拍等重大历史事件。

近年致力于“五古”（五言古体诗）的创作，所作一系列长篇五言古体诗，重点表现南京古城墙、雨花石、六朝建康繁华、历史胜迹、器与人之间关系、多维世界等，“以箫和歌”，体现南京悠久文化历史的独特魅力，实现形式和内容的统一。

目录

Tulane 大学是美国南方一所古老名校，始创于 1834 年

一家人在杜兰法学院门口留作纪念

女儿学业成功，一家人喜上眉梢

班级的亲友团来自五大洲

一家人身影与著名的橡树大道重合在一起

国会山是国家的神经中枢

在华盛顿纪念碑与一位美国现役军人合影

哈得逊河两岸有无穷无尽的风光

大都会博物馆里的兵器馆最得我的喜爱

借得万顷碧波，来写此行风情

举起心中的火焰，照亮自己的精神世界

于长岛一小镇街头小憩——赵苏拍摄

在拉斯维加斯巴黎赌场门口，与靓装美女合影。

九曲花街是“世界上最弯曲的街道”

斯坦福大学是美国教育的缩影

传为美谈：美国之行

前言

2006年4月11日是一个星期二，我陪太太许琪海一起赴上海梅陇镇广场美国驻沪总领事馆办理B2签证，申请理由是“参加5月中旬Tulane大学法学院的毕业典礼，祝贺女儿戴上硕士帽。”我们的签证申请顺利获得通过，这使得我们很高兴。其实我们原先也有顾虑，一家三口是当代中国家庭的标准结构，儿女出国念书，父母如果结伴前往探望，一不留意就形成了“全家在美国”的既成事实。我不知道美国签证官通常是根据什么原则来解决这种难题，实际上在我们之前，类似情况的拒签率还是比较高的。面对签证官的时候，我和太太神情坦然，言谈自信，始终保持轻松微笑，这些或许为我们赢得了一些加分。

随后我们预定了5月10日飞往新奥尔良的美联航班机。在那之后，我俩还计划赴华盛顿、纽约、水牛城大瀑布、洛杉矶、大峡谷、拉斯维加斯、旧金山等地旅游观光，历时一月左右。我们的基本想法是：既然已经一口气飞越了一座太平洋，就不妨把美国的东南西北逛一个遍。

5月1日是小长假第一天，南京市区天气晴好。下午去江东北路上的金盛百货大市场选购几只旅行箱包。那里货品的款式较为丰富，挑选的余地较大。太太与箱包小老板小崔讨价还价，最后以700元人民币的总价格购买了棕色牛津布旅行箱包三只，另外还购买了一只长形的带轮红色大旅行包。而这些箱子中最贵的一只标价就是700元，中国大市场的买卖谈判和价格虚实真令外人无法思议，商人报价的可信度有些形同虚设，流行的做法是把报价“拦腰砍一半”。回家后把新箱子打开放在主阳台上散发气味，这是保护自身健康很重要的一步措施，千万马虎不得，谁知道产品的甲醛等有害物质是不是超标呢。

5月2日上午，与琪海一起去往珠江路，在新华海广场上与大姐夫陈志明会合。五一长假期间，珠江路上人气鼎沸，许多商家雇佣大学生组成广告队，举着广告牌在街上川流不息来回走动，我初步估计不少于20支这样的流动广告队伍在汹涌的人流中添堵。我们起先在赛博广场帮助陈志明选购了一台佳能A620数码相机，商家送三脚架、相机包和充电套装，价格2560元。后又去宏图三胞珠江路旗舰店，在总经理张强先生那里为自己选购了一台佳能350D数码相机的机身，价格5606元，店家送一张512M的CF卡。我原来买的佳能300V上的西格玛镜头可以适用于350D数码相机，直接换用即可。只是原先的28-130变焦范围改装在数码机上后会受到影响，大约变成40-150，广角效果受到限制。

当日下午，前往小区后门对面的移动公司定淮门营业大厅，选中出国期间使用的一个全球通手机号码。预付了全球通漫游费3000元，开通了全球通功能。琪海原先使用的诺基亚6108手机是三屏手机，能在美国使用。

中学同学向利华天天有电话从纽约打来，通报我们将来在纽约旅游的安排事宜。今天正式定下了纽约以后旅行日程的具体事项。琪海真心赞道：“你的同学们真是认真、负责和细致呀。”我很得意地答道：那是当然了。

5月4日晚上，突然接到总公司办公室主任胡志刚的电话云，总公司副总经理蒋铁民与朋友谢某等四人自驾车去新疆旅游，在南疆若羌一带由于流沙发生车祸，大切诺基横过来在路面上不停翻滚，车上另外三人受轻伤，唯独坐在后排的蒋铁民由于没有系安全带受伤严重，他被拖出车后只说了一句话，“让我坐一会儿……”便不治身亡。夏文明副书记和仓储公司杜承美经理陪蒋的妻女一起连夜坐飞机赶往西部料理后事。我闻讯后十分震惊。蒋铁民平时为人正直，爱憎分明，对时局有着清晰鲜明的看法，与我们的交往不错。三哥齐贯之曾是他在九中就读时的校友并是他那个班级的高中辅导员，所以乍来总公司工作时我就留意到他了。蒋酷爱摄影，私人拥有标配的整套摄影器材，尤其擅长拍摄风景。在他去世之后，他的家人和朋友筹划为他出版了一本个人影集，展示出他在摄影领域的才华和风貌，这是后话。蒋的不幸去世令我深为惋惜，同时深感生命脆弱。

很久无雨。5 日这天总算下了几场很透的雷阵雨，但是室内的闷热一直未解。琪海上午去新街口屈臣氏专卖店给孩儿购买削发器，跑了几家店铺均无货。熨烫衣物，行李开始装箱。

6 日中午，齐娅从新奥尔良打电话来，5 门考试全部结束，“真正是脱胎换骨，扒一层皮。”譬如国际公法教科书两千多页，最后还要闭卷考试，真正是索人性命。当日考完后，孩儿下午大睡一通，晚上和同学邓晗、李玲一起外出用餐，犒劳自己。电话是从邓晗住处打来的。我们夫妇在电脑上和齐娅 skype 一番，约一小时。双方情绪甚欢快。

下午去新街口省中行开具外币携带证，中行定淮门支行不能办理这项业务，所以我们只能是舍近求远。目前国家的政策是出境可随身携带 8000 美元，超过便要开具携带证。每证手续费 10 元。我俩顺便去中央商场和新百商店购物。

邓晗母亲又从天津打电话来，告诉我们说她二次签证得过，将与我们同行，一起从浦东出发去美国探望孩子。

7 日上午俩人去“林夏发屋”理发和焗油。我特意剃得很短，人显得很精神。回家后对着镜子一打量，又感觉自己剃得太短了，以后应该稍微留一点发。

下午全部行李正式装箱并自行称重。美联航于齐娅去美国后把旅客大行李的重量从 32 公斤削减为 23 公斤（50 磅），这可能是航空公司考虑到油价暴涨，不得不省吃俭用，减少给予旅客的优惠条件。每人行李可以“两大一小”，但由于是夏季，衣物多为轻薄质料，我们的行李合计只有“四大一小”，省去一个小箱子未用上。后来我们才发现自己携带行李过多，很多衣裳根本没有机会穿上身，原样带回来了。

桔姐从上海打电话来，叮嘱外出旅行注意安全，并向娅娅问好。

8 日多云，琪海上午去鼓楼医院院办上班，迟至 11 时多才赶到家。我忙于装箱收尾工程。把家中所有的盆栽植物集中在两个阳台上，连续浇水，花盆底部的托盘都蓄满了水，我想这样大概可以支撑过 25 天时间了吧。

胡乱吃完中饭，所有的剩余食物全部倒掉。冰箱停止运作。关掉水电气。

午后，同学郑从光开面包车与三哥齐贯之一起来相送。701 次列车由于踏板高度与南京站新站台不匹配，所以这趟列车只可以在南京西站上车，途中不停靠南京站。当日南京气温极其闷热，由于要搬运行李，上火车时我还只穿一件背心。郑从光戏称，“你要穿着背心去美国了。”

701 车厢很空，这让我稍歇一口气。

列车抵达苏州，连襟小汪开车来接，连襟阿六也在车站迎接我们。晚宴丰盛，大家兴高采烈。但是齐娅的阿婆年届八旬却存有一个疑虑，她悄悄问旁人说，琪海他们带这么多箱子旅行，是不是打算留在美国不回来了？

飞往新奥尔良

2006 年 5 月 9 日，上海与苏州一带细雨绵绵。上午七时，司机小韩开来一辆金杯面包车到苏州东港小区来接我们去上海。我们预订乘坐的美联航班机将于当日中午从上海起飞.

从南京去浦东，原有三种方案可以选择。一是在中央门长途汽车站乘坐“红眼大巴”于前一晚的 11 时半发车，大约翌日天亮之前可以抵达浦东机场，价格是 136 元/人。琪海认为熬夜乘车太辛苦，便放弃了。二是抵达苏州后，可在观前街乘坐上午七时半的苏州直达浦东机场的大巴，价格大约是 85 元/人。三是我们现在采取的方式，提前到苏州亲戚处住宿，然后当天 300 元包车去浦东。这样做的好处是苏州离上海很近，短途过渡，路上出现障碍的机率较小，不至于延误航班。

同去上海为我们送行的还有琪海的弟妹琪苏和毛毛，侄女许心仪昨日模拟高考刚刚结束，今天也陪同我们一起去沪。路上几次有雨，但浦东一带是阴天。九时半准时到达浦东国际机场。

在机场大厅遇见邓晗的母亲关汝萍女士，她特地从天津来沪与我们会合，一同结伴赴美，关的妹妹们前来为她送行。琪海意外地认出同行的熟人中有南京妇幼保健院口腔科的朱维建医生。由于办理登机手续时缺乏经验，关和我们没有在同一柜台办理，我和琪海坐在 34D、E，而关汝萍坐在 56D，比较靠后。

这是一架波音 747-400 大飞机，可乘坐旅客 400 人。原定起飞时间是 12 时 45 分，但是实际上飞机于中午 1 时 15 分才离开跑道起飞。一路上乘务员不停送吃送喝。乘务组成员多是白人且年龄层次偏大，多为白发苍苍的“空爷爷、空奶奶”级别的乘务员，全部英语对话。前面公务舱的乘务员皮肤较黑，看上去可能是菲律宾人。

面前的大显示屏上出现飞机轨迹，一会儿跨过东京，一会儿超越国际子午线……显示屏上表示：飞机的巡航高度 3.5 万英尺，约一万多米高度。飞机的速度相当于地面行驶速度每小时 1000 多公里。舱外温度-52c°，“tail wind 187 公里”，这个名词比较形象，“吹在尾巴上的风”就是顺风。那逆风是什么呢？“head wind”？

前两排座位上有一名 20 个月大的中国男童，精神异常旺盛，不肯睡觉。他的母亲一旦试图催他入眠，必定会引发一场大吵大叫。这男童喜欢与后排一位大胡子中国旅客搭讪嬉戏，时间一长，大胡子也招架不住，最后筋疲力尽，在男童的百般调皮面前作敷衍状，十分有趣。

座位前方的大荧屏上，播放美国电影《金刚》，座位扶手上有耳机插孔，可以选择听取音乐或者新闻。各人裹紧一条小毛毯披在身上静心休息。

左右的中国乘客多是银发亲友团，有两对老夫妻是去美国探望子女。坐在琪海旁边的是一对苏北老夫妻，三个子女全在国外，一个在澳洲，两个女儿在美国，此次他们老两口是去得州的圣安东尼奥。他们此前来过美国，知道怎样享受美联航对于 60 岁以上老人旅行的优惠政策，事先预定了机场的轮椅服务，他们告知说乘客年龄超过 60 岁腿脚不便，可以申请在旧金山机场使用轮椅。

上飞机后，调整手表，把北京时间 13 时 40 分调整为美西时间 23 时 40 分，也就是在手表上往回拨了两个小时。

Ua858 航班上，关汝萍身边坐着一位刚从上海回国的美国青年，会说几句简单中文单词，一直与关女士有说有笑。这青年看见事先寄回国内的 Tulane 大学法学院毕业册上的齐娅照片，连声惊呼“东方美女……”

飞机飞行了13个小时，顺利抵达旧金山国际机场。我们在上海浦东出发时是北京时间9日中午12时45分，而到达旧金山时是美西时间9日上午8时45分。总而言之今天是乾坤大挪移，时间大错位，

飞机抵达旧金山机场后，一长溜轮椅车早已在登机口伺候到位。推轮椅的服务生一个个面容饱经沧桑，看起来并不会比享受轮椅服务的乘客年龄低，其中不乏亚裔。果不其然，我们看见邻座的那一对苏北老夫妻乘坐机场事先安排好的两辆轮椅车顺顺当当推出来了，我们彼此交换一个微笑的眼神。只是我觉得负责推那老先生轮椅的“车夫”年龄好像比乘坐者的年纪还要大，“车夫”一面高声叫嚷着“山东……”这是他刚打听来的乘客籍贯，一面尽心竭力办他的差事，一看就知道是一位十分开朗的劳力者。这场面未免有一点滑稽。

旧金山机场入境的队伍很长，秩序井然。在我们背后，是一大群日本少女，足有四五十人，看上去好像是一群初中学生。日本孩子开心异常，全无顾忌地高声谈笑，看来“肆意喧哗”并不是中国人专有的负面礼仪标签。不过对于一帮半大孩子来说，没有人会去计较她们喧哗的分贝值。问题在于有时一些中国的成年人在公共场所旁若无人高声喧闹，这就有碍观瞻了。

关员们全副戎装，佩戴手枪。一名关员指挥队伍“stop here”后离开。过了一会儿，另一关员过来，指令“go ahead”。队伍不动，前面的旅客提醒他这是在执行前一条指令“stop here”。后来的关员耸耸肩，“all right”。

美国公民和绿卡通道的那几支入境队伍迅速消失，非移民入境处的队伍立刻被分散到那边去临时享受了一下“公民通道”。可惜我们排错了队伍，还是成为了最后通过移民局窗口的三个人。行李早已被从行李通道上取下置于一旁。

在出境的最后一道关口，我们意外地又被耽搁了一会儿。可能是看见我们三个人姗姗来迟，一位三十来岁的海关人员闲着也是闲着，便过来“关心”一番。刨根究底盘问到底带了多少美金入境，还大张旗鼓叫我们填写了一张申报表，又一一检查随身携带的两只包。我与他的一位会讲中文的同事沟通后，说明情况，会讲中文的同事笑着说了他一句什么，方才pass。

那位无事找事的海关人员看见琪海明显是生气了，突然用中文说了声“谢谢”，琪海仍黑脸相向。

在旧金山机场转机。我们把刚刚取出来的行李重新托运。又再次通过安检，鞋和皮带全部脱下来，重新办理美国国内飞机登机手续，拍照，问清在81号登机口登机。

11时（美国当地时间，下同），使用娅娅昨日打电话来通报的美国电话卡号和密码，在旧金山机场给孩儿打通了电话，告知一切ok。母女通话分外喜悦和高兴。

12时15分，换乘波音737飞机从旧金山起飞去芝加哥。当天天气很好，能见度极佳。一小时后，窗外山峦起伏，广有积雪，估计是在飞越落基山脉。

飞行两个多小时后，往下看去，地面上整齐排列巨大方格，一望无际。方格内是巨大的圆，颜色有红有绿。每个圆的直径估计在数百米左右，不知是何景观。飞行很久以后，地面上的巨大方格景观依旧不变，极为美丽壮观，令人叹为观止。飞机降落前，鸟瞰芝加哥郊区，一幢幢房屋隐没在绿荫下，犹如是一辆辆汽车整齐停放在灌木丛中。呵呵，这些会享受生活的美国佬。

与ua858不同，ua843是国内航班，这趟航线上的乘客清一色是白种人，几乎没有黑人乘客，除了我们几人外，也见不到亚裔面孔。坐在我身边的一位四十岁模样的美国佬在苹果手提电脑上忙活了一阵之后，主动与我攀谈，互送名片，得知他是《Homes Magazine》的副主编，专门向富佬介绍和兜销价值百万美元以上的豪宅，怪不得此君的公关能力十分突出。他拿出几本杂志送给我，殷勤地为我解说端倪，我想他一定期望我能借此机会领略到他那个领域的无限风景。到达芝加哥后，副主编的转机时间比较充裕，他便自告奋勇地引领我们这些第一次来美国的三个“外国人”参观机场，还与我们在各个景致前面合影留念。

芝加哥机场有4座候机大楼，机场很大，从第5候机楼出来。要乘坐机场免费的客运小火车才能到达第2候机楼。该客运系统24小时运行，全程一共9分钟。由于有了熟悉地形方位的副主编先生殷勤指引，事先我在南京预备的用于在复杂的芝加哥机场里漫游的许多网上功课，就全用不上了。

18 时前后，我们换乘的班机从芝加哥起飞。飞机在跑道上足足排队 40 分钟，才轮到驶入主跑道滑翔起飞的机会。在此期间我们看见每分钟都有数架飞机相继升空，足见芝加哥空港十分繁忙。这一次乘坐的飞机更小，约坐 80 人左右。

晚点约半小时到达新奥尔良，远远看见齐娅和邓晗早已在出口处迎候。见到了独自漂洋过海出国留学的宝贝女儿，琪海和我十分激动。娅娅轮流拥抱我们，流下了幸福的眼泪。同学李玲在一旁用相机记录这开心的时刻。

在出口处的外间大厅，会见李敏教授和太太郑历勤，还有单老师，他们一起开车来迎接我们。

等到行李全部出来后，我们发现少了一件行李，是一只棕色的大旅行箱。齐娅出面去与机场有关部门交涉。一位黑人女士让填一张表格，答应尽快寻找。

邓晗一行乘坐单老师的车先行离去，他们都是大连海事大学的校友，单老师比邓晗要早几届毕业，当邓晗念书的时候，单老师还当过她的班级辅导员。而新奥尔良的 Tulane 大学法学院是全美国法学院中有关海商法的翘楚，海商法的精英荟萃于此。稍后我们也乘坐李教授的丰田 suv 离开。新奥尔良机场很大，不亚于浦东国际机场。室外空气湿热，眼镜片一下子蒙上雾气。

丰田车沿着 10 号公路南行。10 号公路一端连接着洛杉矶，另一端连往佛罗里达州，是一条横跨美国的十分重要的交通大动脉。后来车子下了高速公路驶入新奥尔良市的 Sante Charles 大街，尽管夜色浓重，依然可以分辨出两旁皆是法国风情的洋房建筑，风韵各异。

齐娅居住的 Zimple St. 7224 是一幢二层楼的别墅，坐落在 Tulane 大学的侧门门口，交通十分便利。美国房东自住一楼，二楼 5 个房间分别出租给 6 位中国留学生，其中有一对是夫妇。住在这里的多是理工方面的留学生如生物学或物理学博士生等，二楼住户合用一大间约有 20 多平方米的厨房，分用两间盥洗间。

齐娅房间约有 18 个平方米，高 3 米以上，有一排壁橱。

吃过齐娅准备的晚餐。拉开一张席梦思床垫铺在地毯上，席地就坐，畅谈别后见闻。凌晨 2 时左右入眠。

“卡特利娜”学分

在美国的第一夜风平浪静。然而我知道，至少我们夫妇二人和邓晗母亲的心情是不平静的，从美国的四面八方乃至世界各地前来参加本届 Tulane 大学两千多名学生毕业典礼的上万名家长和亲友的心情是不平静的，Tulane 大学全体教职员工的心情是不平静的，新奥尔良市市民的心情是不平静的，美国的心情是不平静的，因为……

因为这是经历过飓风“卡特里娜”（Hurricane Katrina）考验后该校的第一场毕业典礼。自 1834 年建校以来， Tulane 大学这一届全体毕业生获得的学分中间，有着十分特殊的“卡特里娜”学分。

齐娅是于美国西部时间 2005 年 7 月 21 日由旧金山入关，直接转飞新奥尔良。郑历勤女士开车前往新奥尔良国际机场迎接，协助齐娅在学校附近租房，还送来微波炉和电饭锅供日常使用。

齐娅自己取了个英文名字叫做“Fiona”，紧跟着在学校注册，银行开户，购买手提电脑并设法安装金山词霸软件，忙于开始选课和买书，“一本二手的教材居然也要 90 刀”，女儿在 msn 上表示比较吃惊。与此同时，孩子逐渐适应时差和适应当地伙食，她评价当地的“米饭细长，很难吃”。我们后来又在中国为齐娅选择和办理学生医疗保险，通讯频繁，中国全球漫游手机收费从来不含糊。齐娅与来自世界各地的新同学相识。法学院开学后就来了一个“下马威”，学习的量非常大。齐娅因此买了一个带轮子的书包来装沉甸甸的大部头教科书。对图书馆印象非常好，还有免费 coffee。自己动手开伙“焖鸡翅”。手机办理的几种选择，有时可以随便打……从 7 月 23 日至 8 月 29 日，齐娅的留学生活逐渐从杂乱无章向条理清晰过渡，她初步领略当地气候和风情，一切开始走向正常。

就在这时候，谁也没有料到，一场十分严峻的考验正在大西洋上空悄悄形成，随后日夜兼程向墨西哥湾和新奥尔良市逼近。

新奥尔良是一个来历很不寻常的美国城市，这是在一片炎热潮湿的沼泽地上发展起来的一座城镇，这座城市夹在800米宽的密西西比河和水面宽阔达1500平方公里的庞恰特雷恩湖之间，就像密西西比三角洲中的一个“深碗”，平均海拔在海平面以下，最低点低于海平面达3米，平时只靠防洪堤、排洪渠和巨型水泵抽水抗洪。一旦飓风来临，新奥尔良唯一能够幸免于淹没的办法是同时启动22座大型抽水站，可在1分钟内抽出数以千计立方米的水。只有这样，才能让城市免于洪水和雨水的威胁。

新奥尔良过去或多或少也被水淹过。它四周环水，墨西哥湾正对其门户。如果风调雨顺一切正常，在最好的情况下，要使这样一片庞大的区域不进水都是令城市管理者极其难办的事，更不要说该市是建在世界上一个最容易发生飓风的地区中央了。一旦风云变幻，立刻危机四伏，险象环生。墨西哥湾对于这座城市来说一直是潜在的危险地带，但它同时也是一座金矿——不冻的天然良港，这种极好的地理位置使新奥尔良稳获一条世界最重要的水路——密西西比河——往来船只带来的收益，此外还有大量海湾地区的产品，其中包括占全美近30%的石油，20%的天然气，包括全美第三大渔场。因此，正如许多人已指出的那样，即使新奥尔良彻底被风暴摧毁，美国也必须在它的基础上重建。

2005年8月23日，美国国家飓风中心（National Hurricane Center，NHC）发布说，编号为12号热带低压已在巴哈马东南方海域上形成。这是10号热带低压残余的一个中层涡度与另一个扰动合并发展成的热带低压。这个系统于8月24日早上增强为热带风暴，接着在8月25日持续增强为飓风，由此正式形成2005年大西洋飓风季第四个飓风“卡特里娜”，这场飓风于当天18:30在佛罗里达州哈兰达海滩和Aventura间登陆。

卡特里娜横过佛罗里达州南部后进入了墨西哥湾。在墨西哥湾超过摄氏32度的海水温度、微弱的垂直风切变和良好的高空辐散下，卡特里娜迅速增强为一场5级飓风，近中心最高持续风速为每小时150海里。卡特里娜再次靠近美国，8月29日破晓时分，飓风以每小时233公里的速度在墨西哥湾沿岸新奥尔良外海岸登陆。登陆超过12小时后，才减弱为强烈热带风暴。之后系统加速向东北移动，于 8 月 31 日在俄亥俄州转化为温带气旋。

对于新奥尔良人而言，飓风并不可怕。飓风早就成了新奥尔良的“老主顾”。因此，当市长雷·纳金（C. Ray Nagin）发布电视讲话要求市民大规模撤离时，新奥尔良人并没有大惊小怪。“女士们先生们，这不是演习，而是正在发生的事实。”雷·纳金市长在新闻发布会上命令市民疏散。“用木板挡住你们的房子，带上足够的药品，汽车加足油。这次来的飓风不同以往，因为它直冲向新奥尔良。”新奥尔良每年都会有飓风警报，人们对这样的警告似乎也习以为常了。而且这次飓风本来不是朝着新奥尔良来的，大家都没有太认真对待，很多人只带了随身常用的一些物品，权当白赚一个假期度假。

齐娅所在的 Tulane 大学也紧急行动起来，宣布组织师生们乘坐大巴撤离这座城市。当时女儿到达美国刚刚满月，对于这一突发事件缺乏足够的精神准备和思想认识，她周围的熟人都以为几天之后就可以班师回朝，齐娅因此也显得很淡定，连手提电脑也没有带，拿起手机就离开家门了。后面发生的一系列事情，从此给所有的当事人留下了终生难忘的印象。

“卡特里娜”飓风正面撞击新奥尔良。拥有 10 兆吨核弹能量的飓风卡特里娜，立刻让新奥尔良成为一座“水城”，由于随后堤坝防线溃塌，又使之成了一座“炼狱”。这是自 1900 年得克萨斯州加尔维斯敦遭受飓风以来发生在美国的最大一次自然灾害，当年曾经有 8000 至 12000 人丧生。而且自美国内战期间里士满和亚特兰大全城大撤退以来，还没有美国的大城市进行过如此规模的全城撤退。这次飓风的强度十分罕见，美国自 1851 年有历史记录以来只遭受过三次 5 级飓风的袭击，“卡特里娜”的最大风速排名历史第二。“卡特里娜”引发的巨浪和洪水冲毁防洪堤，直接导致了灾难的发生。圣路易斯大学的地球和大气科学家蒂莫西·库斯基说：“从自然的角度来看新奥尔良希望成为一个湖。”很明显，该城市此时已经如愿以偿。

在飓风登陆的最初几小时内，新奥尔良的一些街道还是干的。但到了中午，城内工业运河的防洪堤有两处决堤，大水涌进第九区的街道，水深 3 至 10 英尺。许多没有撤离的居民爬上屋顶避难。祸不单行，8 月 29 日半夜，第17街运河旁的防洪堤决堤300英尺，约有一个足球场长，庞恰特雷恩湖水汹涌灌入整座城市。监管防洪堤的陆军工程公司一时乱了阵脚，试图用直升机空投沙袋堵住大水，但由于全城的直升机忙于搜救工作，洪水猝不及防便迅速吞没了城市80%的地区，市区陷入一片汪洋。全城断电，湖滨机场和庞恰特雷恩高速公路都浸在水中。世界上最长的水上高速公路大桥——24英里长的庞恰特雷恩湖大桥也部分被淹。

人们又像二战期间那样围坐在电视机和收音机旁，电波中传来女州长凯瑟琳·巴宾诺·布兰科（Kathleen Babineaux Blanco）在巴吞鲁日临时办公地的声音："灾难比我们预计的要糟糕许多。为耐心和勇气祈祷吧。"飓风扫过之后，水还在继续往城里淹，部分地区水深已经达到20英尺。通过CNN和FOXNEWS的现场直播，人们惊骇地看到新奥尔良的中产阶级住宅区已经只剩下屋顶了。电线杆、交通灯、树、屋顶……一切东西都四处吹落。

飓风登陆的当天晚上，齐娅和她的同学们转移到了密西西比州的杰克逊市，后来又迁徙到阿拉巴马州首府奥克兰中心体育场，大家一起忙于购买枕头睡袋。当时飓风的前锋已经追上了她们，体育馆外面狂风骤雨，风声凌厉凄惨，十分瘆人。许多同学彻夜无眠。人类文明究竟可以承受怎样的自然力？在此时受到了一场空前绝后的严峻考验。在萨菲尔-辛普森体系中，五级飓风已是最高级。这一体系把飓风从强到弱分为五级：一级飓风的风速在每小时119公里到153公里之间，风暴引起的海浪高度为1.5米；五级飓风的风速则超过每小时250公里，风暴引起的海浪高度在5.4米以上。

随后几天的日子里，齐娅一行辗转来到了佐治亚州亚特兰大，住在佐治亚理工学院的学生中心，这里的条件要好上许多，流浪的学生们终于不要睡在地上而有条件在沙发上过夜了。此时新奥尔良方面的局势已经日趋明朗，大水淹城，回去读书绝不是一个月或两个月可以成行的事，Tulane大学校方建议本校的一万余名学生联系就近的大学借读，以免荒芜学业。齐娅与同学们也积极行动起来四方联系大学借读，并就近去了Emory大学法学院等地，顺便参观一番这座名闻遐迩的奥运城市。

许多大学闻讯向齐娅敞开了大门，其中包括印第安纳州立大学。当初齐娅在中国申请赴美留学，有6所美国大学寄来了录取通知书，其中就有印第安纳州立大学。经过斟酌，齐娅和同学们最后选择去了德克萨斯州的奥斯汀，在德克萨斯州立大学奥斯汀分校法学院就读了整整一个学期，由此再一次地与印第安纳州立大学失之交臂。齐娅在msn上说："maybe after one year, I will maybe a cowgirl."她那个班的其他国际同学有的去了华盛顿哥伦比亚特区的乔治华盛顿大学，有的去了其他学校，也有的同学就此不再回到Tulane大学，而在其他学校完成自己的全部学业。所有撤离新奥尔良的同学被允许在其他大学听课，学分也同意被转过来。

自9月7日开始，齐娅和她的同学们在一个全新的学习环境下重新选课，银行开户，申请学生id。9月13日去注册fema。赈灾的教科书迟迟未到，"幸好还有Westlaw数据库"。9月22日教科书终于发到了手。身边是一个全新的同学组合，其他的中国留学生个个是烹调高手，赛过"一帮大厨"，"我负责涮碗"成了齐娅的保留节目。辽阔的大学校园，每天必须乘坐校车前往自己的教室。小力哥哥从澳洲来电，全世界的人都在关注"卡特里娜"飓风和新奥尔良。不久Rita飓风又在觊觎新奥尔良，让在Austin就读的所有新奥尔良学生难民们虚惊一场。齐娅惊讶于Austin的图书馆的博大和精深。Austin图书馆的一位希腊裔的工作人员想来中国教书，齐娅通过邮件帮助牵线搭桥，试图协助这位陌生人实现自己的梦想。

齐娅留学就读环境在北美大陆上的这一番乾坤大挪移，作为亲属的我们身在中国大陆时刻给予密切关注。一方面在网站上密切注意"卡特里娜"动向，根据瞬息万变的信息做出自己的判读；一方面通过电话、msn给齐娅打气和鼓劲，勉励她战胜困难。我们还试图从南京给她邮寄"战地包裹"，让空手离家的孩子在物质上得到起码的一些补充。9月5日 10:59，我曾给南京市邮政局发去一封电子邮件，主题是关于寄往美国灾区物品吁求减轻救灾邮资的一项紧急请求，信中谈到：

"……一场两百年不遇、不期而至的'卡特里娜'飓风，彻底改变了一切。目前，齐娅已撤离新奥尔良市，颠沛流离先后去了密西西比州的杰克逊市和乔治亚州的亚特兰大市紧急避难。美国政府教育委员会同意受灾的学生转到美国其他院校读完上学期，学分可以保留。齐娅可能在这一两天辗转去得克萨斯州的奥斯汀市，就读于得克萨斯大学奥斯汀分校法学院。

“严峻的问题在于，齐娅和她的同学们在校方布置紧急撤出时，连一支笔、一本书也来不及带出来。包括手提电脑、上千美金购置的教科书、全部行李、自行车等统统扔在了新奥尔良宿舍。当下的齐娅，真正是赤手空拳，孤立无助。

“事起突然，而秋凉渐至，我们急于要给齐娅邮寄衣物和学习生活用品。考虑到航空邮寄到美国的邮资比较高昂，1 公斤邮资是 166.50 元，30 公斤是 2921.50 元。我们夫妇颇费踌躇，我俩皆是工薪阶级，为送女儿出国上学已经在经济上伤筋动骨，目前，重新置办女儿的生活学习物品，又将花去一笔不菲的费用，如果加上邮资，显然力不从心。

“当然，我们算这笔帐的前提是：毕竟在国内购买，要比女儿在美国当地购置要便宜不少。锱铢必较，本是一般市民不得已而为之。

“这是一个私人问题，仍属抗灾救灾范畴，我们夫妻抱着期待得到本市有关部门援助的心理，给贵局领导尝试发出此信。祈请贵局领导在可能的情况下，适当优惠或减免我家寄给女儿救灾物品的邮资，协助我们较好地度过目前的难关。多谢！”

后来，这封请求信还是得到了有关部门的关注，我们的特快专递包裹资费被适当地有所下调，虽然幅度不是特别优惠。

在 2005 年 9 月 14 日 15:02 的电子邮件中，我们写给齐娅道：“我们将在明天上午，通过特快专递（EMS），给你邮出 10 公斤包裹。预计 3 至 4 天，你就可以收到。这是所有邮寄方式中最快速的，也是最贵的。

“除此之外，邮局系统还有三种方式可以选择给美国的亲人邮寄物品：

“一是航空包裹，一般是 7 至 10 天可以收到，单价较贵，1 公斤是 166.50 元人民币，10 公斤 1021.50 元人民币。

“二是航空水陆运包裹（SAL），一般是 10 至 20 天可以收到，单价居中，1 公斤是 104.60 元人民币，10 公斤 474.50 元人民币。从大陆至美国是飞机运输，到美国后由美国选择方便的运输方式，也可能会是同样的航空运输，据说实际上运输时间与航空包裹相差无几，尤其是寄往航运业发达的美国，你可向同学们打听一下。

“三是水陆运包裹，一般是 40 至 60 天可以收到，单价较廉，1 公斤是 83.50 元人民币，10 公斤 263.50 元人民币……”

在 2005 年 9 月 15 日 14:56 的电子邮件中，我们又写道：“今天中午 11 时，EMS 的工作人员从爸爸的办公室风风火火取走了寄给你的包裹，重量 9.76 公斤，由于爸爸给市邮政局长写信所以减为半价收费支付了 839 元人民币。这个特快专递邮件包，将以最快速度专程专人送给你。请你记住什么时候收到这个包裹，用以验证中国 EMS 的工作效率……”

如同以前历次飓风一样，并不是新奥尔良市每一个人都愿意撤离。市区的“超级穹顶”（Super Dome）体育馆再次成为了“诺亚方舟”，容纳下约 2．5 万难民。体育馆外水深 3 英尺，卡特里娜飓风轻而易举在体育馆巨大的穹顶上撕开两个大口子，留下永久的创伤。室内空调坏了。然后灯也灭了。一台发电机只能让这个巨大竞技场在夜间微弱发亮，白天采光全靠屋顶裂口透露进来的自然光线。难民们排队领取食物，瓶装水少得可怜。在闷热的环境下，人体开始发臭。自 8 月 31 日开始自来水供应被切断。在黑暗的盥洗室里，墙壁和地板上都是粪渍。34 岁的难民塞缪尔•汤普森（Samuel Thompson）拿出他的小提琴，在体育馆内演奏起巴赫著名的Ｇ小调第一奏鸣曲，如同当年泰坦尼克号上的那支乐队一样，个人的英雄行为让人们得到了些许安慰。在馆外，令人鼓舞的情况也时有发生，15 岁少年贾巴尔・吉布森在灾难迫近时，勇敢地发动了附近一所学校里停着的一辆 70 座的黄色公交车，尽管这个孩子没有驾照和驾驶经验，但他大胆地扮演了英雄的角色，成功救助数十名乘客抵达休斯敦。同样乐观的还有滞留在体育馆内的孩子们，少年们赤足并衣衫不整在体育馆内进行橄榄球赛，儿童则玩耍空塑料水瓶。体育馆内混合着汗味、粪味和尿味的空气几乎令人窒息。布什总统宣布路易斯安那州进入紧急状态，在该州周围的基地储藏水、食品和冰块。

早在一年前，美国政府在精心设计的名为“飓风帕姆”的演习中，曾预见会出现成千上万人死亡的情景，与新奥尔良市的惨状非常相似。但问题在于，当时没有任何人愿意相信那是真的。

与此同时新奥尔良的飓风救灾行动一直在继续，9月5日救援人员在新奥尔良第十七街运河附近的防洪堤缺口上竖起金属板并用直升机投下了沙袋把宽约60米的缺口堵上后，救援人员开始把积水重新抽回到庞恰特雷恩湖。工程人员表示，一旦运河的水位被抽至2英尺即60厘米以下，第六号水泵站就可以开始运转，排出新奥尔良市内的积水。排干洪水约需80天。新奥尔良一些地方水位开始下降，处于低洼地带的沃德地区水位下降了30厘米，新奥尔良市区街道从此不再是“汪洋一片”，水退之后，有些地区可以说仅仅是“潮湿”而已。

美国国土安全部5日说，飓风至少造成27.36万人流离失所，他们分别栖身在16个州的临时避难所中，其中得克萨斯州承担了近一半灾民，他们中有的住在临时避难所中，有的住在私人家里。路易斯安那州受灾较轻的地区也接纳了5万灾民，阿肯色州安置灾民数量与路易斯安那州大体相当。而离灾区较远的华盛顿州和密苏里州等地也安置了不少灾民。这种状况一直维持到了第二年的2月，联邦紧急措施署6次派人前往2.5万多个酒店房间，向临时居住在那里的灾民发出问询，看他们是否要延长居住时间。有2万多申请延期居住的灾民获准将搬出酒店日期推迟至3月1日。

美国参议院民主党领袖里德9月6日估计，美国救灾和重建飓风灾区费用最终可能高达1500亿美元。他在美国国会夏季复会之际表示“风灾导致的情况让美国纳税人每天付出的代价，比他们为伊拉克战争所付的代价还高。”7日，布什政府要求国会批准在此前的105亿美元基础上再次追加518亿美元的赈灾款项，用于此次飓风灾难的救援和重建。此外，美国政府当天宣布，此次飓风灾难的灾民凡符合条件者，每人可获得额度为二千美元的借记卡，用以购买生活必需品。

当时，齐娅和她的许多国际同学都从美国联邦紧急管理局（FEMA）手里领到了每人二千美元的补助，用于流浪生活中的各种开支。但是FEMA

后来又称，国际学生不符合申领这笔补助的资格，于是，齐娅和她的国际同学们只好又把这笔钱如数地归还给了 FEMA。其中的过程比较曲折。

日期: 2005 年 9 月 14 日 5:48,齐娅发来电子邮件：“我注册了 fema，过程相当曲折，同学的 ride,到了一个 Austin convention center 的地方，先被告知一定要 ssn,我 argue 了半天，然后被同意去绑一个绿色的腕带（用来识别新奥尔良市民），接着又被告知不能注册，估计是因为国际学生的身份，于是换了一个展台继续 argue,然后被同意直接和美国政府 fema 的服务人员电话联系，被采集了 n 多消息之后，得到一个号码，然后被告知可能能拿到钱，我不确定最后的结果，但是当一切都结束的时候，我豁然发现我已经能以一个美国公民的姿态和别人交流了，哈哈!!”

日期: 2005 年 9 月 16 日 4:01，齐娅发来电子邮件：“真的很感动您们在南京为我做的努力,特别是在中秋团圆的佳节前期,让我倍感唏嘘,因此也对您们分外想念，希望您们一切都好！

“我很高兴我的努力没有白费，今天我一查帐户，果然多了 2000 块，呵呵，当时心情开心的不行，所以也没有顾及时差，就第一时间打电话给你们，与你们一起分享快乐，希望您们能理解，嘿嘿！”

日期：2005 年 10 月 26 日，齐娅在 msn 上透露说:

fiona(time is a river with no banks~) 说:

我有一个坏消息。

qkz 说:

什么坏消息？

fiona(time is a river with no banks~) 说:

fema 的钱我们必须还回去。

fiona(time is a river with no banks~) 说:

主体非法。

fiona(time is a river with no banks~) 说:

如果拿了，无法再次入境。

qkz 说:

还回去，就还回去。

fiona(time is a river with no banks~) 说:

而且信用纪录为最差。

qkz 说:

一点点小事。

fiona(time is a river with no banks~) 说:

（苦笑）

qkz 说:

$2000，对吧？

fiona(time is a river with no banks~) 说:

对啊。

qkz 说:

反正也没有什么大的损失，发发水啦。

fiona(time is a river with no banks~) 说:

……ok……明白了。”

日期: 2005 年 10 月 28 日 3:49,齐娅在电子邮件中声称:“关于 fema 的事，说心里话，我现在的心情非常复杂，或者说有一点沮丧，我花费了很多的时间和精力向 fema 争取补助，后来我成功了。可是现在 fema 一句话主体不合格就要把钱要回去。我不想拿我的未来冒险，可是当我回想起那段时间，每天都坚持等到凌晨两三点给 fema 打电话（因为只有那个时候我能打进去电话），并且一打就是一个小时，现在想来真的很不容易，难免有一点挫败感……但也许这也是我人生中一段宝贵的财富吧。嗯……我得想办法早点把钱还回去……”

“卡特里娜”飓风造成 1000 多人死亡，20 多万所住宅被摧毁，80 万人重新安置和上千亿美元的财产损失,美国东南部名城新奥尔良一度遭到“灭顶之灾”，灾区总面积约 30 万平方公里。一连串的损失数字，使这场飓风被称为“美国历史上最严重的灾害”。

也有人发出了惊人之语，认为“卡特里娜”飓风不是天灾而是人祸，美国爱达荷州在波卡特洛市 KPVI 电视台工作的气象预报员史蒂文斯已有 9 年工作经验，他表示从卫星云图看到“卡特里娜”的路径有许多旋转点，极为罕见，与自然界产生的风暴有很大差别，只有受到力量操纵才可能会导致这样的结果。他的理论是微波发射机产生的强烈电磁流，可以引发人为的风暴。因此他指认飓风“卡特里娜”是由日本黑帮利用俄国制的电磁装置蓄意制造出来的，目的是想在期货市场上大捞一把，同时报复美国在二次大战时用原子弹轰炸日本广岛。他还警告说，这些黑帮可能会重施故技，再袭击美国另一个城市。这种说法真正是匪夷所思。

“卡特里娜”飓风横扫美国南部地区，满目疮痍，但偶然也可以看到令人欣喜的一幕。据美国全国广播公司 9 月 15 日报道，有 8 只被洪水冲走而失踪的人工饲养海豚，14 日竟然自己找回了原来所在的密西西比州格尔夫波特一家水生动物海洋水族馆。救援人员在海洋水族馆曾经矗立的地点附近几百米外一片散发着恶臭的水里看到了这 8 只海豚。它们奇迹般地找到了回家的路。它们身上没有什么致命伤，只有一些刮破的伤口。

很显然，不期而至的“卡特里娜”飓风根本就不在 Tulane 大学的教学计划表上，齐娅和她的国际同学们在这样一场撼天动地的大灾难中间，所见所闻，所经所历，所思所想，对于她们的留学生活来说是一次极大的拓展和丰富，给她们的人生经历增添了罕见的磨练和考验机会。自从结束了在德克萨斯州立大学奥斯汀分校法学院一个学期的“借读”生活之后，齐娅于 2006 年 1 月回到了新奥尔良，回到了 Tulane 大学，继续完成后来学业的深造。她在留学期间始终面临繁重艰深的学习和考试，而其中的“卡特里娜”学分，无疑是最令人难忘的收获之一。

我于 2005 年 12 月 1 日 接收到杜兰大学校长发给杜兰学生双亲的邮件，目的是争取学生们准时回到“杜兰母校的怀抱”。我于翌日回复电子邮件，其中文版本如下：

“尊敬的 Scott S. Cowen 校长先生：

“作为学生家长，我很荣幸地收到了您的信件。我的女儿是 2005 年秋季入学的贵校法学院的 llm 学生，名字叫做齐娅。她现在得克萨斯大学奥斯汀分校就读，她和她的同学们已准备好于 12 月底返回新奥尔良，迎接杜兰大学新学期的到来。

“在飓风到来的那些困难的日子里，远在中国的我们听说校长先生冒着生命危险一直坚守在校照料各项艰巨事务，对此我们深为感动。您忠于职守的精神和大无畏的气概，本身就是一个伟大的榜样。我们把自己的子女托付给您这样的英雄校长感到十分荣幸并且深感放心。在此请接受我们学生父母的崇高敬意！

“我们来不及参加杜兰大学 2006 年 1 月 17 日春季开学的庆祝典礼。但是我们非常乐意双双出席 2006 年秋季女儿的毕业典礼。我们期待着提前收到您的邀请书，并于明年夏季在新奥尔良见到您和您的令人尊敬的同事们。我们期盼着这一天早些到来。”

新奥尔良街景

2006 年 5 月 10 日，上午 8 时多醒来，窗外阳光灿烂，从二楼窗口往下望去，街对过一幢美式的单层住宅座卧在绿荫之中，一只巨大的烟囱巍然矗立，单从这座建筑物的风格看上去大概就有百年历史了。夜里曾在朦胧中听见归迟的路人在窗下边走边用英语轻声交谈，让我真切地意识到自己身在美国。

早饭后，齐娅先到法学院办事，中午时分，又乘单老师的 SUV 车外出办理社会安全号等事宜。琪海和我上午没有出去，整理行李并料理齐娅的房间。稍后琪海开始准备中饭。

当天下午 3 时，接到了机场方面打来的电话，说是昨天丢失的行李找到了，“on the way”。齐娅准备了几美元零钱作为小费，就和妈妈一起到楼下去等了。过了一会儿，便喊我到楼下去提箱子。箱子是由一位上年纪的白人老伯开车送到家门口的，未等到齐娅掏出小费，送箱人便迅速离开了。我们笑着说，估计是这只箱子的归还期超出了 12 个小时，机场方面害怕齐娅提出索赔申请，一看到齐娅笑脸相迎，来人便如释重负，飞也似地离去了，哪里还顾得上接受小费呢。

打开箱子，发现箱内衣物的最上层附有一张纸条，上面声称

“Covenant

Thank you for flying from

San Francisco International,

a world 一 class AirPort dedicated to

serving the ″ City by the Bay ″ .

NOTIFICATION OF INSPECTION (NOI)

To protect you and your fellow passengers , Covenant Aviation Security (CAS) is required by law to inspect all checked baggage . CAS is a private company under contract with the Transportation Security Administration (TSA) to provide baggage and passenger screening at San Francisco International Airport .

As part of this process , your bag was identified for physical inspection . lf your bag was locked using non 一 TSA recognized locks , CAS may have had to break the locks . If prohibited items , including Hazardous Materials , were discovered during an inspection , they were turned over to the appropriate authorities .

Furthermore , to ensure the highest quality of service , CAS employees are continuously monitored by either direct supervision or camera surveillance .

We appreciate your understanding and cooperation . For questions and packing tips that may assist you during your next trip , or to learn how to submit a claim , please visit us at www.Covenantclaims.com.

Screener ID:101541”

原来箱子被机场安检员打开过了，东西未少，也不见得翻乱。不像今天上午邓晗打电话来说她妈妈的箱子被检查过，里面物品全部翻乱了。事后我主观上估计，这只箱子之所以会引起注意，是因为里面装有送给赵苏的礼品“青铜樽”，这金属物是仿造中国上古时期的酒器，造型古朴而华贵，因此显得有些奇特。在机场 X 光中，外国的工作人员肯定无法分辨这到底是一个什么奇怪装置，有关方面因此会戒心重重，一定要开箱验明真身才放心。

旅行箱完璧归赵，我们一行三人无所牵挂便去 Tulane 法学院参观。齐娅寄住的这套房子紧邻 Tulane 大学校园，我们走出家门一迈腿便跨入了校区，实在是方便之至。

Tulane 大学的登记地址是新奥尔良市圣•查尔斯大街 6823 号，其标志性建筑是校园内最古老的一幢呈现新罗马式建筑风格的建筑物，名为 Gibson Hall，也就是吉布森大厦。吉布森大厦是 Tulane 大学一个极为鲜明的识别标志，于 1894 年构造，象征 Tulane 的传统和历史。现在这座建筑物被当作 Admission Office，也就是类似于中国大学教务处专门审查和发放入学许可通知的办公室，被视为 Tulane 学者经历的一个出发点。

Tulane 大学环境十分幽雅安静。周围并无任何商业网点和设施。学校大门前方有一条刻意保留下来的古老的市内有轨电车线路，在飓风光临之前，会有电车丁丁当当驶过，穿梭于著名的圣•查尔斯大街上，通往繁华的商业区只有 15 分钟的路程。新奥尔良的有轨电车始建于 1834 年，与 Tulane 大学是同年问世的双胞胎，历史久远而且漫长。新奥尔良的有轨电车曾因拍摄《欲望号街车》电影而闻名全球。电车车身是斑驳的墨绿色，老式硬木座椅，一望而知历史非常悠久，简直算得上是仍在投入使用的活文物。Tulane 学校更是一所历史悠久、享誉全球的综合性私立大学，设有商学院、法学院、文学院、医学院、研究生院、计算机工程学院等 11 所学院，根据班级学生人数及学生的不同程度开设多达 1318 门课程。学校拥有包括诺贝尔奖得主及众多国际知名学者在内的 1000 余名教研人员。学校 99%的教研人员拥有各自从事的研究领域里的最高学位。12000 名在校学生来自 80 多个国家及全美 50 个州。美国众议院前任议长利文斯顿和金里奇，前总统卡特和小布什等的儿女均是 Tulane 大学的校友。

Tulane 大学的特色专业有医学、法律、商业贸易、拉丁美洲研究等。占地 110 英亩的校园坐落在市郊的高坡上，校内风景旖旎，美丽如画，是学习与进修的理想之地。Tulane 大学的弗里曼商学院（Freeman School of Business）声誉卓著，其商学，金融学，会计学，人力资源管理等专业的毕业生在就业市场上炙手可热。而法学院 100 多年来一直是学习研究大陆法和海商法的重镇，学术地位崇高。漫步在绿荫下的 Tulane 大学校园内，路两旁主要的建筑设施历历在目，有医学院，商学院，建筑学院，法学院，文理学院，社会学学院，工程学院， 中美洲研究所，生物学研究中心，能源研究中心，三角洲地区灵长目动物研究中心，法律研究中心，路易斯安那美术品收藏馆、爵士乐档案馆，珍贵图书收藏室，建筑学档案馆等。各幢建筑物风格迥异，气势宏伟，组成一道优雅的景致。Tulane 大学的教学在美国学术界一向以严谨和高质量而闻名，不论是专家还是学生都对 Tulane 大学的教学质量给予了甚高评价，Tulane 大学的师生比例仅为 1：9，学生上课绝大多数都是小班教学，学生参与讨论和表现自我的机会大大增加。Tulane 大学的转学率是美国高校中最低的几所之一，这个数据从侧面反映了学生对 Tulane 教学的认可和肯定，Tulane 大学的研究生升学率在全美排名前列，这也再次印证了 Tulane 优异的教学实力。Tulane 大学学生的整体素质很高，90%以上的学生都来自之前所在高中的 TOP20%，每年的平均录取成绩在美国名列前茅，SAT 平均分达到 1880 至 2140 分。因此 Tulane 大学在美国学界享有"南部的哈佛(Harvard of the South)"之美誉。大学自己也在网页上颇为自负地声称："you get a college experience found only at Tulane, only in New Orleans."此话是说，你要建立一种学院经验，只有在 Tulane，只有在新奥尔良。言下之意，颇有点儿舍我其谁的意思。

我们一家人先后访问了法学院大楼和法学院图书馆。图书馆是 Tulane 大学的一个主要组成部份，Tulane 大学图书馆藏书超过三百二十万册，还提供好几万种系列的物品收藏，包括巨大数量的数据资源如文本数据库和在线刊物。图书馆也收集政府文件，缩微复制文件和多种非出版物的媒体资料譬如音频或视频的复制品。其中仅 Tulane 大学法学院法律图书馆就有 40 万册的收藏，包括美国联邦标准法和州的法律，还有国际、外国的法律以及比较法律、民法和海事的材料。

Tulane 大学图书馆藏书的分类很有个性，除了数学、建筑学、健康科学等按科分类藏书，还有各种独特的资料珍藏，譬如有专门收集奴隶身份历史来源材料及非洲裔美国人团体发展和市民权利运动的 AMISTAD 研究中心；有专门为 A. B. 弗里曼学校教学、学问和研究活动提供支持的莉莲 A.和罗勃特 L. TURCHIN 图书馆；有收集爵士乐文件包括口述历史、手稿文件、记录音乐、相片、电影、音乐和管弦乐编曲；有收集超过 420,000 册的专门研究拉丁美洲考古学、人类学、历史、语言学、艺术、建筑学、电影、女性的拉丁美洲图书馆；有路易斯安那从殖民时代以来从人类学到动物学研究所有方面的书、小册子和杂志收集；有稀有书珍藏从不超过一英寸高的出版物到第 40 英寸高的卷册，从 500 年前的古书如古腾堡圣经（Gutenberg Bible）到 20 世纪初版的各种难以保存的书籍等。林林总总，不一而足。齐娅的几位同学利用业余时间先后参加了 Tulane 大学图书馆的部分辅助工作，她们有时候甚至会提供给借书方一些二、三百年历史的老书甚至是羊皮书，贴有“Delicate”(珍贵)的红色标签。图书馆里的书都上了价值不等的保险，每一本书上面都有内容不一样的借书协议，如果书有任何损害，赔偿也是不一样的，有的是书的原价，有的则是天价，由保险公司和借书人共同承担。完善的图书馆系统建设耗费大量资金和漫长时间，美国大学图书馆的“Academic Database”(学术数据库)基本上包含了学校开设的所有科目所需要的资料，分类详细，搜索的时间跨度在 150 年左右，也就是说你能搜索到 150 年前发表的学术资料，并且有完整的出版信息。美国的重点大学基本上把每年学费收入的一半投入到图书馆的建设上面，其中包括了资料库的建设。几近完美的图书馆系统折射出美国教育基础设施建设的完善，反映出美国人对于知识的尊重以及对图书流通和知识传播的重视。

日期: 2005 年 8 月 27 日 0:21，齐娅写来一封电子邮件，由此可见她当时的学习进程：

“亲爱的爸爸妈妈，你们好，

“我刚刚上完国际公法，今天是周五，现在是早上 10 点 23 分，晚上有一个 party，此刻我坐在法学院的图书馆里给你们写着这封信。

“首先奉上 yaya 2005 年秋季课表，如下：

“周一：11：30~12：45 国际商事仲裁

14：30~ 15：45 国际公法（必修，且为 4 个学分）

“周二：08：30~09：45 国际货物买卖

16：00~16：50 法律研究和法律写作（必修）

“周三：11：30~12：45 国际商事仲裁

14：30~ 15：45 国际公法

“周四：08：30~09：45 国际货物买卖

“周五：09：00~09：50 国际公法

“以上即是我这个学期的 schedule，但其间可能会有一些小的变更，我会及时通知您们。”

Tulane 校园大门的正对面——隔着一条名闻遐迩的圣•查尔斯大街——乃是一座名为 Audubon Park 的巨大公园，占地约 385 英亩，接近 160 万平方米，为此地市民尤其是学生提供了散步、慢跑和休息的最佳场所，同时又是一处学习和思考的理想环境。这是一座长方形的大公园，中心的一些区域设有高尔夫球场和网球场，外面一圈是环绕整座公园的柏油路，路上标记着白线，一侧供行人和跑步的人使用，另一侧提供给自行车和滚轴溜冰爱好者使用。一条窄长的水系与环湖路平行延伸，像舒展的双臂温柔地轻抱大片的草地。水面上常聚集成群的各种鸟类，傍晚太阳落山时候，坐在长椅上用面包渣喂鸟是件很惬意的事情。常有人在公园里跑步、骑车，溜冰，积极锻炼身体。一名溜旱冰的姑娘双腿并起一路滑行路过我的身边，姿态优美高雅，令人赏心悦目。公园里有一座动物园，按照自然栖息地设计和展示各种动物，包括白短吻鳄区、沼泽区、热带鸟园、蝴蝶馆、红鹤池和海狮区，动物超过 1500 种，游客有机会和动物亲密接触，也常有海狮和大象表演，我们拍了很多照片。

紧邻着 Tulane 大学旁边，西南一侧是一所教会大学，名字叫做 Loyola University，规模比较小，也有上百年的历史。在历史上一座城市两所大学并蒂盛开的情况，似乎不太多见，因此也显得很亲切。当然现在中国的大学城几所甚至十几所大学扎堆的现象比较常见。那又是一回事。此外好像在芝加哥也有一所 Loyola University，不知道他们之间是什么关系。

晚上，南京老乡周伟列先生开一辆 SUV 过来，载我们去 Down Town 的 French Centre 观光。原来我以为是大学这边地势较高，因此命名为 Up Town，实际上几乎所有美国城市都有 Down Town，不一定是指地势低的区域，而是泛指商业区的意思。不过事实上“卡特利娜”飓风来袭时，Up Town 这边地势确实较高受淹很少。Down Town 地势较低受灾严重。

French Centre 是新奥尔良市的著名景区，凡来本市的观光客一定不会错过这个独特的参观机会。因为这座城市原本就是法国殖民地，法国文化的痕迹十分深刻和悠远。1716 年法国投资者从苏格兰人手中买下这片土地，当时这里被描述为“遍地是黄金的天堂”。两年后法国皇帝路易十五发布命令在这片湿地上建立殖民地，以当时法国摄政王奥尔良的名字命名，并且要动用奴隶来建造。在后来的岁月里，这个海港城市几次易手，先是落入西班牙人手中，后又被归还给法国。早期曾发生两次大火，几乎摧毁了整个城市。1803 年拿破仑以 1500 万美元把新奥尔良连同整块密西西比河流域卖给了美国，这就是著名的“路易斯安娜交易”(Louisiana Purchase)。在 19 世纪上半叶，随着南方棉花种植业的大规模形成，新奥尔良逐渐成为棉花集散地和黑奴市场中心，商业开始繁荣起来，成为“南部的皇后城”。新奥尔良作为一个港口城市，很快在棉花进出口贸易上占有显著地位。1840 年这座城市的人口达到 10.2 万，成为当时美国第四大城市。1896 年，新奥尔良开始开凿运河，整治航道，扩大港口水域，尤其是 1914 年巴拿马运河通航后，船只从这里起航可以直抵拉丁美洲西海岸、亚洲、非洲东海岸及大洋洲港。随着贸易范围的扩大，港口吞吐量的上升大大促进了这座城市的发展。

SUV 在 Apartment 大街上停下，旁边就是举世闻名的 Cafe Du Monte 咖啡馆。建筑古老，有屋顶，但是四面是开放式结构，这让我完全没有想到。当时是晚上七时左右，店内高朋满座，更多的宾客纷至沓来。周伟列开车自行去学校实验室了，他答应稍后来接我们回家。周曾在日本修博士后，多年前转来美国新奥尔良大学任职，专门研究材料。一家三人步入 Cafe Du Monte 咖啡馆落座，齐娅叫来两份 Café Au Leit 和一份 Beignets（三只油炸果子，上撒糖粉），价格不贵，每份$1.59，连小费算在一起总共才不过$6.00。我们静静地品尝着法式咖啡和法式甜面包圈，一面谈话一面欣赏进来出去的俊男靓女。门口一只吉他在流浪艺人的手下优雅地拨响，街头音乐家吹奏 Saxophone（萨克斯管）华丽悠扬的音符时时在身旁流淌。街上车流穿梭，有马车得得地走过。几辆大功率摩托车呼啸着穿街而过，后面紧紧跟着一辆警车。

出了咖啡馆，旁边就是世界第三长河密西西比河，我们走上河堤眺望，夜色下的河景安谧美丽。密西西比河全长6200多公里，是北美洲流程最长、流域面积最广、水量最大的河流。“密西西比”一词来源于印第安人阿耳冈昆族语言，即“大河”或“老人河”的意思。记得我在上小学时曾从唱片中听过美国著名男低音黑人歌唱家保罗·罗伯逊演唱的《老人河》一曲，“Old man river, /Dat old man river! /He must know something, /But don' t say nothing. /He just keeps rolling, /He keeps on rolling along. /He don' t plant tatoes, /He don' t plant cotton, /And dem dat plant'em is soon forgotten, /But old man river, /He just keeps rolling along. ”音色浑厚深沉，印象深刻，从此过耳不忘，一直对于密西西比河充满无限憧憬。后来才知道这位著名的黑人歌唱家居然是毕业于哥伦比亚大学法律系，此后一直从事戏剧演出和电影拍摄等活动。但在夜色中看上去，我觉得眼前这条世界级大河的河面似乎比长江的南京段江面要窄。

一家三人悠闲散步，走出好几个街区，街上商店林立，但是夜间坚持开业的店家已然不多。新奥尔良以“Voo Doo”著名，也就是“巫毒之术”，这是一种没有组织和文字教义的原始宗教。美国南方数州有巫毒教，主要是由海地黑人经由古巴移民带入美国，而以新奥尔良的巫毒最为传奇和神秘，这归功于巫毒女王玛芮拉芙母女二人的想象力和创造力，她天才地将天主教、巫毒教以及印第安人的草药智慧揉和在了一起，保留了源自非洲的原始宗教中神秘性感的成分和祭祀活动中怪异惊人的场面。但她在神龛里供奉的不再是张牙舞爪的黑人神仙的面具，而是玛丽亚圣像，还有天主教圣徒、十字架、蜡烛和圣水。美国南方种族混杂，信仰各异，各种教派在新奥尔良自立山头，但都不为白人社会认同。由于玛芮拉芙让巫毒披上天主教的外衣，不少克里奥人和白人都来加入，法场就没有人来干涉了。我们看见有些商店会在门口陈列着一具直立的骷髅，大小与真人相仿佛，在电动机驱动下有节奏地扭动躯体，前仰后合，看上去十分怪异。据说在每年的新奥尔良狂欢嘉年华上，民众大肆互相抛洒的五彩斑斓珠链上也寄寓着巫毒的深刻含义。

法国区以杰克逊广场为中心，周围矗立着早期法国和西班牙时期的许多建筑，如广场对面灰色塔尖的圣路易斯教堂，西班牙时期的法院、市政厅、乌苏莱修道院和法国市场等。建于 1831 年的乔治亚式大厦里面珍藏着美国南方早期考古发掘的印第安古董。杰克逊广场建于 1721 年，广场上有杰克逊跃马挥戈的铜像，英勇威武。如今这里是人们游乐聚会的场所，也是剧场和商业中心，闻名于世。法国区内有 70 多个街区是法国式建筑，街区笔直狭窄，街道两旁种植着香蕉和热带林木，盛具南方热带城市风光。这里的居民大多说法语，吃法国菜，保留着法国和西班牙风俗和习惯。所以有人称此处为“美国的巴黎”。

终于走到了举世闻名的 Bourbon Street（波旁街），这是一条东西走向很长的小街，两边多为酒吧，舞池等餐饮娱乐场所，色情与毒品混迹其间。路两旁到处是大大小小的脱衣舞店，门口张贴着一张张脱衣舞娘的半裸艳照挑逗着过往的游人，Bourbon Street 长年累月十分热闹，世界各地的客人慕名而来，据说新奥尔良每年的外地游客多达千万，那么游览和参观过这条街道的人累计下来就是一个天文数字。我看见一名丰满女子立在门口柜子后面不知销售何物，她一见我走近，便开始晃动双乳，以示热情。质量上乘的舞场有西装革履的汉子看门，而便宜的舞会就靠小二在门口吆喝“免门票啊，快来快来。”波旁街两侧的大小酒吧多沿袭西班牙古老建筑风格装饰着黑色雕花生铁栏杆围起的美丽阳台。四名威风凛凛的白人巡警骑着高头大马一字儿立在一家舞池前面，一名透明上装的舞女手捂双乳走出来，立在马头前平静地与巡警对话。过了一会儿，巡警走开了，沿街巡逻而去。突然附近一家爵士乐场里面开始演奏，重磅音乐的强烈声波像地雷爆炸般冲上大街，让一匹高大的青骢马受惊了，开始横过身来乱蹦乱跳。马上的巡警竭力保持坐姿，不停抖动缰绳，终于设法控制住了坐骑。街上的秩序又恢复了正常。

刚走到波旁街的一半，天空开始落小雨点。我们没带雨具，商量一下，便折身准备回家。此地的灯红酒绿、狂放不羁已使琪海处于高度紧张状态，马匹受惊蹦跳更加深了她的不安，害怕会遇到什么不测。我虽然意犹未尽，但是知晓大局为重，一家人便转身撤出这条闻名遐迩的小街。

我们在 Royel 街口等待周伟列的尼桑 SUV，时间稍长，一名过路的中年白人便走上前来关心地询问："Lost?"齐娅告知在等朋友的车并谢谢他。新奥尔良是美国最富异国情调的城市，当地人也承认这里是美国治安最差的地区之一，但新奥尔良彬彬有礼的路人、洁净的街道乃至宽松优雅的生活氛围，给我留下了上佳的印象。

这天夜里大风，呼啸不停。适逢齐娅的白人房东请来一批墨西哥工人在维修房屋，屋顶工程正在进行中。可能是昨晚收工时某片金属板的固定工作没有结束，便在彻夜的大风中像长笛的簧片一样唿哨许久，仿佛是即兴演奏花哨奔放的爵士乐。

琪海时差未倒过来，夜里三时左右便唤醒我说话，至五时多再次沉沉睡去。再醒过来已是八时多，升起窗帘，满目灿烂阳光。

美国城市干净整洁，齐娅的电脑椅从未擦过，下面的支架也无灰尘。

当天下午，琪海和我步行浏览 Sante Charles Ave 大街。沿街房屋千姿百态，展示出无数精致造型。房龄一般都很长，如齐娅现在居住的小楼据房东说已超过一百年历史了。可见，在许久以前，美国人就开始追求舒适、体面、精致的生活，他们生活品味的"修炼"由来已久，影响深远。

沿着 Sante Charles Ave 大街一路向西，经过与 Carrollton.Ave 大街的交汇处，我们又登上密西西比河堤岸瞭望。流经市区的这段密西西比河呈新月形弯曲，新奥尔良故有"新月城"的别名。这里地处密西西比河三角洲，水道纵横，地势低洼，平均海拔仅 1.5 米，不少地方低于海平面。堤岸上人不多，来往的多是骑车和长跑健身一族。美国人十分重视身体锻炼，用以保持傲人体格和健康体魄。我所见到的美国男子多是身材健美，充满自信。我见到的美国女子普遍身手矫健，步履轻盈。美国人昂然、快乐、积极的精神面貌引起我的重视，他们注重的健康包括身心两个方面，对于社会对于个人来说，健康的心理和健康的身体才是一生中的最佳财富。

齐娅下午为法学院一位 JD 一年级的美国女生讲授一小时中文，然后连续参加法学院的 Party 和一名教授在波旁街上举办的一个 Party，很忙碌。她把房门钥匙留给了我们，而我怕她迟归进不了门，当晚 10 时 30 分至 11 时 10 分，便一直伫立在楼下门外静候齐娅归来。宁静的夜晚，空气新鲜，我穿着 T 恤和西装短裤，始终没有觉得蚊虫骚扰，这让我颇感意外。夜色撩人。

我站立的位置是在 Zimple & Pine 的街角，目光所及，街边停放着十一辆车，其中九辆是 SUV 或者“鲢鱼头”皮卡。只有两辆是轿车。美国很多人喜欢开 SUV，福特和通用的 SUV 又比日本的同类车型大出很多。还有不少人驾驶着巨无霸般的大皮卡，前身活似大卡车。我想，按这种趋势发展下去，总有一天，美国家庭的车辆要变成“家庭豪华大巴士”。

夜色中，一位娇小的白人女郎驾驶绿色大 SUV 轰然开来在面前停下，绰约多姿地走出来，短裙，露肩装。与大型座车形成了鲜明的对比。由于仍在等待联邦政府的赈灾资金，灾后的新奥尔良市区道路还没有修缮，大型轿车的优势这时就显现出来了。门口右边 20 米处，街心路面有一汪水，下面是个坑，“高深莫测”。通常轿车疾驰而过时，底盘无不发出刺耳声音。一辆轿车的司机因此还特地停车下来查看一番。而大型轿车路过时，充其量只是晃动一下，底盘无恙。大轿车和小轿车的区别，在路面不佳时表现的确不太一样。

街面上有一些黑色的垃圾袋堆积在路边，有待于市政当局处理。据悉，由于人手紧张等因素，现在每周只能来清理一次门前垃圾，而在飓风之前，每两天就来清理一次。许多黑人在飓风来临时离开了这座城市，至今也没有全部回来，致使许多工作无人来做。据最新的人口普查数字，新奥尔良市的 44．5 万人口中，黑人人口比例超过 67%，而全美黑人人口比例平均为 12%。当今的新奥尔良市市长雷•纳金（C. Ray Nagin）先生就是一位黑人大叔。在美国，联邦政府和地方政府的关系不是从属关系而在很大程度上是一种合作关系。美国强调的是有限政府。政府的职能部门和职员不像中国的地方政府那么庞大。美国很多城市的管理人员甚至多为兼职，而不是专职。所以地方政府的职能履行有时候不是很全面。较小的城市甚至可能不提供警察服务，也不提供消防服务，而只负责供水供电。而改由其他城市负责提供这座城市的警察和消防服务。城市之间可以签订契约，进行合作。所以在地方政府层面，力量是有限的。在这种情况下，一旦发生飓风，联邦政府的协调作用就显得十分关键。

今天夜里无风，环境十分安静，屋顶那片会奏乐的金属板也彻夜无语。凌晨时分窗下迟归的路人几句美式英语偶尔飘入耳际，再次提醒我，这里是在美利坚合众国的土地上。

草坪嘉年华

中饭时分，齐娅讲述了去年飓风逃难的见闻，感触良多。当她们抵达亚特兰大乔治亚理工学院时，路上学生们每每会主动迎上前来，向带着腕带标示的新奥尔良的受难学生嘘寒问暖，询问需要提供何种方面的帮助和支援，这种友爱精神令人深刻感动。后来得知，在新奥尔良的避难学生到达亚特兰大的前一晚，该校校长曾亲自给本校每一位学生的电子邮箱寄发邮件，要求他们尽个人所能帮助受灾的学生伙伴。

基于这些来自于新奥尔良的受灾学生此前已经在本校购买了全套教材，美国两大出版社承诺免费向流浪在外的新奥尔良受灾学生提供教材。沿途的各地教会和慈善组织更是发挥出巨大的赈灾作用。齐娅和她的同学们不止一次地受到了众多民间组织殷勤的无私款待。到达奥斯汀后，教会帮助供应床垫和书桌，红十字会供应“粮票”。2005 年 9 月 14 日 5:48，齐娅在电子邮件中说：“这里的教会给了我们很多帮助，床，书桌都是他们搞定的。”9 月 26 日的电子邮件写道：“我现在是吃东西花粮票，买东西花红十字会的捐赠，暂时还不用掏自己的钱。”9 月 27 日 5:06，齐娅在电子邮件中又说：“刚才忘了说了，Ut-Austin 今天给我们（Tulane 来的学生）发了 100 块钱的 Wal-Mart 的购物卡，哈哈，让我隆重怀念起苏果的小绿纸，嘿嘿，就是这事儿，小小的快乐也和你们一起分享一下。”一些去了华盛顿哥伦比亚特区的乔治华盛顿大学转学念书的新奥尔良的受灾学生，在当地教会组织的帮助下免费住宿时间甚至长达一个学年，让人们切实感受到了来自社会的博大精深的爱心和同情。受灾师生佩戴的特殊腕带成了他们的保护神和避难物，一位我们认识的老师值此期间一次在外州驾车超速，被警车追上来叫停了，当警察看见驾车人的腕带时，破例地让这位老师免受处罚离开了，只是口头上做出警告代替了罚款。

2005 年 9 月 16 日 4:01，齐娅在电子邮件中写道："马上 4 点多，Tulane Law School 的院长会到这边来给我们开一个会，抚慰一下众人的情绪，会不会像我们合唱'同一首歌'那么煽情呢？哈哈……"

谈到在德克萨斯州立大学奥斯汀分校法学院就读的几个月生活，齐娅感慨万分。奥斯汀美丽宁静的校园生活仿佛是伊甸园一般，在这些国际学生面前展开了另外一个仙境世界：森林绿荫，草地蔓延，鸟语花香，平静安谧。齐娅住在 University Height Apartment/Apt # 1088/2088/2101 Burton Drive,Austin,TX78741，每天要乘坐校车穿行于广阔的校园，来回于法学院和住宅之间。

齐娅在 09 / 26 / 2005 的电子邮件中写道："我这里的生活正一步步走向正常化，我每天早上大约八点半出门，搭乘八点四十五的班车，在九点半之前达到图书馆，将同学做的便当放入六楼的 locker，then 下到二楼 check 邮件，并回复一些。我的第一节课是十点半的冲突法，从周一到周四。十一点二十结束后，回到六楼取便当带到二楼的学生休息区热，吃完后赶着上十二点半的网络法，上到一点四十五。比较特殊的是，周三的晚上要上三个小时的商事仲裁，一直要上到八点钟，第一次没有经验，在饥寒交迫中度过（美国的空调，我是绝对无语……），这次会记得多穿衣服和多带食物的。老师很不错，一看上去就是一个有着丰富经验的律师，就是讲话有点声嘶力竭，不过相当幽默就是了。

"除了周三，我一般都是七点左右到家，然后等着吃饭，当然吃完我要刷碗，呵呵，也还好了。周三的话，回到家要十点多了（那会儿的校车是一个小时一班，我再次无语），好在我们有三个人，比较不会害怕，那天是最疲倦的，一般吃完饭洗完澡再看书一个小时就要睡觉了，因为一天下来实在太累。"

日期：2005 年 9 月 14 日 5:48，齐娅在电子邮件中写道："终于在学校找到一个可以写中文的计算机，真不容易，呵呵。

“我在这里一切都好，不用担心我。这一周虽然是正式上课，但还有很多事要去办，值得庆幸的是，我依靠自己的能力都解决了。我发现经历过 Hurricane 之后，我是真的长大了很多，懂得一个人去面对很多问题和困难，你们是不是也一样为我高兴呢？

“这一周试听了好几节课，然后会在明天做出一个最后的决定，add 或者 drop 一些课，我会及时告知你们的。

“买教科书实在是一件很痛苦的事，因为统统很贵，used 又已经被本校学生买光，还好一些大型的出版社对于 Hurricane 的学生实行免费赠书，痛苦的是我必须要先 order 然后等。所以我采取了先买再退的方法，这里的书店是 4 天之内无条件退书，希望那些‘赈灾’的书快点到才好。

“Ut-Austin 非常大，我每天做 shuttle bus 来回，倒也蛮惬意。stop 在我们公寓门口就有，十分方便，每天等车的时候总让我想起高中的时光，那时的我也是一样每天等着 11 路。只是现在经历了那么多，感觉无论是眼界还是心境都开阔了很多，这应该算是一种成长吧。”

在奥斯汀的读书时光十分刻苦艰辛，齐娅于 2005 年 10 月 11 日 晚上 11:41 写电子邮件回来说：“Everyday I have to go through so many cases, sometimes till 2:00 am. I am still studying by the desk. So please forgive me that I could not email back timely. Ok? there are still a lot of assignments ahead of me. I have to stop here. enjoy!”

当齐娅和她的同学们于第二年一月班师回朝到达新奥尔良的时候，分外欣喜地发现自己家中的财物并无损坏和遗失。恰好齐娅寄住在 Uptown，这里的地势较高，没有被水淹没。而 Downtown 就没有这么好的运气了，那里的建筑和财物损失十分严重。

齐娅骑自行车去 Chess 开户，她在网上查了一下，最近一家也有 1.8 英里。父母陪去不方便。最后还是由同学邓晗陪同骑车同去。

中饭后，一家三口重新来到 Sante Charles Ave 大街上，昨天，琪海和我欣赏了大街的西端，据说东段的房屋更精致，更豪华，景致更佳。

果不其然，走在这条著名的大道上，作为来自东方的游客，我们亲眼目睹了一道无与伦比的绝佳建筑风景。移步换景，目不暇接。这些别墅皆是各个时期不同建筑大师的代表作，有数百上千幢之多，反映出相应年代里的各种建筑思潮和风尚面貌，是一部别墅群“集中展示区”的最佳示例。这首先是历史的景致，别墅房龄多在百年以上，有些甚至超过了200年。我看见一些房主人近期返回家园开始修缮遭到飓风毁损的房屋。看得出来，美国人——多数房屋甚至追溯到法国人和西班牙人——在很久之前，就十分注重住房的整体性布局和外表美观。这又是审美的景致，房屋造型千变万化，极尽妍丽。每幢的风格都是唯一的，是唯美主义的典型代表。这更是个性的景致。各幢房屋显现出自己的独特风格，个性得到充分舒展和张扬。这同时还是鲜活的景致。数百年后，这批建筑群经过历代业主精心维护至今仍显现出强大生命力，生机勃勃，青春焕发，有助于游客感性地认知西方建筑在近世纪的演化进程。

Sante Charles Ave大街两旁，一幢幢风格各异的别墅是新奥尔良近几百年历史的鲜活见证。每幢别墅以其独特的建筑风格独树一帜，具有宝贵的历史价值。绿树红楼，灵秀神秘。别墅多是纯木结构，门前阳台设有环廊，欧式单坡与双坡屋顶沿袭了维多利亚式建筑风格，阳光充溢，和谐宁静。别墅群那种平和、深厚、端庄、宁静的气质十分感人。环境幽雅而别致，带给人一种轻松惬意的感受，建筑的魅力强烈地拨动游客们的心弦。

别墅周围是绿树成荫的庭院，有高大乔木、浓密灌木、良好的地被和攀援植物。据说美国人十分重视花园，这种重视程度是东方人难以想象的。有人说此地别墅的房屋成本往往只占一半，另有一半价值主要体现在花园上。有的院内还有网球场、游泳池等，结合雕塑小品、水池和水坛布置，起到画龙点睛和点题的作用，充分展现业主自我的潜能。

我频频举起相机，身心受到震撼，复杂的心理活动难以言传。相比之下，近百年来中国传统的民居建筑表现出了明显的差距。我们这几代人在狭隘，局促、破败和拥挤的条件下居住得太久太长，视野和身心在那种条件下被塑造被限制被异化被定型，几至匍匐不起。而今面对一望无际的美好建筑群，我分明是进一步看见了当地居民精神世界深藏不露的许多美好内在。这条大街上的建筑景致，永志难忘。每次想起，心潮澎湃，振奋不已。

Sante Charles Ave 大道的中央，有轨电车的轨道静静卧伏在青草中。飓风来临后城市淹水，铁轨路基受到严重损害，电车现已停运，轨道有待修缮。

看到这里，我不禁回想起在飓风降临的艰难日子里，Tulane 大学校长史考特 S. Cowen 先生于 2005 年 11 月一次关于“我们的团体如何应对卡特里娜飓风”演讲中的词句：“卡特里娜飓风，如世人所知，在海岸区域毁没了数以千计人们的生命和大量商业，包括许多大学和学院。Tulane 大学是卡特里娜的许多受害对象之一。我们的全体教员、职员和学生现在遍布周围国土，而且 Tulane 行政正在进行操作以便他们安置在德克萨斯、宾夕凡尼亚、维吉尼亚、路易斯安那和康涅狄格诸州。

“尽管面临挑战，我们决定在 2006 年 1 月 17 日在新奥尔良重开大学。

“Tulane 团体经历了如此这般的困难，我们考虑和被飓风影响的许多其他者的情况比较起来我们自己是幸运的。这一天灾导致大都市人们离散达到一个历史性比例将会永远地影响我们的区域和人民.即使是最无羁的想象我也无法想象巨大的痛苦和死亡怎样在消耗我们的城市……”

从大街上观光回来，一家三口人穿过美丽的 Tulane 校园，名为“吉布森方庭”和“约翰斯通方庭”的几个巨大草坪广场绵延连接，已经摆好上百张圆桌，桌布铺好，椅子环列。本届毕业生（包括本科生、硕士生、博士生）足有两千多名，按学校给每人发放 7 张邀请券计算，这两天要有最多达 1.5 万来宾光临本届毕业盛会。

晚上 6.00-8.00，Tulane 大学 “Wave Graduation 2006”野餐会于草坪上进行。一支爵士乐队在台上卖力地演奏，女歌手 Neville 感情充沛，歌声浑厚嘹亮，磁性的嗓音吸引了来宾们的注意。传统爵士乐兴起于新奥尔良，最早的爵士乐就是新奥尔良爵士，第一张爵士乐密纹唱片于 1917 年诞生于此地。从音乐形象上辨认，新奥尔良爵士讲究合奏，给人的感觉是激烈、兴奋并充满生机。在新奥尔良爵士乐中每一种乐器担当的角色是平等的，有着严格的导向。通常由小号或者短号作为旋律的主导，长号作为和声伴奏，黑管演奏复调旋律，节奏部通常是由钢琴，班卓琴或吉他、大号或者是贝司与鼓共同组成演奏出固定而有力的节奏。后来又增加了萨克斯，使其从此成为爵士乐队的一大特色。新奥尔良爵士作为传统爵士乐的源头，如今听起来别具一番风味。这种乐风非常多元化，吸收了蓝调、舞曲、进行曲、流行歌曲等多种元素，并以拉格泰姆乐的切分音法为基础，结合大量独奏与即兴而呈现出另一种风貌。

桌子很快坐满，迟来的宾客便用椅子围成一圈坐下来。李敏、郑历勤、周伟列、我们一家三口、邓晗和母亲、李玲、单老师、张芝华（经济系博士生）、滕船长等人坐满一桌。大家四处去食品发放点领取餐点饮料，其中有当地特色如一种用各种调料加入后做成的叫做 Jabamlaya 的米饭，另有一种虾片包成的饺馅，内有 Crawfish。

来自全美和世界各地的亲友团们边食边谈边欣赏美妙的音乐，家属们语言不通但都聚在一起拍照，气氛极其欢快。亲友团中有德国人、希腊人、美国人、印度人、意大利人……素不相识的人们在一起频频合影，气氛不断推向高潮。一位来自希腊的大叔最有意思，当女生们合影时，白发苍苍的老先生一个箭步主动凑上前去，直接横躺在诸位佳丽的脚前，摆出一个其酷无比的 pose，赢得女同学们齐声尖叫。

齐娅这个班级原有 58 名学生，来自中英德法意等 29 个国家和地区，真似一个小小联合国，后来由于飓风一些同学在外出逃难途中转到其它大学继续深造，但返回母校的同班同学还是大多数。我们获得一本来自 Tulane 大学法学院印制十分精致的《FACES——Tulane University Law School 2006 Spring》，里面群英荟萃，全是标准照片。开始部分是法学院领导层，后面是各科室教职员工，1、2、3 年级的学生，以及本届的毕业生。

一位漂亮的德国女同学 Anna H. Burghardt 在与齐娅合影，这名大眼睛的姑娘来自建立于 1810 年的柏林洪堡大学。她的母亲显得格外彬彬有礼，打听之后原来是德国的一位大法官，我们两个家庭欣然合影。

齐娅同班的男同学 Philipp H. Massari 是一位高大英俊的意大利小伙子，笑容特别具有亲和力。分别和我们合影留念。他大学毕业于德国巴伐利亚州的埃尔兰根-纽伦堡大学，那是一所更加古老的大学，始建于 1743 年。这位意大利小伙子毕业后一年左右突然在网上告诉齐娅，他成了一名专业的歌手，并且建立了自己的推广网站。这个消息令我们大吃一惊，由此可见，在人生道路的选择方面其实本来可以多种多样并有十分宽泛的余地。

班长是一位印度同学，好像其家族在本国当地颇有些背景，不知道是不是一位邦主的公子。我们开玩笑说，齐娅下次到印度去拜访同学，就有可能会被领着骑着大象视察领地。

齐娅这个国际班级的辅导员乔安娜是新加坡人，她带来了自己的小女儿，一名十分机灵可爱的小姑娘，大家纷纷逗笑小朋友，结果大人们比孩子笑得更欢畅更天真也更无拘无束。

气温宜人，环境美丽，宾客优雅。身处盛大节日的气氛之中，琪海和我身心愉悦，志得意满，自不待说。

夜色渐浓，人群渐渐散去。但我们这一桌中国客人余兴未尽，相约外出又去喝咖啡。几辆车来到校外一条街道上，星巴客已经关门，在旁边选中一家咖啡厅，在室外坐下。周伟列请李敏和我各饮一杯当地啤酒。齐娅与邓晗、李玲等人分切蛋糕赠予大家，以志庆贺。

第一次在国外身处万人相庆的隆重盛大场面，琪海和我沉浸在喜悦之中，激动心情久久不能平静。亲友团们不顾语言障碍热情与他国来宾交往，体验到了和谐、礼貌和真情。这是我们人生体验的一个巅峰时刻。

毕业盛典

2006 年 5 月 13 日，新奥尔良是一个晴天。上午，李敏夫妇开车过来，载我们去 Down Town 的一座室内体育场，名字叫做“New Orleans Arena”，意思为“新奥尔良竞技场”。Tulane 大学 2006 年的毕业典礼将在此地举行。

紧挨着这座体育馆的东面，有一座更大的体育馆，名字叫做“Louisiana Superdome”，意思是“路易斯安娜超级碗（穹顶）”。“超级碗”占地 20 多公顷，体育馆主建筑高达 82 米，最为宏大壮观。这座大体育馆于 1971 年夏动工，历时 4 年建成，可容纳 7 万多观众，可进行各种球类、拳击和田径比赛，亦可举行大型集会、展览会等，馆内设备先进，观众容量超大，拥有很多附属设施。齐娅曾在这里欣赏过新奥尔良黄蜂队与拥有姚明在内的休斯敦火箭队的 NBA 争霸赛。去年飓风时“超级碗”受到严重损坏，正在等待联邦经费拨下来以便修缮。过去 Tulane 历届的毕业盛典，都是在那座较大的“超级碗”体育馆内进行的。

说到超级碗，禁不住要说一下美国的橄榄球超级杯总决赛。近四年后的 2010 年 2 月 8 日，第 44 届 NFL 年度总决赛在迈阿密的太阳生活体育场精彩上演，美国联合会冠军印第安纳波利斯小马队与国家联合会冠军新奥尔良圣徒队狭路相逢。经过四节激战，圣徒队凭借哈特利的三次踢球成功和四分卫布里斯的合理分球后来居上以 31 比 17 力擒小马队，历史上首度获得超级杯冠军。圣徒队四分卫布里斯当选全场 MVP。这场胜利对于这座正从卡特琳娜飓风灾难中恢复的城市新奥尔良来说其意义不言而喻，超级杯决战的胜利不仅为城市带来莫大荣耀，以弱胜强更让新奥尔良人们信心倍增。后来新奥尔良圣徒队向总统奥巴马赠送了“44”号球衣，分享了这一特殊荣耀。

飓风过后，新奥尔良 Down Town 受到重创，尚未痊愈。一些门店陆续悬出“open”字样，宣布重新开业。我们目睹到沿街一些大楼的玻璃粉碎，仿佛飓风昨天方才离开。闹市区的部分大楼由于水淹严重可能不得不拆除重盖。

来宾一概 Dress Up，男士西装革履，女宾盛装扮靓，隆重出席自家子女或亲友的毕业典礼。来宾足有两万多人。我们前一排 10 个座位就被一家美国人全部占去。他们的“圈地战略”是先派来一名胖大孩子和一名小姑娘分占住这排座位的两端，然后家庭的长者们姗姗来迟。美国人十分重视子女的毕业典礼，丝毫不亚于对于婚礼的重视程度，显示出独特的价值观。

主席台旁，舞台左侧隔离出一块地盘，著名的马歇尔•怀特爵士乐队始终不断地在演奏乐曲。马歇尔•怀特是一名哲学博士，善吹单簧管。他的乐队激情演奏《与你走近》等原创音乐，时而低回舒缓，时而高亢激昂。新奥尔良是爵士乐的发源地，要想享受爵士音乐到新奥尔良来准没错。今天的入场券是一张 3.8 厘米宽、11.5 厘米长的小纸片，上面关于会议内容只印了两项信息，一是两位前总统发表主题演说，另一项就是 music by Dr. Michael White’s Original Liberty Jazz Band，至于校董、校长和其他贵宾们的信息一概省却不表。

毕业盛典十分隆重。风笛手和鼓手作为先导，资深教授手持明亮闪光的法器和名器走在前方。1956 届的白发校友首先列队进场，代表毕业五十周年的老校友祝贺新生毕业，全场肃然起敬，掌声雷动。此后，前来出席的历届校友们均身着毕业生的袍褂列队进场。各式各样的毕业长袍五颜六彩，不同的颜色组成一道盛大的风景。我刚来美国时，听女儿说学校要每人花一百多美元自购硕士服，当时我颇不理解。中国大学的毕业生流行向校方临时借一套毕业服穿穿，顶多也就是集体合影留念才派用场，从此以后，永不再用。为什么美国学校不让学生购买校服却一定要他们买毕业服呢？至此我才恍然大悟，美国十分重视教育，在出席别人的毕业典礼时，身着自己的毕业服才是一套最正式的服装，这件衣服此世此生都会大派用场。当然这是指你有机会入场或者登上主席台而言，如果你只有机会坐在普通的看台上，穿上自己当年的毕业服就显得没有什么必要了。

本届两千多名毕业生们列队进场，分成方阵坐下。齐娅随着法学院的学生坐在左侧的看台上。郑历勤用望远镜找到了齐娅的座位，但是齐娅无法察觉我们坐在哪里。郑历勤试图拨通齐娅的手机。但体育馆内的信号始终不好。

贵宾们自后场鱼贯走出，全部身着代表自己学位的毕业生袍褂，列队穿过体育馆中心通道，走向前面的主席台。全场观众起立鼓掌欢呼。在贵宾中，最引人注目的是老布什和克林顿两位前总统先生，他俩联袂出席 Tulane 2006 commencement，给这所南方私立名校增添了一份无上的光荣。飓风过后，两位前总统积极帮助新奥尔良赈灾，表现杰出。两位前总统先生身着的服装大概就是耶鲁大学法学院和哈佛大学法学院的毕业服吧，我这样想。

全场起立，著名爵士号演奏家 Irvin Mayfild 用小号独奏美国国歌《星条旗永不落》。校董事会女主席和校长相继致词。女学生 Casey Hungner

在 Tulane 大学弗里曼商学院获得 MBA 学位，她代表本届毕业生发表了演说，声情并茂，光彩照人，两位前总统后来在演说中都提及到她的名字。

老布什当年 82 岁，精神矍铄，中气十足，他的演讲妙趣横生，“……我们来时爵士音乐节已过去一周，但我得说我朝思梦想与曾经占用过美国总统办公室的萨克斯最佳演奏家（指克林顿）今天同来此地（鼓掌欢呼），稍等一下，也许他是唯一的萨克斯演奏家占用过（白宫）……”克林顿则戏称“……我到此地正是为了打探 Casey 小姐的 address.（此词两意，一是演说，二是地址，来宾会意大笑）（鼓掌欢呼），我与新奥尔良恋爱的时候是在她出生之前（大笑）……我三岁时来此探望在 Charity 医院护校的母亲（鼓掌欢呼）。我 15 岁来此听爵士音乐……顺便说一下，你们知道，我实在喜欢乔治 •布什，若不是说我是占用白宫的最佳的萨克斯演奏家有几分像说我在纽约市拥堵的街道驾驶最快速的汽车（大笑）。我的意思是说我揣测代表两党的这种赞美能发展到何种程度会有一个限制（大笑）。但是在超越白宫之外，我喜欢你，如此而已（大笑）。”在演说中，克林顿对毕业生们寄予丰厚希望，“生活就像那样，”克林顿说，“它永远是新的开始，我无限祝愿你们。”

两位前总统演讲结束后，全场起立，长时间鼓掌。Tulane 大学校长向他们授予 Tulane 大学法学院名誉法学博士的学位，老布什原是耶鲁大学法学博士，克林顿原是哈佛大学的法学博士，美国政治家多数是法学博士出身，相比之下，中国领导人多数是工科出身，偏向理工思维。稍后，Tulane 大学法学院院长在大典上的发言中提到了法学院以上这份特殊荣耀。Tulane 各院系的领导人陆续上台，向校长汇报本院系若干学生学业已成，请求准予毕业。校长宣布同意毕业。院系的领导人上前与两位前总统握手，该学院的学生方队全体起立欢呼，场面十分宏大感人。

会场发言几度中止，负有盛名的黑人女歌手 Wanda Rouzan 演唱了《你知道失去新奥尔良意味着什么》。钢琴家、作曲家 Jeff Epstein 边奏边唱他的激动人心的作品《这是我的家，路易斯安娜》。会场气氛几度转换，得到了很好的调节和放松。

前总统们退场后，当地电视台著名的脱口秀女主持人 Ellen DeGeneres 身穿浅色浴袍突然出现在台上，全场气氛沸腾到达了顶点。女主持人一通俏皮的脱口秀，其中不乏拿刚才离席的总统们开涮的言辞，引来全场开怀大笑。

两个多小时后典礼结束，一声轰响，悬在竞技场中央上空的一只巨大花篮遽然解体，无数五彩纸屑、气球和彩带，瀑布般地倾泻到人群中来，把气氛推向高潮。在出口处，每位嘉宾都领到了 Tulane 大学的珠链徽章。停车场上各州牌照琳琅满目，从全美各地赶来参加典礼的美国学生的七大姑八大姨们，此时开始纷纷散去，驶离停车场花费了很长时间。

李敏教授说，根据主席台上悬挂的 Tulane 大学纹章旗帜的图案判断，这所南方名校有犹太教会背景。我自己没有这方面的知识，不知道是否属实。返回途中，丰田越野车从李将军塑像前驶过。

我想，Tulane 大学真应该给现任校长史考特 S. Cowen 先生树立一尊李将军塑像那么大小的青铜塑像呢。在卡特里娜飓风无情肆虐的日子里，Tulane 大学撤离到外地的师生们在登陆学校网站时无比惊异地发现，他们的校长先生不但没有逃避危险，反而是冒着艰难坚守在危机四伏的学校里四处视察，这一英雄行为大大坚定了师生们要与 Tulane 大学共患难的信念。消息传来，远在中国的琪海和我听说以后也大为赞叹，连声夸这位英雄校长真是一名铮铮铁汉。

史考特 S. Cowen 是 Tulane 大学的第 14 位校长，同时身兼 Tulane 大学弗里曼商学院的贸易学教授和大学文科的经济学教授。《时代》杂志提名史考特 S. Cowen 是联邦 10 位最好的大学领导人之一，后来他是获得 2009 年卡内基卓越领导人奖的全国四位大学领袖之一。2010 年，史考特 S. Cowen 被选入世界上最享有声望和荣誉的团体之一——美国艺术与科学院。奥巴马总统任命他为白宫顾问班子成员，来为总统“动员公民、非营利的、贸易和政府向公众演说”提供最佳方案。此外，他还是一系列国际奖和荣誉学位的接受者，来自于布朗大学、耶什华大学，康涅狄格大学和澳大利亚圣母大学等。

自 1998 年 Cowen 担任 Tulane 大学校长以来，Tulane 大学的发展得到了长足的进步。2005 年八月末，飓风卡特里娜毁坏了新奥尔良市，Tulane 大学的全体教员、职员和学生被迫在整个学期里离开校园。但由于以校长先生为首的学校领导班子的惊人魅力和艰巨努力，超过 87% 的

Tulane 大学学生在 2006 年一月成功返回，创造了百多年校史上的一个了不起的奇迹。

Cowen 于 1968 年从康涅狄格州大学毕业获得学士学位，在美国陆军服役三年后，他重返校园在乔治华盛顿大学分别获得财务硕士和管理学博士的学位。他著有四本专著，他和他的妻子 Marjorie 共育有四个孩子和两个孙子。

今天上午，就在“新奥尔良竞技场”体育馆举行的毕业典礼上，校长先生发表了题为《你相信奇迹吗？》的精彩演讲，全文如下：

“我以特别快乐的心情欢迎布什总统和克林顿总统、我们的毕业生及他们的家庭和朋友、以及所有其他卓著的客人前来出席 Tulane 大学第 172 年的毕业典礼。这一次的毕业典礼无疑将会流传下去，成为我们伟大的大学历史上最值得纪念而且珍惜的事件之一。我们的全部生活在 2005 年 8 月 29 日被改变了。我们今天在这里庆祝你们所成就和造诣的这一事实，丝毫也不亚于一件奇迹。

“奥运会历史上最伟大的时刻之一，发生在 1980 冬季奥运会上。当时美国曲棍球队重创了占优势的苏联队并赢得金牌。尽管那次所有队员的父母不在现场，但人们能永记那一时刻不会忘怀。当比赛时钟嘀嗒结束而胜利被确保，你能回忆起电视解说员 Al 麦可充满热情地大声喊出那一句名言‘你相信奇迹吗？’九个月前，在眼睁睁看着我们心爱的城市新奥尔良首毁于风，再毁于水，最后毁于无法无天和各种疏漏，我或许会说不，我不相信奇迹。

“毕竟，卡特里娜飓风及其余波改变了一切。在这一事件之后，现在我留意到，我在奇迹之上见到奇迹。八个月前我再也不会想到我会见到这一天.我认为我们今天和布什总统和克林顿总统在这里是把一个梦想变成了现实。我见到你们 Tulane 学生们通过这严酷考验证明了活力、承诺和强烈的感情。通过返回母校，通过继续你们的研究和学习，通过如此努力地工作帮助这一座城市，你们显示出灵活性、勇气和克服不幸的杰出能力，这些将伴随你们终生的生活并受益不尽。

“你们全都知道，在九月、十月和十一月那些最黑暗的日子里，我们不知道我们是否有可能会重开大学，我们需要一个灵感的来源。你们就是我们的灵感来源。我们在我们的书桌上保存了我们全部学生的照片。而且每天我们都说，这就是为什么我们要留在这里，这些年轻的男女将有机会毕业于美国最好的院校之一。梦想再一次变成了今天的现实。

“你们之中的每一个人都赢得我的热爱和赞赏。你们是我的灵感，而你们知道吗，你们就是全部奇迹。我见到我们全体教员和职员尽管已经遭受到个人如此许多的艰难，面临着你们个人生活中的一次重要分歧。你们仍然回到了 Tulane 大学，毕竟任务需要我们来恢复。这样去做，一再地证明了你们的专业性和承诺担当足以使你们在全球任何地方都成为最卓越和勇敢的教职员。我时常受困于表达我对人们的感觉，但是我想要说，我崇拜你们，我爱你们，而且我谢谢你们。

“而且我见到今天的毕业生的父母和朋友.尽管你们一定曾经感觉到了担忧和关注，你们仍允许自己的儿子、女儿、姊妹或者你们的兄弟回到新奥尔良和 Tulane 大学。在此你们深深赢得我们的谢意和感激之情。你们是信赖我们的人——谢谢你们的信任并谢谢帮助我们把奇迹创造成真实。

“今天我们处在一个珍贵的时刻。通常当人们创造历史时他们当时并不会意识到这一点，他们只是简单地在瞬间对环境做出反应，心里并没有宏大的目标。但是今天在这里，我们明白我们正在创造历史。你们是 Tulane 大学在美国历史上最严重的自然灾害后的第一批毕业生，而且那是一段将会永远塑造和定义你是谁的经历。

“我们欢迎在我们历史性的毕业典礼上的两位特别卓著的演说家、美国总统们给我们的大学、我们的地区、我们的国家所带来切实的慰问和希望感受，并与我们一起欢庆。我们今天为有布什总统和克林顿总统而受到祝福，我发自内心深处感谢你们在这个特别的日子与我们共同分享。

“而且我们今天正在发出信息，给所有在这竞技场的来宾，给关注我们的人们和所有美国人。我们决定坚持，决定胜利，决定见到在更强大的新奥尔良的一所更强大的 Tulane 大学。直到目标实现，我们不会轻言放弃。

“我知道这个国家有一些否定论者相信 Tulane 和新奥尔良将不再会完全恢复到过去的庄严伟大。这些否定论者是错误的。 Tulane 大学在新奥尔良有 172 年历史之久，而且我保证我们要在这里再来另外一轮的 172 年。

“由于经历了这一灾祸，我们将成为一所更强大、更活跃的大学。我确保即使在我们消失之后，有数百年历史之久的新奥尔良市将会成为一个宏伟强大的城市。我们热爱这一座城市，它将会复原。

“为什么我对此如此确定？因为我知道什么意味着是新 Orleanian ，而且我知道什么意味着是 Tulane 人。而且你也知道。因为你们可在 Michael White 和 Irvin Mayfield 的音乐中听到它，你们也可以在那些住在 Lower Ninth Ward 家室被毁然而正在每天工作去重建生活和新奥尔良家园的人们眼中见到它。

“你们会在每次去法国区享受那里的令人惊奇的食物和音乐时见到它，你们会在倾听密西西比河时见到它。新奥尔良不是一个地方，新奥尔良是思想之邦，是心灵之邦．思想和心灵永远不会被摧毁。

“无论你们去哪里和你们在哪里，归巢的鸽子将总是会说，‘ 新奥尔良是我想要去的地方，我想要听到音乐，我想要品尝食物 。’你们将永远受到我们伟大城市和我们伟大大学的欢迎。

“现在你们之中的许多人将会离开新奥尔良，你们的学院事业已经在这里完成，而你们将来的事业或者继续教育进程将会在别的地方继续。你将随身带走——超过在你们到来之前的任何一届 Tulane 班级——在过去的一年发展磨砺成为非凡强度的品质力量。

“在你们今天离开之际，我想要你们牢记三件事：

“记住，在最黑暗的日子，我们总是瞩望光明。

“在寂寞期间，我们瞩望我们的团体精神。

“在无望期间，我们瞩望未来的可能性。

“愿这些信息、力量、灵活性和勇气永远与你们同在，并为你们终生受用。”

下午 4 时，法学院在 Tulane 大学的体育馆单独举办自己的毕业典礼。彼时，商学院举办的毕业典礼刚刚结束，进进出出全是兴奋的面孔。后来等到法学院的仪式结束后，我看到又一批其它院系的师生和家长拥挤在门口，等待着举办自己的仪式。这一天里，校园之内各种典礼仪式十分繁忙。

法学院全体毕业生着装列队，顺序出场，受到全场热烈欢呼。场内掌声雷动。美国大学的法学院里没有本科生，只有博士生和硕士生，这一点与中国十分不同。本届 JD（法学博士）大约有两百多人，Master（法学硕士）约有 70 多人，学生们一个个扬首挺胸，意气奋发。一名黑人小号手独奏美国国歌。院长先生演说，学生代表演说，法学院授予学习优良的学生“ABA”（全美律师公会）荣誉。一位白发苍苍的 72 岁老教授开始逐个念诵毕业生姓名，被念到名字的学生列队，顺序上台，从法学院院长手中领取发给自己的装有毕业文凭的圆纸筒。掌声、尖叫声、欢呼声此起彼伏，闪光灯熠熠亮起。每逢黑人学生登台时，亲友团的尖叫声尤其响亮，仿佛是心目中的超级体育明星闪亮出场，许多女学生还会特意和留着漂亮小胡须的法学院院长拥抱触颊。在念诵那些外国学生拗口的姓名时，真难为了那位白发苍苍的 72 岁老教授，但他居然准确无误，说明他事先做出了充分准备。齐娅上台后从法学院院长手中接过自己的法学硕士毕业文凭。琪海和我十分高兴。学涯辛苦，功德圆满。我们祝贺自己的女儿迈出了人生重要的一步。

我非常感谢齐娅班级的同学们，他们在逆境中互相帮助，彼此勉励，共同进步。在 2005 年 10 月 25 日的 msn 上，我们曾和齐娅有过这样一段对话：

qkz 说:

昨天晚上 10 时，爸爸和妈妈给蛋糕点上 " 23 岁 " 的蜡烛，然后熄灯，一起唱起“生日歌”，庆祝娅娅生日。

fiona(happy birthday to me~) 说:

……

qkz 说:

你和同学们怎么过的？

fiona(happy birthday to me~) 说:

昨天我的朋友们帮我办了一个十分有趣的 party。

fiona(happy birthday to me~) 说:

结果到了晚上十二点他们把我的头像打出来，贴在脸上，祝我生日快乐。

fiona(happy birthday to me~) 发送:

打开(Alt+P)

fiona(happy birthday to me~) 说:

他们亲手为我做的蛋糕

fiona(happy birthday to me~) 说:

你能上 skype 吗现在

qkz 说:

可以

qkz 说:

哇，了不起

qkz 说:

是不是语音，还是图片？

fiona(happy birthday to me~) 说:

对，还有录象，我真的很感动。

fiona(happy birthday to me~) 说:

……”

当时我们在南京看到了这几张来自于互联网上的照片，几位男女同学的脸上戴着在打印机上制作的齐娅头像，与齐娅一起纵向排成一列，作飞鸟状，她们还亲手做了两盘草莓蛋糕来庆贺生日。

法学院的毕业典礼结束后，国际学生们相约来到 Tulane 大学正门前的吉卜森大厦前留影，照相机的灯光闪烁不停。家长们一个个眉飞色舞，来自五湖四海的国际学生们的欢愉之情，溢于言表。过往汽车也来凑趣，纷纷减慢速度，鸣笛致敬。

感谢你，Tulane 大学，授业解惑树人，教育我的女儿成才。

橡树庄园 & Mardi Gras

5 月 14 日是一个晴天。单老师出面组织一次去 Oak Alley 观光的活动。单老师是齐娅的校友，也是在奥斯汀过渡的难友，他原是大连的律师，修成博士后，据闻要回母校大连海事大学担当领导职务。Oak Alley 翻译成中文就是橡树庄园，小说《飘》的作者以此题材创作，最后拍成著名电影《乱世佳人》誉满全球。好莱坞多部电影均在此采景并拍摄，这里是国内外游客领略 19 世纪美国南方种植庄园风貌的一处绝佳风景。

原定出发时间是上午 10 时，后延迟到 11 时 20 分。共出发了三辆车。单老师的那辆 SUV 载邓晗母女及齐娅，雷雨开一辆丰田二手车载琪海和我，滕船长的车载孙羽一家三口，孙羽的父亲和妻子前一日刚刚到达美国，正好赶上这趟大郊游。

雷雨这辆丰田二手车，买来时跑了 10 万英里，花了 2800 美元。雷雨是西安人，28 岁，即将转去弗吉利亚读书。出发前各位司机在 Google 上面查出路线图，打印出来，然后便按图沿途觅去。

车队路过机场，沿 10 号公路、18 号公路前行，路上景色如画。又沿着湖边的桥开了很长时间，路两边住宅星散，美丽宜人。车程约 1 个多小时。

Oak Alley 是一座巨大的橡树庄园，坐落在密西西比河的北岸。白色木栏杆围成一派天堂般景色的田园美好风光，令人一见倾心，禁不住击节赞叹。门票每位 10 元美金。参观之前，我们一行在大门左侧的 picnic 区域举行了野餐。昨晚邓晗和雷雨两人饮完咖啡后专门去了一趟沃尔玛超市，为大家准备了今天的食品和饮料。

这座著名庄园是联邦历史景点。约在 17 世纪早期，有定居者种下两排约 28 棵橡树。1839 年，一个富有的甘蔗园主 Jacques Telephore Roman 买下这块土地并在这里为他的美丽新娘建了一座豪宅 Big House，这就是橡树庄园，占地约 1150 亩。斗转星移，风调雨顺，两排巨大橡树历经 300 年沧桑长得郁郁葱葱，从主建筑开始一直延伸向密西西比河岸，形成十分壮观的景致。这些巨大的橡树擎天矗立，树枝龙蟠虎踞，或游走于草坪之上，或穿越于云彩之间。最令人震惊的是庞大的树基盘根错节每棵足有一间办公室大小，虬龙盘曲，置身其中，犹如苏轼在《后赤壁赋》中所描写"履巉巖，披蒙茸，踞虎豹，登虬龙，攀栖鹘之危巢，俯冯夷之幽宫，"观者无不惊诧于大自然的鬼斧神工，会在不由自主之间怀疑自己进入了仙界。

天空下了一阵小雨，立刻又是晴空万里。有人说，这正是当地的典型气候：空气湿润，光照充足。特别适宜棉花、稻米和烟草等农作物，各种各样植物旺盛生长。尽管这里属于郊区，但是地面上仍然是一尘不染，十分干净。

Big House 是一幢欧式风格的大宅子，四周矗立着古罗马式的巨大廊柱。室内一切陈设依旧，餐厅中央陈列着一张硕长无朋的巨大餐桌，除去顶端和末端男女主人的座位外，宽宽绰绰地排得下 14 位就餐者的席位。餐桌上烛台并立，银质餐具闪耀着光芒，由此可见当年人丁之兴旺，宾客之盈门。女解说员穿着 19 世纪的裙装，挨个房间给大家介绍这里过去的历史。客厅的墙壁上挂满了各位荣耀祖先的肖像栩栩如生，起居室内橱柜陈设琳琅满目，主卧室和婴儿房里落地的巨大窗帘光线朦胧，各种款式的吊灯、壁灯，座灯令人眼花缭乱。身后有游客好奇地指出，以今天的标准来看，当时的床铺统统太过短小了，可能是当时人们的身材并不高大吧，抑或是那时候的人们对于睡床尺寸的要求不及今人奢侈和夸张罢了。

我边看边想，历史上美国南方的蓄奴制固然是一片黑暗，但不可否认的是，正是数以千百计的白人种植园主们通过积极奋发的努力，推动了美国经济的发展和社会进步，为国力迅速提升提供了可能性。这爿美丽庄园所显现出的生气勃勃进取心和创造力，不正是无畏艰难和拼搏进取的美国精神的物化和再现吗。

这座庄园与其说是一幢私宅，莫若说是一座巨大的公园，到处是绿丝毯般的阔大草坪和林立的高大绿树。草坪的尺寸动辄就是足球场般大小，充分显示出主人空间构思的阔绰标准和土地使用概念的极度豪华阵容。我揣测当年美国南方的种植园主在飘洋过海奔向新大陆的旅途中好像养成了以地平线作为度量衡单位的癖好和习惯，所以在自己家园的设计中也不断使用“一望无际”的概念，这让我们这些来自拥挤局促居住环境的中国游客见了，只能是叹为观止了。

我们东逛逛，西看看，一会儿在路边的金属盘花长椅上闲坐怀古，一会儿在车库的两辆老爷车前面拍照留念，一会儿抓拍草坪上信马由缰纵横驰骋的活泼小松鼠，一会儿凭栏远眺苍茫浩瀚的密西西比长河。一天时间在轻松愉快的气氛中不知不觉地过去了。

约 4 时许，搭乘滕船长的车回家。滕船长与这里的许多中国留学生一样也是毕业于大连海事大学，在远洋船上工作多年，曾去过世界各地港口。约半年前，滕船长被调到中远公司新奥尔良办事处工作。这家办事处是当地唯一的中资机构，他是办事处中唯一的华人。

到家后，周伟列教授开车来载我们去河西李敏教授家做客，车程约半个多小时。齐娅说，由于城中没有大型超市，她们平时周日外出采购，车子差不多就要开那么远。李宅位于一个新建小区内，需要用遥控器打开电动栅栏门。我们正在犹豫，恰好有轿车自小区内出来，周伟列立即掉转车头，从出口处直接冲了进去，那场景颇像好莱坞镜头。这是我在美国见到的第一个全封闭式的住宅小区，四周有围墙环绕，里面有数十上百栋别墅，颇似中国的住宅小区模式。新奥尔良的社会治安相比之下不是太好，这样的全封闭式小区或许可以做到更安全一些。

李宅是一幢独立别墅小楼，楼下双客厅，大客厅里置一张大餐桌。厨房约有 20 来个平方米，另有小餐桌。男宾人手一瓶啤酒来到室外聊天，后院约 40 平方米，绿草茵茵，赤脚踩上去，草坪立即陷下去 5 厘米左右，显得很舒适。后院廊下置放着烧烤炉等，完全是美式生活方式。女主人美丽容貌，精心打造出美丽的居家环境。

女主人以西餐待客。第一道菜是新奥尔良著名的海鲜风味 gumbo，另有沙拉，主餐，冰淇淋，水果。餐具优美，风味独特。饮白葡萄酒。各种美味佳肴配上不同的餐具和酒水，显示出女主人十分考究的生活品质。

主宾洽谈甚欢。但凡有周伟列在一旁，现场气氛就会热闹非凡。李敏夫妇约 40 岁左右，上海人，原在上海一家医院工作。90 年代先后赴日本留学。李敏念成博士后回国在上海消化研究所工作半年，转来美国新奥尔良做访问学者三年。后申请绿卡又花了三年。现在 Tulane 大学医学院任教。夫人郑励勤有一双美丽动人的大眼睛。

周伟列曾去日本做博士后。有一个哥哥也在美国。

两位教授对于齐娅今后发展方向的意见是一致的，认为应该先行在美国发展。恰如齐娅自己计划的那样，积极联系实习工作的机会，然后争取考取律师执照。

向利华打电话来，告知已解决在华盛顿住宿的问题，心头大爽。原先在华盛顿联系住处是由齐娅安排的，孩儿由于考试没有及时确认，现在 100 元以下的住房已经没有了，净剩下 200 至 300 元的高档住处不太适合我们选择。网上查到地铁沿线的卫星城市或许还剩下一百元以下的住处，但是又不知道这些住处离地铁到底有多远。百般无奈，只好又向向利华求援。向利华在电话里告知，赵苏的一位朋友，刚满 62 岁，申请下来一套老人公寓，两天前方才领到钥匙。可以暂时让给我们居住。这位朋友名叫马国富，原先是南京市歌舞团的团长。向利华的热情和努力，真正令人感动和敬佩。

琪海突然在一旁发话讲，她说不定还认识这位马先生呢。1977 年前后，南京市歌舞团的一位马先生住院，他的太太小刘当时在南京图书馆工作，曾经帮助琪海办了一张彼时十分紧张的图书证，后来琪海把这张图书证转赠给了我，成为了我现在正在使用的重点读者图书证的前身。我们闻语都很讶然。

15 日，一天气候晴好，开始收拾行李，准备下一步的环美国旅行。

与齐娅谈话，交谈内容不外乎今后一年如何发展与进步。琪海现在的观点是积极进取，她认为无论在国外还是在国内，都可以大有作为。

由于我们忙于准备出发，没有特地外出采购食品。隔壁的女博士生“小兰-周”把自己在超市买的鸭子切了一半送来，琪海在厨房张罗烹饪。

在新奥尔良住了一周，我们参观了许多地方。留下的印象是：温暖潮湿的海港城市，爵士乐的发源地，南方种植园风情，黑人居民较多，巫毒遗风，飓风天气，鳄鱼家乡，五彩斑斓的彩色珠链，Mardi Gras 狂欢节。这一切印象交织在一起，迷茫多样，光怪陆离，形成一种异样的氛围，而几百年来这片强烈色彩的异样氛围笼罩在这块土地上，演出种种故事。新奥尔良属亚热带湿润气候，风景秀丽，不愧是名扬全球的旅游城市。

这些时日，新奥尔良正在竞选市长，原先的黑人市长面临着一位白人女性的严峻挑战。市民们十分关注这场选举，我在许多住宅前面看见主人竖起了广告牌，自发地号召过往路人为自己支持的候选人投上一票。

我们住的Up Town那一片属于居民层次较高的居住区，道路纵横交错，形成一个个block，就像是巨大的棋盘。路口较少出现红绿灯，但多数有一个红色的圆牌标示，上写stop，凡是汽车行驶到街口，无论横向道路有无车辆或行人，一定要明显减速停车，认真观察后，方才能加速通过。否则，一旦被警察逮到，一定会处以罚单。在美国，包括驾驶纪录在内的遵纪守法纪录和信用记录，是人生中十分严肃并且异常重大的纪录，一旦有不良记录在册，那就意味着阁下自找麻烦，保险费首先提高，银行不肯贷款，信用卡额度受限，这个社会就会对你产生警惕，或许还会刻意防范。

我们在美国通过道路的时候，人车争行的现象几乎从未出现。出于国内的经验我们这些中国游客往往会率先“礼让三先”，但汽车必定会主动停下，司机挥手让我们先行。这固然是君子之风，但是也有法律在背后作强大保证，如根据美国的交通法规，白灯亮时，凡是行人脚步已经踏上马路，右转弯车辆必须让行人先行。

此次来美，数十年来从未实践过的英语口语，仓促之间一下子被推到第一阵容，刀对刀，枪对枪，难免张口结舌，阵脚大乱，甚至溃不成军。一是美国人语速很快，我来不及反应对方到底说的是什么；二来许多单词异常陌生，尤其是洋式快餐店里的那些食品和调料，我事先全无准备，结果一样也说不上来，临时凑上几个名词，多数只好用手指乱点，给什么吃什么。一旦我稍做准备，自以为流利讲上几句——如在旧金山移民官员面前——移民官则误以为我能够英语对话，稍后他口中滔滔不绝一长串句子听得我眼睛翻白，程咬金三斧头，立刻大出洋相，我只好马上坦白“Sorry, my English is poor.” “Simple sentences please”。看来此次回国后一定要好好练习一下英语听力，至少要能够大致听懂对方所言所语，方才能够畅行美国。

齐娅早已经在一个月前就通过网上付款预订了三张飞往华盛顿的飞机票，网上传给她一个密码。昨天我问孩儿怎样去取机票，齐娅说不必去取，她使用那个密码，在同学邓晗的打印机上输进去几张A4纸，噼里啪啦地就把我们的机票和她的往返机票全部打印出来。我一时傻了眼，难道就凭这几张纸去乘飞机不成？我几乎难以置信。齐娅斩钉截铁地说可以了。后来的实践证明，齐娅的话是正确的，我们就是凭着这几张A4纸乘坐飞机去了华盛顿。网上交易的发达和健全，使得人们省却了许多时间，减少了无数麻烦，你不能不佩服美国服务机制的现代化和便利化。

此次在新奥尔良没来得及去观赏世界上最长的桥——庞恰特雷恩湖桥。大湖Lake Pontchartrain位于市区北面，水面宽阔约1500平方公里，湖周围树木苍翠，草绿花香。为了沟通新奥尔良与北部地区的经济联系，1969年庞恰特雷恩湖2号堤道竣工，它把曼德韦尔和梅泰里连接起来，跨过湖面修建了38.42公里长的双道桥梁，据说是世界上第一长的高速公路桥。在这座雄伟壮观的大桥上，游客们可以观赏大湖的自然风光，奇异的万顷湖景和水天一色的美丽风物无不令人惊叹叫绝。大桥在湖的正中央纵贯而过，其中有8英里的路程只见水面不见陆地。驾车人会疑为自己正在茫茫大海的上方飞驰而过。

作为初来乍到的新奥尔良人，齐娅和她的同学们对于刚刚过去的Mardi Gras狂欢节记忆犹新，赞不绝口。新奥尔良Mardi Gras意味着美国最盛大的街头舞会之一，时间是在每年冬去春来之际。活动期间会有游行、舞会和许多游乐活动，游行队伍或打扮成古罗马军团，或穿戴华丽的印第安羽毛服饰，花枝招展，不一而足。

“Mardi Gras”一词来自于法语，是一个天主教的节日，通常在复活节前的四十七天举行，一般居于2月下旬到3月初。据说早在1718年法国移民就在新奥尔良举办过Mardi Gras化妆舞会，逐渐地兴盛起来，并陆续加进了许多花哨内容和新花样，最终演变成一个具有众多神奇色彩的全美第一的大型狂欢节。人们常说“一辈子至少要去一次新奥尔良”，就是特指参加新奥尔良Mardi Gras狂欢节。如今新奥尔良的Mardi Gras狂欢节被称为是地球上最大的Party之一，每年都有数百万人自全美及世界各地前来参加。花车游行，奇妆异服，派对舞会，疯行怪举等，展示出

Mardi Gras 吸引年轻人的无穷魅力。这个节日是新奥尔良人赚钱的黄金时期，每年此时食物、住宿、交通等有丰厚的收入。Mardi Gras 老少皆宜，但特别受年轻人追捧，有的人甚至把参加 Mardi Gras 当作朝圣一般隆重。

游行是 Mardi Gras 的重头戏，各支游行队伍都有着自己的主题：有希腊神话或古罗马的故事，有好莱坞电影的角色，有 Cajun（卡真人，法国人后裔）文化传统，有戴面具的印第安人，据说最 hot 的是非裔文化色彩的“Zulu”，这是历史悠久和规模宏大的花车游行节目之一，“Zulu”国王、巫医等是人们最喜爱的几个著名角色。游行由一连串花车（Float）、管乐队、舞蹈队、化妆队伍等组成，载歌载舞，挥手抛吻，浩浩荡荡地行进。游行的路线大多要经过花园区和运河街，这两处是观看游行的最佳地点，街道两旁的商家和房主往往会开放自己楼上的阳台或平台让游客观看，当然多要购买门票。游行的花车要准备许多珠串项链、塑料玩具、糖果、圣杯、银币等，以便向围观的人群抛赠。观众会奋不顾身地去争抢，抢得越多越高兴。最热门的物品是珠串，它不光好看，还相当于 Mardi Gras 期间的钱币，可以拿到法国区的店里去买东西。珠串也是不错的室内装饰品。珠串的价值各不相同，一般来说珠串越大形状越特殊就越值钱。

2006 年盛大的 Mardi Gras 游行活动于当地时间 2 月 25 日周五举行，齐娅和同学们一早便来到大街上等待。从她拍来的照片上可以看出，街道两旁早已排满了居民从家里拿出来的各式各样人字梯，琳琅满目地排列开去，一望无际。届时孩子们会一窝蜂地登上高梯，向花车上的游行者欢呼和讨要珠链。街上的居民并非一味被动地充当观众角色，恰恰相反，他们早已全身心地融入了这场盛会。一位父亲给自己年幼的双胞胎女儿穿上了 18 世纪的黑色毛皮镶边的黑色长裙，而他自己则扮成一个褐色的大酒瓶。一对上年纪的老夫妻扮成了天使推着手推车款款走来，一位女子身穿着充气服装扮成巨胖招摇过市。许多观众在自己脸上涂抹鲜艳色彩，或者干脆写上 Mardi Gras 字样。游行队伍的排列基本没有任何约束，一会儿是大学或者部队的军乐队场面宏大，一会儿是几位分别穿着黄、紫、绿古罗马战士服装的大汉骑着一色儿白额黄马并排走来，一会儿是白上衣黄短裙手持花束的拉拉队女郎方阵，一会儿是身穿苏格兰方格裙的男子队伍手持各种旗帜，也有人手持宝剑臂负盾牌扮成侠盗罗宾汉。花车基本上清一色由大型拖拉机牵引过来，车头上装饰着马匹、公牛等造型，而花车上有的装饰着古代波斯王的帐篷穹顶，有国王和王妃向大家招手致意，有的是好莱坞明星巨像，有的是独角兽和长颈鹿。一队队身穿英国军队或者南方邦联军队军服的军人持枪列队走过，也许不一定是现役军人扮演。但有一支军乐队前面有两位黑人女军人拉着条幅，上书“313th U.S. ARMY BAND——Birmingham Alabama”，我想这一定是价真货实的美国现役军乐队无疑。五彩缤纷的珠链大量地抛向路边的观众。现场气氛十分热闹和欢愉。

从齐娅 2006 年 2 月 28 日 3:12 发来的一封电子邮件中，可以想见这一伟大狂欢节活动的盛景，孩子写道：

“Hey, Dear Dad and Mom,

“上周五，我参加了 Madi Gras 的盛大游行，不是作为下面列道观看的观众，而是舞台上的主角。那夜的舞台，是整座万丈红尘的城市。

“我们的队伍位于 9、10 彩车之间，穿着搞笑服装的男人们，大多都由律师，教授等绅士们组成，我们扮演 Looters 的 girls，一水儿的 T-shirt+orange short，在这个略显寒冷的夜晚，一下子惹眼起来。在等待 2 个小时后，终于轮到我们开动，已经喝过很多 Beer 和 whisky 的男士们都 high 了起来。音乐声起，dance 开始，三个小时没有任何间断地，从 uptown 蹦到 downtown，一路疯狂的人们夹道观看，欢呼声无数，尖叫声无数，闪光灯无数，摄像机无数，像是星光大道上的 Hollywood 巨星一样，赵本山的小品用在这里恢常恰当‘所有的目光都，chua chua chua chua chua’。这段平时开车也要半个小时的长远路程，在我们连续不停的热舞下变得渺小起来。途中看到法学院的同学，纷纷拥抱，我们的出现给他们也平添几分惊喜。我们几个亚洲面孔的加盟，更是迎来一路无数喝彩。这一周的前四天我还是每天自习到凌晨两点的 law student，昨夜就摇身一变成为疯狂的 Madi gras 游行中的 dance girl.

“parade 结束后，我们又去了 downtown 的一个酒吧吃东西，该酒吧为我的一个教授所开，在享受美味（当然都是免费的哦）的同时，接到同学的来电，说在 parade 里发现我，被称赞跳得不错，哈哈～我不确定昨夜我是否是 good dancer，但我敢肯定我以很 High 的状态很好地传递了盛大的欢乐。 我们几个亚洲面孔，用‘馒头’里的经典台词开着玩笑：昨夜，世界人民震惊了……

“特发此信，与您们分享快乐!!

“爸爸您的来信收到，学习计划专题随后送到，to be continued……

“regards

“女儿：齐娅”

回国时我们夫妇带回来大量五颜六色的珠链与同事们分享，至今还有好多串珠链挂在家里壁橱的拉手上面，只要开闭壁橱门，珠链就会发出清脆的声音，把我们带回到新奥尔良那块神奇的土地上，带入到 Mardi Gras 那个难忘的活动氛围中去。

华盛顿

5 月 16 日是一个晴天。晨四时许起身，收拾一下后，雷雨开车前来，载我们去新奥尔良国际机场。

在机场 Check in 行李的时候，有一个箱子重达 57 磅，超出规定重量约 7 磅左右。航空公司的职员示意要收$50 的超重费。齐娅回复说我们要整理一下行李，上年纪的白人职员一口应允。待我们把箱子拖到一旁从里面往外抽取物品的时候，这位好说话的职员已经亦步亦趋跟在后面拿着行李票准备让我们 pass 了。

飞机于 7 时 40 分从新奥尔良起飞，约 10 时左右抵达北卡罗来纳州（NORTHERN COLORADO）首府换机。美国的机票就是这样，其便利性与性价比不可兼得。我们可以选择直飞华盛顿，这样旅行时间就节省出来了，但机票价格就会相应地高出一截。如果旅客同意接受中途换机一次的安排，航空公司就抓住机会对来自各条线路的乘客重新做一次排列组合，以达到经济效益的最优化，从而把机票价格降到较低。一般来说，中途换机的地点往往就是该航空公司的大本营或者是地区的重要枢纽，我们此次乘坐的是 Us Airway 的飞机，降落到北卡一看，到处都是 Us Airway 的标示，“机场无处不 Airway”。

时差已经出现，把手表调整了一个小时。

我们来到 c 4 登机口等待乘机。在登机口工作的一位黑人职员十分友善，远远地向我们树起大拇指，还主动提出要帮助我们全家拍照，我和琪海由衷地感动于他的开朗、友好和善意，邀其一起合影留念。琪海在机场餐厅买来台湾牛肉炒面，味道鲜美。美国的国内航班一般没有餐点供应，顶多只是供应饮料和一小袋小食品，需要旅客承担的所有花哨的开支一律全部省略掉，以最大程度降低机票的成本。说起来美国人的饮料概念与中国有较大不同，绝大多数是冷饮料，并且还要向杯中加入半杯冰块。只有咖啡和“Chinese tea”是热的，不过茶是红茶，没见过绿茶。

我们于当地时间 12 时再次起飞，约 14 时半抵达华盛顿东北处约 51 公里的巴尔的摩国际机场。华盛顿共有三个机场，其他两个是国家机场和杜勒斯国际机场，均在南面。前来接机的马国富先生事先曾对向利华讲，我们最好是在巴尔的摩国际机场落地，这样他方便去接，没想到我们的航班恰好就是在此机场降落。

领取行李后，按照马先生在电话中通知齐娅的位置，我们一家三口人在南方航空公司的登机口与马先生会合。马先生 60 多岁，身材不高，戴副眼镜。事先他说正好有个演出，怕耽误时间了，可能会晚到半个小时，结果还是他先到。

开车后一搭上话，果真就如琪海当初揣测的一样，马国富先生就是琪海三十年前曾经认识的那个人，大家都很感叹，这个世界上真是无处不相逢。马先生于 1989 年来美，现在儿子也在美国。马先生的妻子小刘曾在华盛顿开餐馆，两年前患癌症去世。马先生便把餐馆盘了出去。马先生指着车内后视镜上方的小刘照片给琪海看，可见他们夫妻十分恩爱，情深意重。

马先生驾车在景色如画的马里兰州境内疾驰，美国东部的景色与我们后来看到的西部景致全不一样，美国的东部五月份天地氤氲，树木草坪翠绿，天造地设就是一处适宜人居的福地。约半个小时后，车子在 Twinbrook 一所老人公寓前停下，这就是未来两天我们的临时住所。马先生十分细心，并没有安排我们立即下车，而是继续驱车前往两个街区之外的地铁站，为我们指认第二天去乘地铁的路线，然后再返回老人公寓。

马先生的公寓房间位于4楼403室，进门右边就是四眼煤气灶台、柜具和大冰箱，左手两边是壁橱，通往盥洗间。正前方是四四方方一大间房屋足有18个平方米，主室有一扇很大的窗户，窗外郁郁葱葱，景致颇佳。室内重新油漆过一遍，地上铺的是厚厚的新地毯，空调设备一应俱全。马先生解释说，由于公寓刚刚分到手没有家具，他已经取来一些被褥、枕头等床上用品堆放在屋角，供我们使用。并带来了不锈钢锅和水壶。

出门在外，能有这样的住宿条件已属十分不易。我们连声感激马先生的款待。马先生还特地叫开隔壁405室一位中国邻居杜先生的房门，说是如果我们需要什么或者打听什么，可以直接问他。然后把钥匙交给我们就离去了。

当天余下的时间我们就在附近闲逛。周围有一家很大的Tj-Max，打折扣销售各种名牌产品，琪海和齐娅在鞋类和衣服类柜台前面挑选良久。旁边有一家Dollar Tree商店，所有的商品全部是1美元销售。

转去Whole Foods 采购晚餐。齐娅说，Whole Foods销售的是有机食品，价格偏高，在美国光顾这家食品连锁店的多是白人阶层。而黑人、墨西哥人和华人等少数族裔多去沃尔玛购物，因为沃尔玛物美价廉，价格便宜近一半。当晚我们购食品$22.76,有桔汁和面包等,其中一只烤鸡$8.99，齐娅说如果在沃尔玛这只烤鸡只售6美元。

晚上，在地毯上打地铺。我们把被褥装进自己从国内随身带来的被套中间使用。华盛顿的夜晚要比新奥尔良冷得多，5月的夜晚也可能会被冻醒。我试图打开空调暖气，但这里的室内空调虽然是中央空调，好像此时只能打冷气。暖气并没有召之即来。

5月17日是晴朗的天气，我们开始了华盛顿之旅。全程由齐娅小姐做导游，在此之前，齐娅已经两游华盛顿，对当地情况比较熟悉。齐娅的同学通过电话告知说，我们可以购买地铁的one day pass，每人只要$6.35，可以在当日24时之前任意乘坐华盛顿红、兰、橙三条地铁线。我们在自动购票机上买到了三张票，但是无法进入地铁入口，正在纳闷，地铁服务台的黑人女职员回到窗口前，一问才知道，这种票于当日的9时

30 分开始生效。当时还有 20 分钟就到了 9 点半，我们一家三口人顺便在地铁外面拍了几张照片，消磨了一小会儿时间。

乘坐地铁红线足足有 8、9 站，到了 Metro Center 下车，然后换乘蓝线坐了两站在 Smithsonian 下车。上得地面，眼前是一片阔大的广场，阳光灿烂，草木葱茏，巍峨的华盛顿纪念碑赫然就在不远之处。

后来我们参观国立自然博物馆出来时，曾在小卖部坐下喝饮料，遥遥看见广场对面有一座城堡式建筑，那就是 Smithsonian Castle。目前，这家机构在华盛顿地区赞助免费开放的博物馆和公园约有 13 至 14 家左右。

齐娅介绍说，Smithsonian 是一个机构，是英国的一位富人詹姆斯・史密森（James Smithson）留下一笔财产，指定供美国政府开放博物馆事业。Smithson 是英国人，他的生父是诺森伯兰公爵，母亲有皇室血统。但他是私生子，按当时的英国法律和习俗，他不能继承父亲的名位，而且倍受歧视。史密森 21 岁毕业于牛津大学，一年后被选为皇家学会会员，是化学家和矿物学家。Smithson 于 64 岁时死于意大利。他把所有遗产留给他的侄子，并在遗嘱中附加条件：如果侄子死后没有子嗣，那么这笔价值 50 万美元的遗产将捐赠给美利坚合众国，用于“积累和传播知识”（for the increase and diffusion of knowledge）。这在当时是一笔巨资。1846 年由美国国会立法，创建了集收藏展览、研究、交流和教育于一体的以 Smithson 命名的综合机构，这就是 Smithsonian 学会。

Smithsonian 学会的办公地点是 1855 年落成的风格古典的 Smithsonian 大厦，现在一般称为史密森尼城堡（Smithsonian Castle）。如今史密森尼学会共有 16 座博物馆、美术馆和国家动物园，共收藏逾 1.42 亿件艺术品和标本。其中有九座博物馆和美术馆位于国家广场（the National Mall）周围，也就是林荫大道上面；五座博物馆和国家动物园設在华盛顿的其他地方；库珀・休伊特（Cooper-Hewitt）和国立设计博物馆以及国立美洲印地安人博物馆設在纽约市。所有史密森尼学会下属的博物馆都对世界上的所有人免费开放。这些机构在国际上发展会员；向各地博物馆、大学、文化组织、公共中心，以及欧洲、亚洲、非洲和南美许多国家分发展品；每年发行上百种书籍和音像资料，向上千家媒体提供馆藏展品特写、广播稿和影视节目，为普及世界科学文化和儿童教育服务。

天蓝云白，阳光和煦。徜徉在绿荫荫的草地上舒心悦目，我们一家三口缓缓走向华盛顿纪念碑。美国的中小学校已经放假，今天一整天我们看见大批中小学生组织起来参观旅游，孩子们个个活泼可爱，花团锦簇，热闹至极。

华盛顿纪念碑是一座白色大理石建成的方尖碑，高 169 米。四周草地茵茵。视野极为开阔。举目望去，东面的国会山、西面的林肯纪念堂历历在目。一架架大型喷气客机川流不息在林肯纪念堂上空向南方下降，估计是预备在城南约 5 公里的国家机场降落。

我们在留影的时候，恰巧一位身穿迷彩服肩负行军背囊的美国军人在此地与他的家人会合，年轻的太太是一位身材高挑的金发美女，两名年幼的金发女孩儿欢天喜地，犹如安琪儿一般。我请齐娅过去邀请这位美国军人与我合影一张，这位名叫 Cuppett 的军人欣然同意，并在快门揿动之前随手摘下墨镜，我当时跟着他的动作也习惯性地摘下自己的眼镜，虽然我立即醒悟到我佩戴的有近视度数墨镜并非是一种纯粹的装饰品，但也就留下了这样一幅裸眼的照片。

在通往林肯纪念堂的路上，路过二战纪念广场，这是一座规模宏大的建筑群体：喷泉、石雕、廊柱。美国人在二战中发挥出巨大的积极作用，付出了难以想象的巨大代价和牺牲，成为了在最后战胜德意日法西斯过程中起决定性作用的一支正义力量。历史对此永不能忘记。

沿着辽阔的一湾长方形水池，我们缓缓向林肯纪念堂步去。野鸭母亲带领着孩子们在游客脚前脚后穿行，一群群野鹅壮观地起飞和降落，把优雅的飞行姿态写在天空。林荫道上有很多人在跑步健身。林肯纪念堂庄严肃静俨然如一座神殿，纪念堂于 1921 年建成，周边有 36 根大理石圆柱支撑，“36”象征着林肯被暗杀后加入合众国的州数。林肯纪念堂整体是一座古希腊巴特农神庙式的仿古典建筑，长 58 米，宽 36 米，高 25 米。林肯坐像高约 6 米，栩栩如生，坐落在大厅中央。左右墙壁上分别镌刻着他连任总统时的演说词和著名的葛底斯堡演说词。大厅下方的地下室里有林肯事迹展览，游人个个神情肃穆而庄重。当我们走出展览室时，一位光着上身跑步的男子气喘吁吁冲入了展览馆，齐娅打趣说，“他不会是如此着急要参观这个展览吧？”我们猜想他也许是急于入厕。

离开林肯纪念堂，右侧是韩战纪念雕塑群。19 位身披雨衣的美军士兵雕塑在严寒中搜索往前，再现了当时严峻的作战环境。“Freedom is not free”，韩战纪念建筑墙上镌刻的这四个单词意味深长：“自由不是免费的”。地面上嵌有几块大理石碑，分别镌刻着联合国军伤亡数目、美军伤亡数目等，美国人把在韩战中军队的损失数据全部刻在大理石上面嵌在地上永久纪念。我拍摄了其中一块阵亡人数石碑的照片，上面刻着：

“DEAD　U.S.A. 54,246　U.N. 627,833”

去 The National Mall，今天较完整地参观了三家博物馆，第一家是国立美国历史博物馆，这是一幢 5 层楼白色大理石建筑，馆藏资料 1700 多万件，其中有欧洲移民的住房，生活陈列等，内容极其丰富。

第二家参观了国家自然历史博物馆，位于第一家博物馆的东边。国家自然博物馆以“地球”为主题收藏了人类和自然环境的丰富资料，共收藏展品 1.2 亿件。从地球上所有的生物到矿物，从远古时代的化石到现代的人类文化，无所不容，其内容约占整座博物馆和美术馆区展出作品的 87%。博物馆分三层展厅，一层迎接游客的是非洲象和特别展览。二楼最吸引人的是宝石，件件展品无一不是价值连城。

而国家航空航天博物馆位于广场的斜对面。计有二十三个展厅，展出数百架飞机、航天器、导弹、火箭以及其他和飞行有关的物品。如 1903 年莱特制造的滑翔机，哈伯天文望远镜，人类第一次登月飞行器阿波罗 11 号登月指挥舱，苏制中程洲际弹道导弹 SS-20，美国潘兴 2 式导弹，美国第一颗人造卫星探索者 1 号，双子星 4 号太空飞船，海盗号火星登陆车，第一次环球直飞的热气球等。各种飞行器令人眼花缭乱。我注意到大厅上方还悬挂着一架捕食者无人驾驶飞机。

博物馆中参观者很多，今天是小学生占了大多数。博物馆里每个区域都可以拍照，还有很多展品允许参观者动手摆弄，大大加强了展馆与游客之间的互动性。博物馆的规模一般都很大，而且全部都是免费对所有的公众开放。大厅咨询台提供种种精美的介绍和说明，参观者可以随意取阅。

国会山位于 The National Mall 的最东端，国会的建筑群坐落在一处高达 28.3 米的高地上，因此而得名。国会大厦长 214 米，进深 107 米，高 88 米，气势磅礴，规模宏大。参观国会大厦内部必须事先领券，我们初来乍到无法做到这一点。但在琪海的引导下，我们成功地由出口处进入了大厦的外部场地，远眺一番国会大厦的外景也是一种不错的选择。当时出口处聚集着许多海陆空军的戎装军官，似乎在等待着举行某种仪式。走近国会大厦前面的大平台，一些武装警卫手持自动步枪戒备森严，据说四年一度的总统就职仪式就是在主楼前面的这座大平台上举行。国会大厦的北侧厅是参议院，南侧厅是众议院。

齐娅引路有误，把白宫当作是在国会山附近了，遍寻不得。经过向警察问路，我们一行由原路返回，沿着林荫大道 Madison drive 向华盛顿纪念碑方向移动。今天晚上不知道广场上要举行什么活动，整齐放置了大批折叠椅，足有好几百张。路过国家艺术博物馆时，我们顺便进去参观了一下。这家博物馆不是 Smithsonian 资助的免费开放博物馆，但是我们进去时，好像也没有人售票，我们也不知道到底要不要凭券入场，就长驱直入了。国家艺术博物馆藏品丰富，两座建筑风格迥异，古典式西馆典雅庄重，现代派东馆简洁明快。1937 年，曾在哈定至胡佛总统期间任 13 年财长的美国巨富安德鲁·梅隆个人捐资 1500 万美元，请约翰·波普设计兴建了国家美术馆，即现在的西馆，并于 1941 年建成开放。该馆是新古典主义风格的建筑，长 240 米，中央圆顶，高大的门柱廊，桃红与乳白色大理石外墙贴面，在高贵气派中蕴含着对历史的尊重。馆内底层建筑面积约为 46450 平方米，以圆形大厅为中心，向两侧延伸出两个雕塑厅并可通向建有喷泉和花木的室内庭院。雕塑厅四周有 125 个展厅。陈列着达·芬奇、拉斐尔、伦勃朗、马奈、高更、凡高、毕加索等大师的作品，数万件展品绝大部分是捐赠收藏。为纪念美国建国 200 周年，由梅隆亲属子女及梅隆基金会捐助 9 亿美元，国家美术馆于 1976 年扩建东馆，请来著名华裔建筑师贝聿铭设计建造。东馆主体由等腰三角形与直角三角形组成。等腰三角形是展览厅，三个角分别建成高塔状，直角三角形为图书档案馆和行政管理区。为使东西两馆色调一致，贝聿铭特地找到了已废弃的当年石矿，重新生产出相同颜色的桃红墙面石。东馆布展的多是现代派和前卫的作品，也有远古时期的玛雅文化展，展品既填补了西馆的漏缺，又与东馆的建筑风格贴近，使整座美术馆锦上添花。

展览馆于下午 5 时闭馆，时间紧迫，我们只来得及参观了西馆的部分展品。我欣赏到高更、雷诺阿的精彩作品，并在画作前留影。

今日参观期间，路过国家美术馆北侧时，我十分眼馋停放在路边的一排警用摩托车，女儿在征得美国警察的同意后，准许让我试乘一辆装备齐全的美国警摩。我一扶起摩托车手柄就觉得美国警摩的车身十分沉重，全副武装估计得超过 300 公斤重，骑行起来一定非常稳健舒适，排量看上去至少在 1500CC 左右，据说这种摩托车 10 秒内可加速到 200 公里以上。对于我这样资深的摩托车爱好者来说，美式摩托车是一种挡不住的诱惑。

实际上白宫坐落在华盛顿纪念碑的正北方，有大片大片草地连接。游客较多，四处有警察维持秩序。当时天空开始普降小雨，我们匆匆拍照后，便在路边树丛下避雨。白宫前面的道路于下午六时封闭并清场，只有特别通行证才可以穿行。

小雨片刻便停住了。我们赶往白宫北面约三个街区的地铁站，乘坐地铁蓝线去 Pentagon City，就在五角大楼的下一站，那里有一个非常大的 Shopping Mall，与地铁站连成一片。在那里用晚餐。经过女儿的精心参谋，琪海买了一双 Nike 旅游鞋，连税$52.61。又买点心，由于时间已晚，点心是半价出售。

转乘地铁蓝线红线，足足坐了二十多站，花了一个多小时才回到 Twinbrook。到家一看，齐娅手机上全是未接电话，有马先生打来的，也有向利华打来的，由于地铁下面无讯号，所以统统没有听见。连忙一一回复。

今日游览，眼界大开，兴致极高。

纽约

5 月 18 日天空晴好。上午整理行装。马先生于 10 时 10 分开车载我们到 Twinbrook 地铁站。60 多岁的他精神矍铄，坚持要亲自帮我们提一只重约 20 多公斤的大旅行箱沿坡下行进入到地铁站内，然后握手话别。

我们乘地铁红线 15 站（比昨日要多 3 站）到中央车站下车。这也是齐娅不要马先生开车来送的原因，地铁着实方便，如果开车则要走很长一段路。出得中央车站的边门右拐，拉着行李沿着马路走上不长一段路，约经过两个街区便到了 Greyhound 汽车站。取到了齐娅预先为我们定下的两张去纽约的大巴车票。

12 时 10 分，大巴开动出发了。琪海舍不得与宝贝女儿分离，又流下伤心的眼泪。齐娅见了也禁不住泪眼婆娑。齐娅将与在华盛顿的同学会合，一起前往费城观光。她预定了 22 日的飞机票返回新奥尔良。

大巴在华盛顿市区内行驶了一阵，到达另一地点继续载客。我们因此有机会饱览一番华盛顿的市容。窗外连绵不绝都是别墅式的住宅，美丽如画，很干净整洁。

这辆灰狗大巴的黑人司机估计有 50 来岁，鬓发斑白，开车极为稳妥安全。一路上，时晴时雨，这也是美国东部春天气候的典型特征，令植物尽享雨露阳光，使劲儿疯长。窗外是美国东部的苍翠景色，大片大片翠绿的树林一望无际，田园辽阔，看上去多数处于空旷闲置的状态，不急于种植什么植物，全然不像“双季稻”、“三季稻”发明者那样的急功近利和穷吼吼。我在年轻时也曾相信过“双季稻”是一项令收获加倍的聪明发明，现在我更倾向于认为那其实是对土地的一种“竭泽而渔”。中国粮食来源的紧迫局面一直十分严峻，令人担心和忧愁，而美国佬得天独厚，尽享丰盛物产，大可不必忧虑饭碗问题。

大巴行驶四个多小时后进入纽约市区，停在曼哈顿闹市区的一处地下停车场的负二层。旅客们乘坐自动扶梯一层层上来，负一层与地铁站台连接在一起，转乘起来十分方便。再上一层就到达了地面，这时我才发现出口居然位于第五大道与第 42 街的交叉口附近，这里是曼哈顿非常繁华和热闹的地方。我突然醒悟到大巴这是一下子就把我们送到了纽约的腹心地带，我原来还以为停车处会是一个类似于南京长途东站那样遥远偏僻的郊外地方呢。谁能想到大巴下客处的繁华程度就相当于南京最热闹的新街口闹市区，这一点大大出乎我的意料之外。后来见了赵苏，我说幸亏没有乘火车来纽约，否则就没有如此方便了，谁知赵苏立刻回答我说，火车的终点站，也在曼哈顿。这让我张口结舌，惊讶不已。回国后，每当南京地方的执政者动辄把旅客车站远迁马群或者江宁，越迁越远，我都会回想起纽约长途车站出口的优越位置，哪一种方案对旅客更有利更方便呢？不言而喻。

此时正是下班时分，纽约人匆匆忙忙，川流不息。简直就是在我们面前连走带跑，生活节奏很快。在大厅等待了一会儿，我们上得赵苏和向利华夫妇开来的丰田佳美轿车。老同学在异域他乡重新见面，那份开心劲儿就别提多高了。不一会儿，大雨倾盆。趁着向利华下车去路旁一座写字楼为赵苏升级驾驶执照之事签字的空档，赵苏开着车带领我们夫妇就近浏览一番雨中的纽约街景，先在哈得逊河边远眺航空母舰博物馆，附近就是中国总领事馆，然后又驶过第五大道、42 街等处。

赵苏夫妇约上一位他们熟识的叫做“叶子”的北京女子一起去吃晚餐。“叶子”约 50 岁，做过舞蹈演员和作家，两次婚姻都是嫁给了美国大律师。我们来到一家著名的意大利餐馆，这家的比萨饼做得别具一格，底部发脆有点儿像中国北方的面食卷子。饭后，“叶子”领他们夫妇一起去第八大道拐角处“Gap”楼上，此地的 600 余套房屋正面向纽约的第一次买房人发售。这幢大楼似乎是建于三十年代，一直作为旅店，房主最近用了近十年光景把内部修缮一新，分成单元对外销售，一室一厅加上厨卫大约 26 万美金，如果再加上一个 18 平方米房间，价格则为 37 万美元左右。如果用来投资作写字间，这不失为一个绝妙主意。我们随行参观，也觉得机会不错。

晚上，向利华夫妇载我们浏览纽约夜景，时间到了晚上 11 时，时代广场一带万灯齐亮，大放光明，灿烂辉煌，流光溢彩。大街上游客如织，熙熙攘攘。纽约是世界的中心，时代广场则是纽约之夜的中心。跻身于各种肤色、各种语言、各种来历的人群中间，目睹光影声色千变万化，琪海和我真是感慨万千。

午夜时分，又驱车去皇后区，隔着夜色中的哈得逊河遥望曼哈顿对岸，只见一片绵延不断的摩天大楼灯光璀璨，轮廓分明。此幅景象过去曾作为红色政权宣传资料上声称的“资本主义腐朽的生活方式”而一度家喻户晓，成为了美国的象征之一，我们没来过美国的人也十分熟悉这般景象。入夜天凉，果然与 New Orleans 全不一样。

主人载我们到达法拉盛(Flushing)的丽晶酒店 701 室住下，每天$85。赵苏夫妇离去时，已是凌晨 1 时许。

缴纳了事先由向利华代垫的美国东西部旅行的费用，共计$2090，平均琪海和我每人$1045，包括内容如下：

19 日的旅行社“纽约一日游”项目（不包括自费项目）；

22 日的旅行社“尼亚加拉大瀑布”两天项目，包括 22 日当天住宿（不包括自费项目）；

24 日的飞机票（纽约——洛杉矶）；包括洛杉矶接站和住宿；

25 日的旅行社“迪士尼一日游”，包括当天住宿；

26 日的旅行社“环球影城一日游”，包括当天住宿；

27 日的旅行社“大峡谷、赌城三日游”之一，包括当天住宿；

28 日的旅行社“大峡谷、赌城三日游”之二，包括当天住宿；

29 日的旅行社“大峡谷、赌城三日游”之三，包括当天住宿；

30 日的旅行社车去旧金山；

18 日和 19 日两天，在纽约法拉盛（Flushing）的丽晶酒店的两天住宿。

以上旅游项目，均不包括自费项目和导游、司机的小费。

5 月 19 日，是一个雨转晴的日子。早上醒来，即闻哗哗雨声。雨点大而密集，纽约的气候果然是变化莫测。从资料来看，5 月是纽约降雨概率最高的月份，平均降雨达到 9.2 日，也就是说，纽约的 5 月历来是有三分之一浸泡在雨水之中。

按照向利华事先安排的计划，我们今日参加金泉旅行社组织的“纽约一日游”活动。上午 7 时半，一位华人女性用小车把我俩送到附近一家停车场，一位打着一把很大雨伞的华人中年男子继而驾驶一辆中型面包车把在这里集中的一批游客运送到曼哈顿的唐人街。客源在那里重组分流，有人去加拿大、大瀑布、华盛顿等地，我们一批九人是今日“纽约一日游”的伙伴。

先后观赏了纽约十个景点：

——华尔街。当时正值上班时间，行人匆匆，天色阴晦，但是雨暂时停住了。上次齐娅曾经在铜牛前面合影留念，导游只给 20 分钟，我们不知道到哪里去找华尔街的这一象征，没有机会看到著名的铜牛。华尔街(Wall Street)位于纽约市曼哈顿区南部，长不超过一英里，宽仅 11 米。它是美国一些主要金融机构的所在地。这条街上的联邦大厦曾是美国第一届国会的所在地，首任总统华盛顿就是在这里宣誓就职。此后华尔街一直作为金融中心辉煌夺目，经久不衰。华尔街两旁摩天大楼林立，街道如同峡谷，抬头只能望见一线天。这里是美国垄断组织寡头和金融机构的所在地，集中了纽约证券交易所、美国证券交易所、投资银行、政府和市办的证券交易商、信托公司、联邦储备银行、各公用事业和保险公司的总部，以及美国洛克菲勒财团、摩根财团等大财团开设的银行、保险、铁路、航运、采矿、制造业等大公司的总管理处以及棉花、咖啡、糖、可可等商品交易所。华尔街成为美国和世界的金融、证券交易的中心，垄断资本从这里支配着美国的政治、经济。华尔街成了美国垄断资本，金融和投资高度集中的象征，一般常把华尔街作为垄断资本的代名词。

——“9.11”世贸大楼遗址。我们到达那里时，遗址还没有动工兴建，只留有两座大坑。世贸大楼位于曼哈顿岛的最南部。据资料介绍，大楼由两栋对称的、边长 63.5 米的方柱形大厦组成。大楼地下有 6 层，地上有 110 层，距地面高 411 米。世贸大楼是由日本建筑师设计的，光设计图纸就足足装了两卡车。1973 年大楼建成并投入使用。大楼外围有密置的钢柱，墙面是铝板和玻璃窗。世贸大楼使用面积为 82 万平方米。楼内有 198 部电梯。在南楼的顶部建有瞭望台，从底层乘坐电梯到瞭望台只需一分钟。在世贸大楼内驻有 800 多家各国的商务贸易机构，在正常工作日，大约有 65000 多人在大楼内上班。仅负责两栋大楼卫生工作的清洁工就多达 800 余人。2001 年 9 月 11 日，两架美国客机被恐怖分子劫持后撞向纽约世贸大楼。世贸大楼在大火中坍塌，2803 人遇难，不计其数的人员受伤。“9•11”事件是世界的悲剧，它的出现使全世界人民对恐怖活动更加深恶痛绝，也为日后全球组成反恐统一战线奠定了基础。

——参观航空母舰、潜水艇和协和飞机（自费项目）。在曼哈顿八十六号码头边，停靠着一艘六十年前开始服役的“无畏号”航空母舰。它曾代表美军参加过二战和越战，一九八二年改建成世界上最大型的流动博物馆，向世界讲述当今全球最强大的海空力量的过去与未来。我们钻进潜水艇内部东张西望，有导游带路并分段解说，可惜听不懂。登上协和飞机我们一路从里面走过，这一欧洲的明星飞机品牌当时已经停产。约在两年多前的 2003 年 11 月 25 日，一艘运载英国航空公司协和飞机的驳船缓缓驶近哈得孙河上的“无畏号”航母博物馆，这架伟大的超音速客机成为了“无畏号”航母博物馆上最昂贵的永久展品。这架重达 88 吨的协和超音速大型客机曾在当时约一个月前从纽约飞往英国伦敦，完成了史上的最后一次商业飞行。两倍于音速的协和飞机从伦敦飞到纽约只需要 3 个小时多一点，巡航高度达到 5.5 万到 6 万英尺，乘客可以从高空看到地球表面的曲线。尽管有强大的空调系统和冷却装置，在飞行中机身内的金属部件还是会发热，那是因为速度过快，机首的温度在全速飞行时更会达到 127 摄氏度。协和式飞机的机翼采用三角翼，机翼前缘为 S 形，飞行速度可以更快，且能有效降低超高速抖动时的问题。协和式飞机共有 4 台涡轮喷气发动机，具备了一般在超音速战斗机上才使用的加力燃烧室（后燃器）。协和式飞机能够达到 m 级自动降落和起飞，即协和式飞机完全能按照程序和指令并在无飞行员操纵下自动进行起飞与降落。制造协和飞机的许多技术后来成为“空中客车”公司的基础。但它的两大缺陷也在运行中暴露无遗，一是经济性差，二是起落时噪声过大，美国在较长时间内一直限制其降落，由于超音速飞行产生的音爆，协和被限制不得在大陆上空进行超音速飞行。这个伟大的传奇终于在我看见这架飞机的两年半前正式谢幕了，在 20 年间协和飞机一共生产了 20 架，6 架是样机，14 架用于商业飞行。

我们在甲板上还看见各式各样的军用战机，可惜当时大雨倾盆，雨下得正起劲，对于拍照大有影响。据说“9.11”撞楼飞机的残骸也在这里展出，由于雨大，没有看见。等我们参观过后，当年的晚些时间这艘航空母舰博物馆便被拖进船坞去维修了，直到两年后才再次回到原地对外展出。

——游船环游曼哈顿岛，瞻仰自由女神像，这也是自费项目，今天两人的自费旅游项目合计是$112。船上销售说明书，我递上 1 美元，小姐愣了一下，告诉我是每份 4 美元，这未免太贵了。上午的雨，时下时停，但凑趣的是，偏偏游船开近自由女神像时，天空完全放晴了，太阳灿烂地照耀着周围，让爱好摄影的游客一片欢呼。游船上的一位白人男性导游约40岁左右，身着制服，一路上不停地介绍两岸的风光景色，这位大哥极其富于表演天才，时不时地有惊人表演，如像钢管女郎那样使身体与地面完全平行，或者歌咏，或者夸张动作，引得众人哈哈大笑。琪海最后与之合影。游船节目约两小时，心旷神怡。游船经过了哈得逊河上的许多大桥，其中最著名的就是布鲁克林桥。这座连接曼哈顿和布鲁克林区的大桥全长2700米，于1883年动工，1903年竣工，百年老桥看上去还是那么美丽和雅致。

——时代广场。昨晚已经领略了她的魅力和夜晚姿色，白天补拍了一些照片。时代广场位于曼哈顿区第42大街与百老汇大道交叉的三角地带。绚丽多彩的广告牌，川流不息的人群，顿时感受到纽约的艺术气息以及商业文化的巨大魅力。时代广场是美国的文化中心，被称为“世界的十字路口”。这个地方作为弗洛德街剧院的中心，聚集了很多剧院、宾馆和餐厅，著名的百老汇就坐落在这里。附近著名剧院、夜总会、影院、商店林立。

——洛克菲勒中心。这是一组由洛克菲勒家族所有的19幢摩天大楼组成的占地二十二英亩的建筑群，是世界上最大的经典商贸娱乐中心，坐落在第五、第六大道之间，横跨48街和51街。每年圣诞节，洛克菲勒中心都会竖起一棵巨大的圣诞树，选择树龄70岁、高约30米的大树，装饰过后，晚上全树上下2.6万只小灯泡一起大放光明，特别雄伟壮丽，成为著名的景致。全国电视节目播送基地大都设在这里，国际许多公司的总部也设在此地。地下的商店和餐馆，把各座大楼连在了一起。下广场飘扬着联合国的159面彩旗。在广场与5号大道之间的人行道两侧，坐落着一个又一个色彩斑斓、鲜花怒放的花圃。

——中央公园。只是浮光掠影地在大门口照了几张相片，走进去一百来米看看，就退出来了。在导游规定的20来分钟之内，实在无法去深入了解这座超级城市中心的宏大公园。中央公园坐落在曼哈顿岛中心地带，占地面积843英亩，从110街一直延伸到59街，几乎占据了曼哈顿整座中城。风光秀美、淳朴、幽静，在帝国大厦上向北俯瞰城市，最大的一片中央地带都是郁郁葱葱的树木和湖泊，从环境上讲，中央公园就是曼哈顿的肺腑，为这个喧闹的城市提供新鲜的空气。这个庞大而幽静的公园为奔波忙碌的人们提供了休憩的最好场所，给纽约增添了无穷魅力。

——帝国大厦。下午三时前后，天空乌云密布，阴沉沉地似乎倾盆暴雨即将兜头浇下来。我们随队进入大厦，乘坐电梯直达第 80 层大厅，排队等待登顶。正排得好好的，突然前面一阵动静，队伍就散开了，一些人离开了往回走，也有游客继续排队往前。我们正在莫名其妙，售票大厅一位黑人女工作人员和一名白人小伙子耐心向我解释，如果上去了，可能什么也看不见，她取出一张图板，上面标示着帝国大厦上半部被浓云笼罩，“It’s cloudy”，意思是要我们重作选择。我征求琪海的意见后，表示还是准备上去看看。“Realy?”工作人员表示怀疑。我们点头。于是放行。拐了几个弯后，到了另一个入口，游客将在那里乘坐电梯至 86 层，一位负责收票的束马尾巴发辫的小伙子再次用同样的话语再三提醒我们，因为他们觉得如果我们花了冤枉钱，结果什么也看不见，实在是一件不必要的抉择。他们的真诚最终打动了我们，我们询问，如果今天放弃了明天再来，这张门票是不是仍然有用？回答是“Sure”。我们便不再坚持，因为按照原定计划，我们准备明天自己留在纽约游览一天，完全来得及重返帝国大厦，没有必要此时此刻“明知天有云，偏向楼顶行”。我们便轻轻松松下楼去拍照和购物。等到“一日游”的其他伙伴们按照原参观计划纷纷从楼上下来，我们问起观光效果，皆摇头，答，啥也看不见，全是云。

——联合国总部。这道景致当然是美国独有啦。联合国总部位于纽约曼哈顿东河沿岸，于 1951 年 6 月建成，包括秘书处大楼、会议厅大楼、大会厅和哈马舍尔德图书馆 4 栋建筑。其中秘书处大楼位于中心，是联合国总部的核心建筑。这是一栋玻璃面的 39 层板式建筑，由于其四四方方的长方体外形而被称为“火柴盒”，我国建筑家梁思成等世界 10 位著名建筑师共同参与了联合国总部的设计方案。秘书处大楼前方的约两百根旗杆悬挂着联合国成员国的国旗，主旗杆上是蓝色的联合国旗帜。秘书处大楼一侧较低的长排建筑，其高度由低至高形成一道弧线，这就是联合国总部的会议厅大楼，内有各种规格的会议室。紧连会议厅大楼的是联合国大会厅，联合国成员国代表的表决会议都在此举行，成为联合国总部出镜率最高的地方。大会厅对面的哈马舍尔德图书馆是 1961 年加建的建筑。入门安检必不可少，总部内外有很多景观耳熟能详，如大型雕塑“左轮手枪的枪管打成一个结”，寄托了人们对于非暴力的无限向往。

——纽约曼哈顿唐人街。最终，旅游车又回到出发地点，回到孔子广场，约 6 米高的孔子青铜像华光溢彩，面容慈厚可掬，体现华夏子孙对自己文化先祖的敬仰。大街上到处是熟悉的中文标牌，人行道上来来去去全是亚洲面孔，曼哈顿的唐人街规模仅次于旧金山。纽约有三处公认的唐人街。曼哈顿的唐人街历史最为古老，始建于 19 世纪中叶，中国人集中在此从事商业活动，开餐馆，经营商店和礼品店。这里的居民主要来自中国的广东、福建和香港，近些年来自大陆其他省份的新移民也不少。在这里讲粤语的人居多，也通行福州话，能讲国语的不多。曼哈顿唐人街居住着大约 10 多万名中国移民。在唐人街上有一座规模颇大的佛教寺庙，形形色色的中餐馆和商店布满了各条街道。这里的一些商店还能买到中国大陆及港台出版的书报。这里一切的一切都让人感觉自己好像并没有离开中国，不仅商店招牌用中文书写，就连路牌也以中文标示，中国式的牌楼古色古香，鲜艳夺目。朱门碧瓦，画栋飞檐的房屋光彩照人，就连路边的电话亭也是中国风格的宝塔形。唐人街似一株在异国芬芳常开的奇葩，为纽约这个世界大都会增添了无限姿色。与曼哈顿唐人街仅一街之隔，有一个小小的欧陆风情的社区，被称为“小意大利”，150 年来与华埠为邻，东西方不同文化在这里和睦相处。纽约唐人街的另两处分别是皇后区的法拉盛(Flushing)和布鲁克林区的第八大道(Eighth Avenue)。

导游从每人每天缴纳的$5 小费中退回$2，让我俩自己在街口乘坐华人的巴士回法拉盛区去。这样他便省去一大趟路程，又好去完成旅游公司下面的任务。巴士终点站的停靠地点，正好是法拉盛唐人街的繁华处，我们顺路逛了“新世界超市”，里面的水果很便宜。“新奇士”橙有$2 买 5 只，也有$2 买 7 只，当然后者似乎更熟透些。无籽绿提子是$0.99 买一磅。

一路购物观光，慢慢逛回去，在路边一座规模不大的 Mall 里挑选牛仔裤，最便宜的是每条$5，质量很好，但是没有琪海适合的尺寸。旁边有华人餐馆，坐下来品尝了猪肉面，味道相当不错。

我们此次旅行有一个体会，在美国南北东西穿行，无论是居民住宅还是旅店，多用的还是窗式空调，而不是中国城市流行的分体空调，这恐怕与窗式空调效率较高有关，也可能牵涉到一种使用习惯，当然美国新住宅和别墅中使用中央空调的大有人在。

纽约在过去的几十年里一度曾经是罪恶之都，犯罪率较高。但是自1992年以来，经过朱利安尼市长大力整治，治安面貌大为改观。纽约市总犯罪率在过去12年里下降了73%，在全美人口超过10万人的227个都市里，纽约市的犯罪率居然排名第211位。难怪联邦调查局报告说，纽约市在2005年上半年是美国25个大都市里最安全的。纽约警方采用的反犯罪策略叫“冲击行动”，即对于犯罪热点投入大量警力，进行为期数月的维持治安行动。纽约市2005年罪案数目下降，与911事件之后市里增加了1000名警察也有关。

5月20日又是一个晴好天气。上午8时，我们把丽晶酒店的房间退掉。把行李暂时存放在酒店储藏室内，赵苏夫妇开车来，载我们去第五大道。今天是周六，他俩休息，要利用今天的宝贵时间去新泽西州拍摄“美国家庭收养中国孩子”的电视专题片，拍摄地点大致就在自由女神像后面不远处。我们由于有自己的纽约游览计划，所以就不随他们同行，只是烦请他们把我们送到第五大道的繁华位置。赵苏还与他的一位在纽约开出租车的朋友联系，帮助我们问清自助游的路线。

今天的气候与昨日完全相反，万里无云，阳光明媚。于是第一站径直前去帝国大厦。乘电梯直上80层楼，转乘电梯再上86层观赏平台。如果要想再上100多层最高点，导游发给我们的观光票就不行了，需另外购票。帝国大厦于1931年落成，高102层，约443米。地基却只有2层。为保证建筑安全，据说2层地基所用钢材，足以铺设从纽约至马里兰州的巴尔的摩的双向铁轨。正巧，我们就是在马里兰州的巴尔的摩机场下飞机的，然后抵达华盛顿，又从华盛顿乘坐大巴来到纽约，亲身“丈量”过这一段距离，完全知道这段路程实在是非常之遥远。

当日的能见度极佳，从高处鸟瞰曼哈顿地区，一览无余。据说晴天时立在帝国大厦86层观赏平台上可以远望至100公里开外的地方。我想这句话不错，我们不用望远镜也可以发现远处的自由女神历历在目。平台上风力很大，拍照时头发蓬乱在所难免，女士们的形象个个酷似“梅超风”。

我们在上面逗留了较长时间，说实话你很难找到这样上佳的位置可以把纽约全城一览无遗地俯视清楚。曼哈顿地区有数千幢摩天大楼，栉次鳞比，风格和样式千变万化，令人感叹富丽繁华。帝国大厦里面的墙壁装饰很有特色，多为来自意大利、法国、比利时、德国的不同颜色大理石，一楼大厅更是各种艺术品的殿堂。由于帝国大厦处在曼哈顿岛上最繁华的心脏地区，这里的办公用房也是寸土寸金，一间面积 20 平方米的办公室，月租金高达 2500 美元至 3000 美元。由于帝国大厦名声显赫，许多金融、旅游、保险等行业的大公司都在这里租用办公室，一来提高知名度和可信度，二来显示公司有相当实力。每年 2 月，帝国大厦都会举办登高比赛，从 1 楼登至 86 楼，共有 1860 级台阶，目前的记录是 12 分钟，也就是说，选手每分钟要登 155 级台阶，平均每秒钟 2.6 级台阶。

从帝国大厦下得楼来，再去寻觅昨日在洛克菲勒中心旁边一睹芳影的圣帕特里克大教堂（St. Patrick’s Cathedral）。圣帕特里克大教堂是北美地区最大的哥特式天主教堂，位于纽约罗马天主教大主教区，曼哈顿第 50 和 51 街之间的第五大道，面临洛克菲勒中心。这是一座双塔高耸约近百米的极为美丽的建筑，金光灿灿大门，精美雕塑，彰显出这座教堂的富丽堂皇和豪华排场。教堂里一根根线条流畅的立柱托起排排穹顶，教堂里摆放雕塑，墙壁上浮雕精美，银白色的管风琴，装饰周边的美丽彩窗，以及约千张座椅的阔大殿堂，在柔和灯光的衬托下显得十分神圣高洁和庄严肃穆。我们进入教堂时，里面正在做弥撒。管理人员轻声宣布，拍照“five minutes limited”。五分钟后，弥撒结束，我们走来走去观光，琪海捐了 2 美元，在功德簿上签了个名，然后点燃了一支蜡烛。全部行为虔诚美丽。

沿着第五大道行走，这里是纽约最为繁华的地区，世界著名品牌的时尚店和珠宝店栉次鳞比。我们多数是做“window shopping”，也就是橱窗欣赏，因其价格昂贵，而且我们此行也没有这方面的采购计划。

在第六大道的一家中国餐馆吃中饭。其中端上来一碗粤式云吞面，那面条不是面粉做的，吃起来有点不太适应口味。

继续往北走去，突然发现，第六大道的一段被封闭了起来。许多小摊点正在大道两旁摆放出来。原来每逢周末，纽约便在市中心第六大道搞一次“日市”活动。摊贩大多销售日用品和食品，类似于南京夫子庙小商品市场。今天正好是周六，远远望去，第六大道封闭的路段很长，一眼望不到尽头。在横向的街口往往有警察在维持秩序。集市上的小商品价格不贵，大致和在南京地摊上卖得差不多。考虑到美国人的收入水平，这实际上应该是比南京便宜得多了。

在曼哈顿还有一个很有意思的现象，那就是只要你获悉一处地址的门牌号码，你就能运用一个简单的算式，算出这幢建筑的具体方位，知道这幢建筑准确位于第几街与第几街之间。南北向的道路计算方式略微复杂一些，一是将门牌号码去掉最后一位数，二是将步骤一所得数字除以二，三是将步骤二所得数字加上或减去参数。如帝国大厦的门牌号码是 350 号，减去最后一位数得到 35，除以二等于 17.5，再加上参数 16，等于 33.5，那就是说，帝国大厦位于 33 街和 34 街之间。我孤陋寡闻，都市大道上的建筑使用这种方式方法来确定门牌号码的位置，不知道世界上其他地方有无第二例？反正我是首次听说。感到非常有趣和合理。

走到第 51 街后，我们便横过来往东走。远远看见第五大街一支游行队伍鼓号齐鸣，浩浩荡荡走来。警车在前面开道。我们便停下来等待。队伍走到近前，原来是在美的土耳其裔人组织的一次游行，旗帜上写道：

“25th Anniversary Turkish---American Day Parade”

意思是“庆祝‘土耳其——美国日’25 周年游行”之类的意思。游行人群并非很多，但是一个个西装革履，穿得很整齐，态度平和，神情恬然，因此颇具观赏性。

从 51 街乘坐纽约地铁准备去 86 街。赵苏事先一再叫我们尝试坐一下纽约地铁，因为纽约地铁非常著名，纽约地铁到 2006 年已有 102 年历史，迷宫一般四通八达的线路、富丽堂皇的时代广场车站、斑斓凌乱的涂鸦文化、在地铁口为乞讨而演奏的音乐人，构成了这个城市的特有文化。纽约地铁的主干线共有四轨，其中两条快车，两条慢车。纽约地铁于 1900 年开始兴建时，就确定了四轨原则，这不能不说是一种卓识远见。在纽约时代广场的入口处，硕大的霓虹灯招牌不停地闪烁，拼出地铁的字样：SUBWAY。

这一坐，花絮颇多：

一是入错了进口，犯了“方向性错误”，应该是选择“Down Town”，我们误走入“Up Town”。只好重新出站和入站。

二是费了很多口舌，才搞清楚花白胡子黑人男工作人员讲的“Eighty-Sixth Street”并不是指我们应该乘坐哪一条线路，而是在大都会艺术博物馆下客的那一站站名。进站后发现面前其实只有孤零零的一条线路，我当时由于语言不通，情况不熟，真是蠢得像头猪猡。

三是每人买2元车票，琪海却屡刷卡片都不得入内。黑人男工作人员最后出来解围，他打开另一扇门让琪海进入站台。随手撕掉我们的卡片。我们急了，没有卡片我们出站时怎么办呢？我们努力表达清楚了我们的疑虑，那位黑人男工作人员无心恋战，随即便从门后面捡起一张其他卡片交给我们作为出站凭证。后来我们发现，纽约地铁出站根本不需要任何凭据。也无人验票，大摇大摆往外走就是了。哈哈，真是一双刘姥姥进了大观园。

在第86街那一站下车，走不了多远，就到了大都会艺术博物馆 Metropolis Museum of Art 。纽约大都会博物馆是美国最大的博物馆，建于1880年，是一座哥特式的花岗岩建筑。整座博物馆展出面积很大，占地13万平方米，藏有古今各个历史时期的建筑模型，雕塑，绘画，陶瓷器，金属制品，家具，武器，乐器等330万件各类文物和艺术品，平时只轮流展出四分之一。博物馆有20至30个主题展区，仅画廊就有200多个。

今天是周六，博物馆免费对外开放。赵苏说游客可以自己投几个小钱，表示一下赞助之意。但是排在前面的美国人没有投，我们便也没有投。游人很多。展览大厅共分三层。埃及馆极大，2460年前的埃及古墓整座移置在馆内专建的大厅中央的巨型玻璃罩里，是镇馆之宝。还有一座原装进口的公元前15年由罗马帝国建立完工的丹铎神庙（Temple of Dendur），1960年埃及政府修建阿斯旺水坝，这座神庙行将沉入水底，埃及政府于1965年将其捐赠给美国，并于1978年安装起来，周围修建了喷水池，象征着波涛汹涌的尼罗河。顺序参观了地中海文明、英国文明、非洲文明等。走了近四个小时，实在累了。

兵器和盔甲馆是我感兴趣的必去之处，1912年建此馆，收集了1.4万件兵器和盔甲。有大量宫廷卫士的宝剑、匕首、盾牌和手枪，镶金镀银，装潢精美。其中英国伊丽莎白女王一世的宫廷侍卫官乔治•克利福德勋爵穿的那副盔甲重达 27 公斤，由格林威治皇家铸造厂制造。服饰馆也堪称世界之最，收集了 4 个世纪以来五大洲的各民族服装 1.5 万件。

还观看了西藏文明、乐器文明、日本兵器等馆，令人眼花缭乱。有一种吃得太饱了撑得走不动路的感觉。

出得博物馆来，顺着街面溜达到中央公园的一座侧门，进去在长椅上坐了一会儿。又原路返回，时间渐晚，沿街开始有摊贩上市，多销售图画等艺术品，沾一下大都会艺术博物馆的光。看见很有几个摊位是中国人的阵地。

我们坐在博物馆的高大台阶上。边吃东西便等车，几只鸽子和麻雀胆子很大，一只鸽子就在我手上啄食吃。几名黑人青年突然出现在台阶下方开始街舞，他们大幅度地挥舞双臂以招徕人气。博物馆高大台阶上的数十名游客成了他们最好的观众。街舞最后的高潮是三名看客被邀请上场，并排弯下腰来，一名表演者倒立分腿，另一名小伙子在没有保护的情况下腾身翻滚，从四个人上空飞身越过，博来一片热烈的掌声。我正好拍下了这组镜头。

赵苏、向利华驱车来接时，已经超过下午六点钟。先去丽晶酒店取回存放的行李。然后沿途购物。琪海购得巧克力、维生素等，准备回国作为礼品送人。又抢在晚上九时前赶到面包房，购得明天的中餐。

长岛一日游

昨晚在开车去赵苏夫妇家的路上，还绕道去了赵苏的一位朋友家里，帮助他家喂一下小狗。这位朋友家住在长岛北端的富人区，拥有一幢豪宅。前庭后院占地广阔，有私人泳池和篮球场，草坪树木打点美观，叹为观止。主人一家近日驱车去华盛顿，因为考虑到赵苏晚上要过来借宿，便没有把宠物小狗 paper 送到动物寄养中心去。paper 极聪灵，见到赵苏前来为其放风喂食，极为开心，但是见到还有我和琪海两位陌生人，态度又十分局促不安。那模样有趣极了。

赵苏夫妇目前租住长岛一位华人的房子，住在一楼，楼层不高。他们现在正在积极张罗购买自己的房屋，紧锣密鼓地约见律师代理。晚饭吃完已近深夜 12 时。主人夫妇去 paper 留守的那幢豪宅借宿。把自己的房子让给我们居住，我们夫妇心中十分过意不去。

5 月 21 日是周日，晴天转下雨，又转晴天。

早餐纯属西式。两种液体（冷牛奶、蜜糖）、三种水果（草莓、香蕉、葡萄干）、两种 sierra，然后搅拌而成。赵苏喜欢吃西餐早点，称有益于健康，据说他的父亲赵瑞蕻先生，他的母亲杨苡先生在他小的时候就培养他习惯了西式早餐。我相信这样的早餐营养更均衡，更有益于身体。我品尝了一下，觉得味道很新鲜，也合胃口。但是琪海接受起来有难度。

上午，主客四人坐进主人新买的“丰田佳美”轿车向长岛最东端驶去。赵苏说，他来美国多年，一直也没有寻到时间去长岛的东端旅游，今天可以一称心愿。轿车沿着 495 号公路东行，公路北端是富人区，东部更是豪宅林立。一路风景如画。

半路上，在 71 出口处，转入 Tanger 购物。Tanger 是全美第二大的世界著名工厂直销中心。位于长岛 Riverhead 的这家 Tanger Outlet Center 有 160 多家店面，分为紧邻的两个区。琪海在 Nike 直销中心为侄女许心仪选购一双 Nike 鞋，又给同事的孩子买了一件运动体恤，这里出售的鞋子很便宜，打折后约 19 美金。如果在市内买，至少要贵出一倍以上。

在路边的一座花卉中心我们停下车进去观赏和拍照。5 月的长岛本身就是一座大花圃，这里的花卉中心就更是锦上添花。花卉中心的设计颇像一座微型公园，曲径通幽，花团锦簇，姚黄魏紫，美不胜收。三三俩俩的美国居民徜徉在绿树红花中间从容选购中意的花草，阳光暖洋洋地照在身上，真是舒服极了。偶然看见一名年轻的姑娘站立在花房的屋顶上，正在协助她的家人修理屋顶，态度十分镇定自如，看来她不是第一次做这样的事情了。这场景给我留下很深印象，相比之下，同龄的中国孩子的动手能力就太差了。这一小小的“自力更生”片段，被我视作是这个鲜花盛开的地方的最美镜头之一。

约 12 时左右，抵达海滨一座小镇，阳光和煦。只是码头上的风很猛烈。一座用金属丝编织成的大鹰张开翅膀傲然屹立在空中，张开嘴发出了我们听不见的长啸声。码头上泊有一艘艘私人的帆船，一位害羞的绿发大孩子正陪同他的父亲在一艘船上参加修船的活计，我们请他来为我们的合影拍照。海风凛冽，从照片上看我们几个人无一不是怒发飘扬。

小镇的街道上宁静安详，我们逛逛古董店和玩具店，又在街上路边的长椅上坐下，沐浴着温和的阳光，欣赏街上的景致。两位老人坐在街边，其中一位怀里抱着曼陀铃琴，戴着一顶礼帽，悠然自得地弹奏着，旁边的琴盒敞开着，等待着路过的知音投入一些报酬。一位印地安人头戴红色编织毡帽，吹奏着类似于排箫之类的竹制乐器。

一批批哈雷机车结队轰鸣着陆续来到小镇，骑手们驾驶着重型机车，威风凛凛。骑士多为男性，但我看见其中一位脱下全型头盔后飘出了披肩的金色长发，才发现其中居然还有妙龄女郎。

哈雷机车是我心仪已久的爱物，我一看见这些摩托车品牌中间的大公贵族就像被磁石牢牢吸引走不动路。我曾经在 1992 至 1993 年间在南京经营过摩托车批发业务，那时候是国内摩托车市场发展的短暂黄金时期，玉河轻骑和金城摩托车成为了很抢手的商品。当时经手的摩托车多是 100cc 左右的小排量车，最大排量的幸福牌摩托车也不过 250cc 的排量。而美国的摩托车根本不是这个概念，无论是美国自己生产的哈雷机车还是日本进口的本田摩托车，动辄就是 1600cc 或者 1800cc，那几乎就是摩托车世界的巨无霸，且制作精良，装备上乘，霸气十足。后来在美国西部去往拉斯维加斯的高速公路上，我看见一辆辆哈雷机车风驰电掣，“唰唰唰”地超越大巴和轿车，出尽了风头。哈雷机车的龙头扶把往往做得十分夸张，骑手扶把时双手甚至会高过肩部，我不知道这样骑行时间长了会不会不舒服。我认为骑摩托车是最接近骑马的一项运动了，至于驾驶轿车那基本上等同于坐轿子。可惜中国的地方官员受到本身素质的约束和利益集团的唆使，动不动就会盲目地抛出一些“禁摩”法案和措施，我很疑心他们会成为千古笑话和后代的反面教材。

终于抵达长岛最东端。辽阔的大西洋一望无际，水碧天蓝，海风送寒。我是第一次零距离接触大西洋，极目远眺，心情愉悦无比。长岛是著名诗人惠特曼的故乡，这是我向往此地和希冀前来朝拜的一个重要原因。我看见这里的环境是如此开阔、悠远和无边无际，心里顿时悟出了为什么惠特曼的诗歌就像蓝天大海那样生机勃勃、自由自在、具有无穷的生命力。附近有一个码头，有轮渡定期开往长岛分叉后的另一个最东段，私家汽车也可以上轮渡一块儿运过去。海滩上遍地是较大的卵石。我们拍了很多照片。赵苏今天大展身手，他的尼康相机装备比较“重型化”，今天一天，他帮我拍了许多令我很满意的照片。我此前一生中自己感到满意的所有照片加起来，也许仍没有今天一天的收获多。

中途，在长岛东端的最狭窄处停车，几个人坐在车内把昨晚购买的“subway”吃了。然后沿着海滩捡石子，琪海捡到一些五颜六色的卵石。此地的石子比较码头那里要小得多，也比较匀称。海水一泡，跟玛瑙似的好看。

下午，在车上与中学同学王党生通话，她夫妇俩目前在加拿大温哥华的女儿处，准备过一两个星期到 Niagara 大瀑布来观光，赵苏夫妇答应到时候开车去与他们会合。王党生夫妇 4 月份在上海美国领事馆签证未予通过，这次就失去了进入美国旅游的机会。又与同学沈陵通话，我俩是 40 年未见过面。他原在洛杉矶搞汽车修理，现在西雅图的房地产行业就职。

在 495 号公路 70 出口处出来，附近有一座生态公园。天时雨时晴。一行人走进公园资料处，迎面看见一只名叫 Charly 的大鹦鹉立于屋中。公园资料处的老太太十分健谈。她为我们播放了公园的资料片，但是可惜只有春天景色，她问赵苏能不能帮助她拍摄其它季节的公园资料片。

生态公园有几条观光线路，分别用几种颜色，漆在树上，便于指引方向。马路对面有一位下巴蓄须的健壮年轻人见我们立在路口犹豫不决，便扔下手中的割草机，主动跑过来热情为我们指路，精神十分可嘉。这公园就是原生状态下的一座大林子，景观比较一般。

晚六时，赵苏驱车又把我们带到长岛的南端，这里的海滩景色又与长岛东端和吃中饭时停车的中段海滩完全不一样，一粒卵石也没有了，海滩上全是细砂，细沙密集。海风凛冽，海浪汹涌，气温很低。极目眺望，晚霞迤逦，大西洋澎湃激扬。心旷神怡之至。

长岛的环境和景致，与曼哈顿完全不一样。所以赵苏夫妇下决心要住到长岛来，不能沉湎在曼哈顿唐人区，否则那样就与没有出国差不多了。长岛的野生动物较多，前一晚赵苏开车看见一只獾被车辆撞伤，早上开车过来时发现已经死了。后来我们开车经过一处，赵苏惊呼，“看，一只鹿”，原来是路边躺着一只被车撞死的鹿。

晚餐，在西餐店吃西餐。Salad bar 吃了两盆，就有些饱了。再吃正餐，如牛排和鱼，就有力不从心之感。长岛一日游，眼界大开，心满意足。

大瀑布&康宁玻璃中心

5 月 22 日，晴天，风和日丽。按照事先的安排，今明两天我们夫妇将参加旅行社组织的“Niagara　full 两日游”。早上，赵苏夫妇送我们去皇后区法拉盛的“喜来登”酒店门口集中。换乘上一辆大车，照例又转到曼哈顿的唐人街。在那里游客们被重新排列组合，我们转乘上“纵横四海”旅游集团的大旅行车。

导游是一位 40 岁左右的汉子，姓乐，戴副眼镜，面善。导游一路上用普通话、广东话、英语叽叽呱呱轮番介绍不停。我看车上大多都是中国人，只有两位印度女性，这就是乐导游为什么特别要使用英语进行介绍的原因。

旅游车穿过荷兰隧道，先后驶过新泽西州和宾夕法尼亚州，最后又在纽约上州的土地上行驶。中途在一处叫做 Corning 的地方停下来参观玻璃博物馆。导游在车上预收参观门票每人 12 美金，比后来在尼亚加拉大瀑布的观瀑船票还贵，后者每位只要 11.5 美金。但是亲眼观光了康宁玻璃中心的玻璃精品后，发现真正是不虚此行，制作水准相当高超。

闻名世界的康宁玻璃中心(Corning Glass Center)位于纽约州的北部，是一个别具格调的古色古香小城，城市规模不大，却是美国玻璃工业的圣城和中心。康宁的玻璃制品在世界上闻名遐迩。在它的宣传册的首页上有如下说明：“欢迎您来探索玻璃科学、技术与发明的世界。在这里，您会见到改变了制造玻璃、使用玻璃甚至如何认识玻璃的许多人。”语言平实，令人倍感亲切和诚恳。

康宁玻璃中心的参观过程分为两部分，一是专门为旅游者现场表演玻璃艺术器皿的吹制过程；二是参观珍贵艺术玻璃器皿的博物馆。

玻璃艺术器皿吹制表演在一处如同体育馆的场地上分批进行。旅游者坐在看台上，台下是吹制玻璃的场地和各种器材，包括玻璃熔化炉，加热炉及焙烧箱等。由一名玻璃吹制技师加一个助手进行操作表演，另有一名讲解员在旁边对吹制工艺的每一步骤进行解释。技师从2400摄氏度的高温炉里取出一块溶化的玻璃，刚拿出来时玻璃软软的像一块粉红色的饴糖，在技师手下熟练地摆弄着，一步步经过吹、磨、拉、切、粘等20多道工序，耗时30分钟，表演了生产玻璃工艺花盘或制作成漂亮花瓶的全过程，一次次赢得了现场观众的惊叹和赞赏。

大楼内的玻璃工艺制品博物馆总共约有十万件玻璃精品及艺术雕刻玻璃对公众展出。博物馆分不同展室陈列出各种各样的玻璃工艺品，有古埃及的，有中世纪的，还有现代的，这些展品令人眼花缭乱，叹为观止。展品中还有由14至16世纪欧洲文艺复兴时期的绘画复制成的彩色玻璃屏风，大型的金色玻璃帆船，五彩多姿的三角形、正方形、圆锥形、球形等巨型玻璃制品，以及聪明海豚、憨厚小狗、强壮公牛、天鹅比翼、雄鹰展翅、灵巧蜗牛等许多玻璃制成的动物，栩栩如生。走进晶莹、璀璨、绚丽的玻璃世界，现场的感受已经不能用笔墨形容，只是目不暇接，叹为观止。康宁玻璃中心的艺术品充分展示出玻璃制造业的发展历史，让观众了解到玻璃技术的创新和开发过程。琪海和我在大厅里一座两人高的大型玻璃工艺品前面拍照留念，远望上去这件艺术品像是一座黄绿色的大型珊瑚礁，又像是迎风怒放的锦簇花团，蕴含了技师们无比丰富的想象力，又体现出无与伦比的艺术创造力。

展览馆的地下一层是商店，对外出售玻璃和水晶制品，如太阳镜、项链、别针等。琪海在这里买了一只小花瓶作为留念。

我们重新坐上大巴一路北上，沿途饱览公路两旁的苍翠景色。美国东部由于水量充沛，天气四季分明，所以到处是绿荫如盖，郁郁葱葱。沿途草地和牧场辽阔，一处处家舍点缀在大块绿荫和繁茂植物中间，真是一个适于人居的好所在。

晚八时多，大巴抵达目的地布法罗市，这里天黑较迟，此时室外能见度还是很好。临近此地时，导游阿乐就指着车窗外面远处一片水汽弥漫袅袅上升的景致告诉我们说，这里就是著名的 Niagara 大瀑布。当时我不禁十分纳闷，这里是一马平川的平原地区，没有一处隆起的山川，世界三大瀑布之一的尼亚加拉大瀑布由何而来呢？我原先以为此处应该是高山峻岭，才可以“银河直下三千尺”，起码也该像庐山那样山势逶迤才符合我的预想。

我们一行住进了建于 1924 年的 Travelodge 旅店。晚九时十五分，游客们重新在大厅集中，随导游阿乐一起步行出发，去五分钟路程之外的风景区，观看大瀑布夜景。我们穿过大瀑布公园，左拐右弯。不经意间，气势恢宏的大瀑布突如其来地一下子展现在我们面前，我不禁惊讶万分。原来，尼亚加拉大瀑布不是从天而降，而是在平地上一直降落到深深的河谷中去。尼亚加拉河水源自五大湖之一的伊利湖，湖水在流向安大略湖的途中，河床陡降，汹涌河水以巨大的落差垂直落下，坠入深深河谷，河水的最大流量是每秒钟 6700 立方米，成为世界三大著名瀑布之一。

宏伟的气势，丰沛而浩瀚的水汽，立时三刻震撼了所有的游人。大家张嘴结舌，目瞪口呆，发出了由衷的赞叹声。尼亚加拉河水从伊利湖滚滚而来流经此地，突然一次性垂直跌落 51 米，巨大水流以银河倾倒之势冲下断崖，声播数里之外，场面震人魂魄，形成了气势磅礴的大瀑布。几千万年来，河水不停地冲刷和冲蚀，使得石灰岩崖壁不断坍塌，致使尼亚加拉瀑布逐步向上游方向后退。景区始终在逐渐调整自己的位置。据 1842 至 1927 年的观测记录，平均每年后退 1.02 米，落差也在逐渐减小，照此下去，5 万年以后瀑布将会完全消失。20 世纪 50 年代以来，为了挽救尼亚加拉瀑布，美、加两国政府耗费巨资采取控制水流、用混凝土加固崖壁等措施，取得了良好的效果，如今瀑布的后退速度已经控制在每年不到 3 厘米。

在五颜六色灯光照映下，洁白的水气和轰鸣的水声，渲染出迷幻仙境般的惊人效果。澎湃的河水永无休止地滚滚涌来，然后一跃而下气势磅礴地投入到深深的谷底，水气旋绕、激荡和雾化，然后像演员退幕那样悄然离去，静静地流向远方，完成了自己一生中最重要的也是最精彩的一次表演，从此以后，了无遗憾。

尼亚加拉河是美、加两国的一道分界线，我们粗浅比较一下，河岸这边美国本土基本是公园化，山清水秀，而河岸那边加拿大则是高度商业化，河对岸高楼林立，霓虹闪烁，灯红酒绿，热闹非常。晚上十时，加拿大对岸突然鸣放起一连串绚丽的焰火来，空中顿时绽放出明亮灿烂的焰火花卉，令我们一行人大饱眼福。

室外温度只有华氏 35 度，相当于摄氏不到 2 度，气温相当低，寒风料峭，琪海和我连睡衣睡裤全穿在身上了，用于御寒。一行人在导游带领下，又走近彩虹桥参观，阿乐再三告诫大家，外国游客千万不要信步走上这座界桥，否则的话，“出去容易回来难”，美国方面会向你索要入境签证，如果你无法提供的话，美加两国就都不肯接受，误上桥面的外籍游人进退两难恐怕只能是终老此桥了。

5 月 23 日是晴朗的天气。今天风停止了，气温顿时就显得宜人，不像昨天晚上那么冰冷冻人。

上午 8 时，我们乘坐旅行车来到美国瀑布和新娘面纱瀑布的另一侧，阳光强烈，彩虹立刻出现。一名高大的美国男子迎面走来，指着彩虹，冲着琪海和我高叫：“rainbow……rainbow……”

我们立刻驻足摄影，留下这一美好瞬间。事后才知道，由于光线的方向和角度的问题，要想拍摄理想的彩虹照片，必须移足到美国领土这一侧来。听说王党生夫妇后来在对岸加拿大拍摄照片，就始终不能令彩虹入镜。

白天来看大瀑布，视野就显得十分开阔。三条瀑布共计宽达 1160 米，新娘面纱瀑布和美国瀑布都在美国境内，前者最窄，宽度只有 80 米，而后者宽度约在 323 米，落差 50 米左右。处于美国和加拿大交界处的“马蹄形瀑布”是这里风景的主角，宽约800米，中间凹陷，形如马蹄，恰似一幅巨大的弧形影幕：河水奔泻，浪花飞溅，水沫腾空，浓雾弥天。一柱巨大的白色浓雾不分昼夜直升云空。

游客们列队乘电梯下到深深的河岸边，每位游客领到一件塑料雨衣，去乘坐第一班观瀑船。界河对岸，加拿大境内的观瀑船也开始出发了。我们搭上“雾中少女号”游艇，沿着美国瀑布，向马蹄形瀑布缓缓驶去，渐渐进入了巨大的“盆底”。我们仰视巨瀑，水花犹如千万吨碎银玉屑般倾泻下来，赛过了大雨倾盆。阵阵水雾腾起，直上云霄，游客们纷纷尖叫着裹紧雨衣。在气势磅礴的浩瀚水流面前，我们感受到了大自然鬼斧神工的奇妙。据说，上游现在已经抽去百分之五十的水量用于发电，这样做的另一个目的是减少浩大水量对于悬崖壁的冲刷力度。倘非如此，大瀑布壮观的场面至少还要增加一倍。我们在一片水雾中左顾右盼，不识瀑布真面目，只缘身在水当中。

上岸后，在国家大瀑布公园的一条小路上，一只机灵异常的小松鼠引起我的注视。只见它在人前人后跑个不停，不像是认生的样子。我招呼它“来来”，它没有反应。我突然醒悟到它如果听得懂语言的话，也是一定听不懂汉语这样的“外语”，便改口唤道“coming”，谁知道这个小家伙果真听话，一溜烟地径直跑来面前，在琪海脚前脚后地绕着圈子，一副天真活泼模样。我让琪海拿花生米给小家伙吃，还没有来得及付诸行动，后面跟上来一位游客顺手给了它一块薯片。小松鼠衔着薯片立刻就上树消受去了，一如家养的宠物。我始相信，人和动物之间的和谐，在这里是可以达到了天人合一的地步。

当地的特产是枫糖和冻酒，所谓冻酒，就是当年未采下的葡萄，在枝头上经过天寒地冻，转年春季再采摘下来酿成葡萄酒。

吃完中饭后，沿原路回纽约。

在返回纽约的路上，导游阿乐按目前的惯例向每位游客收取每天5美元的小费，由导游和司机平分。他乐滋滋地收完小费后，拿起话筒代表导游和司机谢谢大家，然后又说，“我还代表我的学生们，在这里谢谢在座的诸位”，这一句话令我屏息静听。经过介绍才知道，阿乐和他的朋友们坚持捐钱直接资助大陆四川德阳的一所小学，去年他个人资助了61名学生，今年他的资助目标提高到了100名。全车游客一起为阿乐大声鼓掌。阿乐中等身材，貌不出众，但在我眼中，他就是一名了不起的顶天立地的汉子。我在记忆中永远忘不了阿乐，一路上他在讲解之前唤醒满车昏昏欲睡的游客时，口中总是发出“叮咚——叮咚，叮咚——叮咚……”的动听乐音。他的人生就是一个美丽的音符。

客车疾驰，美国的大型巴士在全封闭的车窗下方，多有一条金属边框，用醒目的文字标示出来。一旦遇到紧急的情况，可以让乘客把机关“一抬一推”，就能把宽阔的车窗玻璃完全掀起来，让旅客们由车窗口紧急逃生。我心想，凡乘坐大巴的旅客都会感激这种车窗的特别设置，毕竟安全第一嘛。国内的大巴好像当时还没有这种设置，我记得安徽组装的大巴“凯斯鲍尔”车窗内侧悬挂着几个手柄，用于乘客们在紧急时刻击碎玻璃逃生。我当时忧虑的是，倘若仓皇之下猛烈一击，不慎被碎玻璃划破手腕，引起大量溅血，万一车祸未死，却造成失血而亡，那还不是“半斤对八两”吗？

约6时20分回到曼哈顿唐人街。一辆警车停在旅游车旁，耽误了一些时间，我们最后也不知道是什么缘故警察在找这家旅行社的什么麻烦。约8时许，我们回到了法拉盛的喜来登酒店。赵苏夫妇稍后赶到，一起就在附近的一家中餐馆共进晚餐。回到长岛后，我和赵苏又花了一些时间在他家的电脑上整理和检视数码伴侣上的照片。

迪士尼&环球影城

5月24日，天气晴好。凌晨四时起身，主人送机的车辆约四时二十分许开出门去。尽管今天早晨我们搭乘的是7时多的飞机，但是从长岛开过去，到达拉瓜迪亚机场约需一个多小时。另外，向利华担心在机场寻找我们的那个航空公司（Airtrain）会费去一点时间。谨慎总是没有错的。然而今天一切顺利，找登机口也没有耽搁时间。我们夫妇走出汽车带上行李临要进入候机大厅里去了，留守在车上的赵苏还非要我们转过身来，“咔咔咔”地拍了几张照片。这就是赵苏。

向利华帮我们找到 Airtrain 的登机口，看见我们排起队来，才放心地离去。非常感激老同学向利华和赵苏这次的精心组织和周到安排，令我们一切顺利，万事如意。

交运行李后，需要自己把行李拖到旁边的行李输送口去，琪海忽然担心我们的行李会被遗漏，便待在一旁观察了一会儿，检视工人是不是及时摆放到行李传送带上了。事实证明这种担心是多余的。

好像是美国机场当时对来自禽流感国家和地区的旅客检查较严。纽约拉瓜迪亚机场登机口的工作人员验过我们的中国护照后，用荧光笔在机票上画了几道杠。于是安检过后，机场的工作人员就特别把我们夫妇请到一旁，用某种消毒药水对我们进行消毒。重点是随身携带拎包的拉链以及我们的鞋子。后来又陆续有其他亚洲面孔和东欧面孔的旅客被请了过来，一概照此办理。美国人办事认真，从来是一丝不苟。

此次来美国，一路上接受了不计其数的安全检查，基本上可分为“机场模式”和“场所模式”两种，前者最为严格，需要脱鞋、抽出皮带，掏出口袋中的所有金属物，包括此次还要清洁消毒等。后者如进入博物馆、联合国总部、帝国大厦以及后来的迪士尼乐园、环球影城等，主要是要求客人打开提包的拉链，往里面张望一下，相对来说松懈得多，有时候也不免流于一种形式。由于我来美国面对安检抽下皮带的次数太多，所以皮带上的一个小圈便悄悄弃我逸去，成为了叛逃美国的一分子。

这趟飞往洛杉矶的飞机，在亚特兰大转机，因此黑人旅客较多。亚特兰大好像是 Airtrain 的大本营。转机时，我在机场为琪海拍照，刚停下脚步，一位迎面走过来的白人小伙子便问：“Take a photo together?”然后热情地接过相机来为我们夫妇合影。在此次旅行中此类事例比比皆是。飞到洛杉矶时，已是纽约时间下午三时半，琪海把手表往回拨了三个小时，变成 12 时半。

洛杉矶阳光曝晒，气温很高。从郁郁葱葱的美国东部来到树木相对稀疏的西部，一时有点适应不过来，相对来说，我更喜欢树木葱茏的美国东部。准确地讲，我是喜欢春夏秋三季美国东部的环境，一旦到了冰天雪地的严寒，美国东部和北部——嘿嘿，积雪过膝甚至过腰——那就会让来自温带的亚洲人吃不消了。

洛杉矶机场的旅客取行李处与周边街道仅一墙之隔，而且门户洞开，任何人都可以从街上大摇大摆地走进来，任意拖走一个旅行箱然后消失在街道上的车流里。我认为这可能是一个“安全漏洞”，并把我的这个担心告知前来接机的通用旅游公司的张相儒先生。张先生是福建漳州人，1982年来美。一头花白头发，干练而且沉稳。他坚决地向我摇摇头说，他来美国后的二十多年里，我担心的这种事情从未发生过。我这才意识到，我的这种担忧心理虽然事出有因，但却是“孤悬海外”。

张先生已把我们在美国西部的旅行全部安排妥帖了。他驱车把我们载到离机场 40 分钟路程的 Montery City 的 Rosemead（柔丝蜜）大街一家华人旅馆住下。住宿条件一般，院内却有一处美丽的露天泳池。泳池呈三叶花瓣形状，十分美观，一池蓝幽幽的清水洁净见底。池边环绕着凉棚、躺椅和座椅，一副虚席以待的诚恳模样，树木葱茏，灌木丛也修剪得十分整齐。可惜我们这次行程安排较满，没有寻到机会跳入池中游上几个来回。

旅馆窗下座列着一座大型窗式空调。一路所见美国的室内空调多是窗式空调，很少见到分体空调，无论是齐娅在新奥尔良的房间里，还是各家旅馆，好像一律装的是窗式空调。一方面可能是美国人使用空调较早，已经习惯窗式空调；二来可能是窗式空调的效率更高。他们一般是安装在窗户下面。至于新建住宅则一般是中央空调了。

下午，就在附近转转，观察一下街容街貌。访问了一间大型超市，购买食品。

齐娅给我们买的电话卡，以及赵苏后来给我们买的电话卡，使用起来总是不顺利。在大多数情况下，一开始就接不通。偶然才能接通一两次。譬如到达尼亚加拉大瀑布后，晚上我在大厅的电话机上反复拨电话，一次也通不了。第二天早晨六时多，我下楼去拨电话，居然就一下接通了。今天故技重施，我在超市门口的电话上足足拨了十几遍，一次也不通。真叫人没有脾气。只好用随身携带的中国移动的全球通手机，把我们房间的电话号码告知娅娅，请她和向利华晚上分别打过来。

5 月 25 日是一个晴空万里的日子。早饭后，我们来到饭店门口集中，有旅游车来接。然后跟着这辆车去市内各旅店到处去接人。这里俩那里仨，客人陆续上车后几乎把一辆中型客车坐满，然后司机驱车前往迪士尼乐园 Disney Land。

此次旅行在我们住过的美国酒店中间，唯有这家华人酒店供应早餐，对于漂泊在外的游客来说，这项服务值得赞赏。尽管早餐不过是面包、牛奶、cheese、花生酱、稀饭、馒头、榨菜丝、盐水煮花生米之类最普通简单的东西，但是对于异国他乡的游客来说，不需要费时费神自己准备餐点，就是一个了不起的优点。

洛杉矶迪士尼乐园位于市东南约 45 公里，占地面积 80 平方公里。洛杉矶的迪士尼乐园是世界迪士尼乐园家族中的元老级乐园，当下正在大张旗鼓庆祝建园 50 周年华诞。据说当天晚上七时还有盛大游行，可惜我们的游览活动下午五时便结束了，见不着游行的喜庆场面。我们在进入乐园正门的时候，迎面看见一片草坪斜坡，中间用花卉拼出一个巨大的米老鼠头像，上镶“50”的醒目标志，标示出这是一个美丽的生日纪念。

到了目的地，首当其冲地先要乘坐迪士尼的小火车入园，这是一个超奢华的排场，显示出迪士尼王国的领土浩瀚和范围无边。我不知道在寸土寸金的世界大城市中还有谁会骄奢地摆出这种风光排场，我敢打赌说今后没有一位建筑设计师敢这样去做，除非他设计的是火星上的一座游乐场。

洛杉矶迪士尼乐园目前实际上是两个园，在元老级乐园的对面，新建了一个乐园，即 1998 年新近完成的全新“明日世界”（Tomorrow Land）。在新园里集中了后期兴起的大型过山车、搭乘高速火箭穿越未来世界等各种新潮刺激项目，但是从游戏项目上相比，新园少于老园。导游说有时候一票可以两用，方便让游客“通吃”新园和老园。但是今天他手上的票子是不能一票两用的，我们犹豫了一下便选择去了老园。后来的经历证明我们的这一抉择非常英明，因为老园的传统项目对我们这种年纪的中国人来说就已经非常刺激惊险，令我们这些没见过迪士尼市面的外国人大呼吃不消。如果今天贸然前往新园，那真成了“偏往虎山行”，一点不错，如果说成是“以身饲虎”也差不太多了。

导游熟门熟路，他们的工作套路是：上午领游客把所有主要的景点全部跑到位，下午放鸭子让你们自助游，约好傍晚几点钟在大门口集合，就行了。

上午导游领我们去了 8 个景点：

——印第安人营地（Indiana Jones Adventure），进得迪士尼乐园大门后，这是左手边的第一个大型历险项目，其地位和重要性不言而喻。我们乘坐上一辆大吉普车，我坐在最前一排的左边，因此手上还乐颠颠地抱着一个大方向盘。当然车辆是全程机控的，并非是我能手控的，这个方向盘充其量等于是一个圆形的拉手而已。一路上七上八下，惊险百出。我们这支探险车队在一座有着传奇色彩的古殿内外穿梭进出，有时在没有道路的颠簸路途上行驶，路遇巨蟒，尖叫的木乃伊以及恶魔 Mara 的洞穴（The Cavern of Bubbling Death）。过度的颠簸不切实际，但是感觉非常震撼人心，令我怀疑我们这一路上至少要翻十次车，坠落五次悬崖，并且每分钟都会迎面在绝壁上撞成粉齑。这支车队时而在黑暗中高速下滑，时而急速拐弯，令我紧张得几乎窒息。双手紧抓方向盘，生怕被甩出去后堕入万丈地狱。

——鬼屋，我们乘坐上双人座的小火车，在黑暗中蹒跚穿行，一路上恐怖阴沉，险象环生。各种灵异物种总是在你出其不意的时候近距离地展示出狰狞面目，并且保持快速袭击你的态势迅速由远至近眼看就要加害于你忽然又化解于无形。中国人的心脏好像生来不太适宜于玩这种高度刺激和搞怪的游戏，我相信在这一过程中间，就算是真的见到一次鬼魂或者妖魔，对我们胆量的杀伤力和冲击力也不及这种游戏的十分之一。

——小船激流，这又是一个极其刺激惊险的游戏，或者说是对于历来循规蹈矩的中国游客的一次超强度的恶作剧。小船几次徐徐地升到最高处，然后垂直高速下滑，有时候还要加上高速坠落中的七拐八绕和颠三倒四，一路上水花四溅，淋得浑身半湿。在这种令人魂飞魄散的场合，主办方——无论是迪士尼还是环球影城——都会安排好自动抓拍的照相设备，正在你洋相大出的狼狈关口，“咔嚓”一声全部收录入档。当我们苦笑着离开小艇座位的时候，走道上那些精彩照片已经贴在墙上等待游客们自我欣赏。根据拍摄的照片看来，坐在船艏的我表情异常紧张，而坐在我身后的琪海则双目紧闭，神情惊悚，令我们事后看了放声大笑。同船的美国佬则一律是高举双手，轻松自在地大笑开怀，仿佛从高高的悬崖上坠落下来是一件很有趣也很惬意的事情似的。在不同文化背景下培育长大的美国佬们，对于事态的应急反应毕竟是大不一样。

——冒险乐园的过山车，老式的过山车在转圈子的时候虽然不从头顶上倒着兜过来，可是在横向大力转圈子时，游客几乎也都平躺下来了，那种不寻常的加速度、作用力和乘坐姿态令人发噱。

——小小世界。这算得上是迪士尼乐园中最平和安详的一个节目了，很适合从小听话、长大更听话的中国游客接受。我们乘上一条小船，沿着水道畅游童话世界。沿途景色如画，多是童话人物和童话故事的演绎：城堡和花园，热气球起降，风车旋转，一大片阿拉伯飞毯缓缓上升，恐龙、长颈鹿等卡通动物在草丛和树林间出没，欧亚非的卡通人物载歌载舞，升降，旋转和移动，舞蹈整齐划一。色彩深浅变幻，灯光五彩缤纷，很像是梦境成真。连我们成年人也体会到返老还童的一种浓浓情趣，不过话说回来，我私下里觉得这个节目还是更适合十周岁以下的孩子们去光顾。

——射击，我很爱玩这个节目。我和太太坐在一列敞篷的小火车上，各自用手中的激光枪向四处出现的目标乱射。一开始我们不得要领，耽误了许多机会。到了后来我就摸到了门道，基本上弹无虚发。太太只得了几千分，我得了 29600 分。而前座的一名美国佬手使双枪，各得 7 万分，活脱脱的一个西部牛仔化身。

——太空旅行电影，我们亲身体验了一下操作宇宙飞船发射升空，迅速进入太空的每一个细节，当一幅完美的太空画卷展现在游客面前的时候，大家集体发出了“太美了”的惊叹，四周围尖叫声连连。

——Space Mountain，据说这个节目相当刺激，导游介绍说，他来美国 17 年，但是此前也仅仅玩过一次这个节目，言下之意是“事可一，而不可再。”导游轻车熟路事先帮我们订好了 Fast Pass，可惜当我们下午两点钟前去排队时，机器临时发生故障。我们来不及久等，只好放弃了这个节目。不知怎么搞的，没有亲临最后这个惊险节目，我却在同伴们的脸上都看到了如释重负的轻松表情。

上午的节目始终是令人头晕目眩，肾上腺素加快分泌。游客们的心跳频率估计大抵在每分钟两百下，最恐怖的时候干脆停止心跳和失去脉搏了。

下午自由活动。我们先去看了一场立体电影，内容是主持节目的过程中，花序不断……然后乘坐空中列车，结果到了迪士尼的 Down Town，我们又原路返回。接下来乘坐环园旅行的小火车，坐了两站下来。换乘上一辆双人小车，在高高低低的山洞里绕来绕去，类似疯狂老鼠，但是缓慢温和得多。

晚五时，在大门口集合。临出门前，工作人员追问了一句：“要不要回来？”言外之意是晚上还有盛大游行，切莫错过。我们纷纷笑着说要回来，工作人员便在我们的手背上各盖了一个黄颜色的荧光章，这样我们在外面吃过晚饭后，就可以凭着这个印记免票再次入园。由于时间的关系，我们直接返回了市内。

有大批美国父母带着年幼的孩子前来游玩。乐园里的一个景致是大批大批的婴儿车集中停放在一起，五颜六色，十分中看。这些“胆大妄为”的美国儿童自幼在这种练胆的环境中长大，就不会像受到过度调教的中国儿童那样谨小慎微和少见多怪。这种“群魔乱舞”的锻炼对于孩子的视听来说也许是强度过大，但谁又能说，这些不是必要的呢？

美国的华人导游一律在现场口头介绍景点内容，从不使用录音设备。每次讲解都是亲力亲为，让人感到十分尽职尽责。其实使用录音有时候对于安全来说还是必要的，因为导游大多身兼司机一职，一手开车，一手持话筒，一心多用，看起来稍许令人担忧。

5 月 26 日，晴好天气在继续。但今日火辣阳光被云层遮掩着，气温顿时下降了不少。令人感到舒适一些。

一位黑龙江籍的杜先生是我们今日的司机兼导游，他语气温和，亲和力强。他开车载我们一行九人去好莱坞环球影城参观。先后览阅了 8 个主要节目，其中包括看了三次不同形式和不同类别的电影：

——戴着特制的眼镜观看立体电影，剧情是 Fiona 被掠走和解救过程，经过改编后故事情节更加浓缩，怪物史诺克救美，身边有两条飞龙，一善一恶，大斗其法……3D 电影的效果令人印象深刻，座椅会晃动，会有“小动物”在座椅底下撞你的脚，下雨了会有水珠凌空飘落喷洒在你的脸上。如此强烈和直接的互动，博得所有观众阵阵大笑。

——整座好莱坞环球影城占地广阔，落差悬殊。我们乘坐超级手扶电梯，一级级地下到最底层的下园区，去游览侏罗纪公园。我们几位游客乘船漂流，在山洞里曲曲弯弯。最后小船从25米高度的悬崖上直线坠落，那是何等刺激和令人窒息的一幕呀，相当于从八层楼上一跃而下。在这一次主办方偷拍的照片上，琪海虽然没有闭眼，但是她和我的面孔表情都是极不自然，好像是一不小心骑坐在一头霸王龙身上，逃遁无门。

——观看动物表演，有鹰和鹦鹉按照训练员的口令飞向指定地点，舞台上有一架直径1.5米的巨型工业风扇，略往上仰，一只蓝背金刚大鹦鹉双翼舒展，在风扇前方的强劲风力中“悬停”，显示出高超的飞行本领。一名穿白T恤的小男孩被邀上台充当群众演员趴在台中，一只大斑点狗在男孩身上练习障碍跳高。此外还有猴演员等倾情演出……

——中午12时，观看一场水世界演出。我们事先得到导游情报，不要去坐那些蓝色、绿色的位子，因为在这里凡坐在那些颜色座位上的游客意味着自己愿意参与表演，换句话说，如果你坐到那里挨到水淋，你是心甘情愿并有思想准备的。一名美国幼儿“胆大包天”穿着塑料雨衣坐在蓝色座位上，看起来他只有三岁大小，结果水手在演出过程中不断地使劲向他喷水，弄得这孩子蜷成一团，最后突然逃向后排白色座位，惹得周围观众大笑。剧情演出的情节大致是未来水世界的战士为寻找陆地和坏人斗争，有美女被囚，当然就有英雄救美。表演过程异常惊险刺激：摩托艇来回飞驰，惊险的高空落水，逼真的枪弹战斗，各种惊险动作配合完美的声效模拟，让人犹如亲历一场激烈的战争。海盗们演出十分卖力，枪炮不断，火光冲天。舰艇四处冲突。在异常疯狂的表演中不时有演员身上起火并从十几米高台掉入水中。爆炸连连，火光冲天，演员们尽显真功夫，为观众呈现出一场精彩的史诗故事，个人感觉非常精彩。最令人匪夷所思的是最后突然有一架水上飞机从场外飞进来拖着烟幕落在水面上，几乎直接冲进观众席，全场大哗。

——参观鬼屋。与昨日在迪士尼不同，今天参观过程是步行而不再乘车。游客们排成长队在幽暗光线中摸索前行，全过程阴森恐怖，不时会有活人扮鬼突然蹿出来拦路并且用冰冷的“手”触摸你的手臂，还会有高空中的骷髅架子带着狞厉的嘶叫声迎面扑向你，最后在你面前几公分的地方嘎然而止，然后缓缓退去，真正是吓坏人。

——观看立体电影。主题是终结者。施瓦辛格主演，场面浩大，过程惊天动地。舞台上还有真人秀，扮演与电影上相同的角色。

——长达 45 分钟的大篷车之旅。由 4 辆电车厢连接而成，把影城的 62 家摄影棚一一看遍。经历了乡间洪水、断桥、地铁车站在地震中坍塌和淹水、大白鲨、金刚，全部过程酣畅淋漓，是这次参观中的一部重头戏。我很钦佩我们乘坐的旅游车质量优良，在剧烈颠簸和歪七扭八倾覆状态下，仍然保持良好的运行性能。车上有一名解说员，以生动活泼的方式带领游客进入电影世界，这里有世人熟悉的《回到未来》影片中的时钟广场，有《飞越杜鹃窝》中的汽车旅馆，有纽约百老汇和墨西哥城市街道。突然间，电车遭受到洪水的袭击，出现《十戒》中海水倒灌、竹桥崩塌，紧张刺激的景象。还有恐怖灾难片《大地震》、《金刚》、《大白鲨》的场景，那种紧张真实的压力，真正令乘客由衷体会到劫后余生的感受。

——动感电影：太空之旅。七八个人挤坐在一个密封的小包间里，那是一个类似未来宇宙飞车的机动装置。我们从地球上起飞，进入浩瀚太空，飞船随着面前银幕的情节前仰后合，我们的座椅也会大幅度地升降，忽而俯冲，忽而倾斜，我们的手一再抓紧面前的栏杆，生怕一不小心便从时空飞车上掉下来坠入茫茫宇宙。那份情趣煞是刺激、逼真和惊险。

待到自由活动的时间，我们满怀好奇之心，在环球影城里东张西望，琪海先后与化妆人物蜘蛛侠和狮子王合影。蜘蛛侠身手矫健地匍匐在游客身边的地上，做出各种精美造型。冷不防地，就会遇见玛丽莲梦露扭头媚笑从前方路过，或者发现大侦探波洛双手抓住衣服前襟在路边陷入深深的思索。当我看见未来世界的那辆摩托战车时不禁两眼放光，就是“终结者”施瓦辛格驾驶的那种大马力摩托车，他一手握车把，一手持霰弹枪，遇神杀神，见佛灭佛，以一副大无畏的英雄气概征服了全世界的观众。我饶有兴趣地乘上摩托车，拍下了披荆斩棘、出生入死的一张剧照。

昨今两天参观下来，我发现，在此地游览不仅需要充沛体力和旺盛精神，更需要近似邪乎的胆量和超人勇气。或许，后者比前者来得更为重要和关键。这也许就是美国文化与生俱来的一个核心内容和显著特点，相对来说，胆量和勇气在当代中华文化传承中近似于缺失。

导游杜先生一路上介绍说，洛杉矶的拉丁语系居民比例较大，墨裔、南美裔占到40%以上，形成势力。他提问：“有没有人知道现任市长是什么民族的人？”我在后排高声答，“墨西哥人”。因为此前一天我恰好在当地华人报纸上获悉，江苏省委书记李源潮来洛杉矶访问，接待他的市长先生名叫“胡安”。导游称赞我答对了，在最近一届市长选举中，一位墨裔候选人结束了150多年由白人市长连任的历史，首次担任洛杉矶的“一把手”。他又说，包括华裔在内的亚裔团结不够，力量不够集中。难怪会有人说，在美华人目前现有的权益，几乎无一例外是“搭便车”——即主要依靠其他少数族裔尤其是黑人平权运动——不劳而获得来的。

昨日晚上看电视得知，美参院通过了较温和的解决非法移民问题的法案，但是这一法案估计很难在持严厉立场的众院通过。最近这一动向是美国的热点新闻，报纸电视连篇累牍报道。民众——尤其是少数族裔——反映强烈。

另一大新闻是陈水扁的乘龙快婿赵建铭购台开股票，被怀疑是利用内部消息暗箱操作不当得利，而被台湾检方拘押。

大峡谷（去赌城途中）

5月27日是一个多云转晴的天气。上午随旅行团去“大峡谷—拉斯维加斯三日游”。乘坐天龙公司的大巴。司机皮肤黑黑的可能是墨裔，开车技术很好，既快又稳，而且熟门熟路。

离开洛杉矶，一路浏览市容。道旁多见平房，因为此地是地震活动带，不宜建高楼大厦。1994年1月17日凌晨，洛杉矶地区曾发生里氏6.6级地震，在持续30秒的震撼中，大约有1.1万间房屋倒塌，震中30公里范围内的高速公路、高层建筑或毁坏或倒塌，煤气和自来水管爆裂，电讯中断，火灾四起，财产损失300多亿美元。但这座在全美排行人口总数第二的特大城市在这一起大地震中直接和间接死亡仅有 58 人，受伤 600 多人。低人口死亡率主要归功于当地防震意识较强，房屋大都采用木质结构，依山势布局，植根于坚实的岩层中，抗震性能非常优越。洛杉矶地区的各类建筑物一向具备良好的防震功能。

途中，在一处 Tanger 停车休息购物，这个直销中心的规模比长岛的那所略小一些。风极猛烈，气温由此下降。琪海流连在华人商店里精心选购精华素和善存片，来美国之前有办公室同事要求代购，更多的则是带回去作为分送亲朋好友的小礼品，因此数量不菲。

我立在门口等待时，有一位矮个子华人老太太前来向游客宣传圣经教义，赠送给我两本中文小册子。一本是手掌大小开本，十分方便携带，厚近 200 页，书名是《有一位关心人的造物主吗？》。另一本是大 32 开本的 32 页的读物叫做《一本造益万民的书》。两本书都是图文并茂，引据论典，布教态度十分平和与亲切，很具有亲和力。我粗略一翻，见到一段有趣的报道："1807 年，25 岁的罗伯特•马礼逊抵达中国，要把圣经译成中文……当时（中国）政府正极力防治中国受外界影响，政府明令禁止中国人教外国人学中文，违者会被判死刑。外国人将圣经译成中文也是死罪。"旁边列有一幅表格，注明了自 1800 年以来圣经译成各种语言的数目，统计数字表明截止到 1995 年圣经已被译成 2123 种语言。书末附有另外一纸折页，声明"诚意欢迎你学习圣经"，并告知"我们鼓励你联络耶和华见证人。方法是，写信到下列一个临近你家的地址。这样，就会有耶和华见证人来免费帮助你学习圣经。"我合上书页，向那位个子不高但气宇伟岸的在厉风中逐渐远去的"耶和华见证人"投去感谢的目光。

出加州，经过亚利桑那州，入内华达州。景色渐渐荒凉，连片的沙漠和戈壁一望无际，植被也越来越低，最后只剩下灌木丛匍匐在地上，仙人掌科的植物奋力向上生长，为无涯的沙漠平添一抹绿色。9 号公路也越来越窄，最终变成了最简单的形式——双向两车道。这正是以往我在观看美国电影中留下最深印象的那种旷野寥寂景象，"缥缈一线，垂于苍茫之间"，大漠茫茫，四下是空旷和虚无，近似唐代边疆诗的意境。

途中，在哈瓦苏湖旁停下，参观一件来自英国伦敦的古董，那古董其实是一座货真价实的古代大石桥。哈瓦苏湖在印第安语中间是"蓝色的湖"

意思。1968 年 3 月，伦敦的古董市场出现了一场前所未有的大甩卖，出售的古董是伦敦桥，当时在英国已经使用了 135 年。很多人觉得这是天方夜谭但在现实中却真实发生了，这次拍卖创造了世界上最大古董标的物的纪录。美国商人 Robbers 以 246 万元美金的高价标得了这座桥，然后把桥上桥下的每一块石头编码作上记号，将伦敦桥拆成 10 吨左右重的一块块梯形石块，然后跨越大西洋海运 1.4 万公里运到美国，在亚利桑那州哈瓦苏市湖上又耗费了 690 万美元重新搭建起来。经过如此这般一番匪夷所思的折腾，曾经矗立在英国泰晤士河上历经欧洲风雨的伦敦桥，就这样以“飞来桥”的姿态原汁原味地重新屹立在美国西部地区。从此因为这座桥而诞生了一座新的旅游城市，为一睹这座英国桥而前来参观的游客每年都在 500 万人次以上。我沿着湖岸登上高达二十多米的台阶，攀上这座名副其实跨洋飘海的“桥古董”，心中倍生感慨。我佩服扬基大叔敢想敢为和豪言壮举。桥上悠扬地飘舞着英国和美国国旗，参观的游客络绎不绝。由桥上看去，地理的、历史的、人文的风光无限。

气温升高，目光所及，到处是比基尼女郎。美国女子喜欢阳光浴，一有机会就煞有其事地认真地把自己晒红晒黑，显示出健康的胴体，看起来确实是美丽傲人和赏心悦目。许多游艇在湖面上行驶，看上去多是一家子集体出游，一个个怡然自得，神仙似的开心。

在美国没有看见一起女子采取“中国式保白”的例子。这些年来，中国城市女子千方百计保持自己皮肤嫩白，几乎到了走火入魔、登峰造极的地步，如戴“恐怖黑面罩”，骑车反穿外衣等，凡此种种只是为了一个目的，保持皮肤白净。至于化妆品的挥霍使用更是到了匪夷所思的地步。有时候这一系列防晒措施的效果适得其反，非但不能增益，反而使得个人形象大大跌份。盲目追求像城里人那样苍白的面孔其实是一种偏颇的审美观念，是歧视户外作业人群（如农妇）的传统观点在作祟。中外观念，差异大矣。

地势越来越高，公路海拔不断抬升，琪海和我在大巴车飞驰中都出现了耳鸣现象，就好像是乘飞机起飞的那种感觉。导游说，大峡谷一带是海拔 2400 米以上的高原，我们这一路上都是在高海拔地区穿行，这对于来自于平原的游客当然是一种小小的考验。

晚泊亚利桑那州的拉芙琳小城，导游说，拉芙琳有三万人口，但已经算得上是该州的第三大城市了。我寻思着，如此说来亚利桑纳州的城镇化建设未免也太无足轻重了。我们住进一家大赌场兼亲水旅馆，名字叫做“Colorado Belle Hotel & Casino”。旅馆的明信片上声称：拥有1168间客房和Suits，两处泳池和矿泉区，超过1200台游戏设备和设施，如老虎机、21点、掷色子机、基诺、轮盘赌、扑克等。另有10处餐厅……拱廊连绵，厅堂环接。晚餐后陪太太沿着宾馆走廊一路下行，在科罗拉多河边散步，滔滔河水，透明清澈，像刚从龙头放出来的自来水一样沁人肺腑，波浪送来一圈圈涟漪轻轻拂过沙滩。滨河房间的旅客坐在走廊上，呷着啤酒静静地远眺河面。孩子们在母亲陪伴下赤脚在沙滩上嬉戏。几只野鸭大模大样从太太和我之间飞过，然后落在面前安心梳理羽毛，宽容地瞧着我们小心翼翼避让到一旁。这条著名的河流发源于科罗拉多州的洛矶山脉国家公园，全长2333公里。河水辗转流到这里，估计已接近半程。难得的是水质能够“一如既往”地保持源头的清明和纯洁，出沙泥而不染，这一景象顿时令我这样来自环境压力剧增的中国游客感触良多。

我俩在河边静静漫步。白日气候炎热褪去了不少，清凉和清明扑面而来。此山此水，此情此景，由衷地信赖当地的环保工作是卓有成效的，也是令人放心的。宁静与祥和无处不在，成为这里生活的主旋律。

回到大厅以后，琪海兴致勃勃去赌场里观察动静，跃跃欲试。由于我们对于赌场一无所知，一切均要从“零”来开始。

5月28日是一个晴朗的日子。昨晚临解散时，导游小董宣布今天早晨的出发时间是“凌晨4时半”。这一决定当时令全车游客大哗。实践证明，导游的这个决定无比正确和英明。今天中午时分，当我们结束大峡谷之旅开车离去时，看见大峡谷入口处等待入园的车辆早已排成长龙。如果我们来迟了，就会有许多宝贵时间浪费在无谓的排队等待之中了。

沿途看见高速公路上奔驰着一些重型摩托车，与中国限制摩托车排量和限制上高速公路等歧视性做法不同的是，美国的摩托车可以在所有道路上驰骋。这些重型摩托车大多数是哈雷机车，有些则是日本摩托车，排量多从1200cc至1800cc不等，这些大功率摩托车在高速公路上风驰电掣，纷纷从疾驰的大巴旁边一掠而过，又不断超越前方的轿车，显示出机器的卓越性能和骑手的优异技巧。哈雷摩托车公司成立于1903年，那些加大的厚重车轮、加长且流行的造型、又高又帅的摩托车龙头，再加上轰隆隆声响，风靡了摩托车手一族，成为美国年轻人梦寐以求的对象。美国有一句谚语："年轻时有辆哈雷·戴维森，年老时有辆凯迪拉克，则此生了无他愿。"在美国，每年5月份的最后一个星期一，被定为阵亡将士纪念日，美国退伍老兵为了纪念在战争中牺牲、失踪和被俘的美国军人而举行一年一度的"滚雷"摩托车大游行。就在我们此次访问科罗拉多大峡谷的第二天，即2006年5月29日，由20多万辆哈雷摩托车组成的游行车队浩浩荡荡从阿灵顿国家公墓进入华盛顿市区。那种磅礴气势和浩大场面可想而知。哈雷·戴维森公司年产摩托车24.3万辆，其中一半是每辆售价1.5万美元的大功率重型摩托车。另有30%为配有车载计算机和高级音响设备的豪华型高档摩托车，价值2.2万美元以上。其余为体育竞赛用的轻型摩托车，每辆售价8000美元左右。在日本摩托车价格战的猛攻下，哈雷摩托车仍将大批量的摩托车卖到2万美金，获得了很高的品牌溢价。

值得一提的是，这次我在美国公路上没有看见一辆踏板式摩托车。可能是美国人对于这种风格阴柔化的女式摩托车不太欣赏的缘故吧。相反，一些女骑手也选择了阳刚雄健的骑式摩托车。

上午九时，旅游大巴车驶入大峡谷公园。站在美国西海岸的大峡谷边缘，真的会给你那种立在地球边缘的惊讶感觉，令人惊叹大自然的鬼斧神工。美国大峡谷位于西部亚利桑那州西北部的凯巴布高原上，总面积两千四百多平方公里，闻名遐迩，是世界七大奇观之一。科罗拉多河穿流其中，故又名科罗拉多大峡谷。峡谷平均深度1600米，最深处达1900米，宽度在6至30公里之间。地形险峻绮丽，地质多由花岗石构成，色彩夺目，身置其间，有如走进地质博物馆。

科罗拉多大峡谷的形状极不规则，大致呈东西走向，总长349公里，蜿蜒曲折，像一条桀骜不驯的巨蟒匍匐于凯巴布高原之上。峡谷两岸北高南低，科罗拉多河在谷底汹涌流淌，形成两山壁立，一水中流的壮观，其雄伟的地貌，浩瀚的气魄，慑人的神态，奇异的景色，世无匹敌。1903年美国总统西奥多•罗斯福来此游览时，曾感叹地说："大峡谷使我充满了敬畏，它无可比拟，无法形容，在这辽阔的世界上，绝无仅有。"

科罗拉多大峡谷地层结构不同，松密不一，河水横冲直撞，或造成大片坍陷，或只遗下一道罅隙。这条漫长的峡谷地层断面纹理清晰，层层叠叠，就像万卷诗书构成的曲线图案。由于岩石种类、风化程度、光照演变，以及所含矿物质各异，峡谷的颜色而各有不同，形成一块块鲜红，一方方深赭，一团团黝黑，一片片铁灰，大地像一块巨大的五色斑斓的调色板，美不胜收。谷底弥漫着白色的水雾。天气变化使得峡谷风光变幻莫测，气象万千。一派雄伟壮观的景色，科罗拉多大峡谷历来是世人最向往的旅游胜地之一。

导游在下车前特地关照大家，不要随意喂食给野鹿或松鼠吃，因为当局不想人为地改变此地的生态平衡。至此我才醒悟到，在尼亚加拉大瀑布公园，我们对待那只可爱之极的小松鼠的友善态度，实际上并不为当局支持和赞赏。他们赞许我们不伤害和不打搅动物，但是不赞成一起来无原则地给动物喂食，以养成动物不劳而获的习惯，其结果可能会使松鼠家族“鼠口过剩”，影响到当地动物生态的平衡状态。

观看了大瀑布 IMAX 电影，是自费项目，每人 10 美元。向利华在纽约时就告诉我，这电影不可错过，所以我们欣然前往。这也是我们生平第一次观看 IMAX 电影。电影讲述了大峡谷的发现史，早先印第安人是大峡谷的主人，美国独臂炮兵少校鲍威尔于 1869 年率领一支远征队，乘小船从未经勘探的科罗拉多河上游一直航行到大峡谷谷底，他将一路上惊险万状的经历，写成游记，广为流传，从而引起美国朝野的注意。美国于 1919 年建立了大峡谷国家公园，现每年接待 300 多万各国游客。

IMAX 电影系统则是目前世界上最好的影像系统，拥有最大的银幕、最清晰的图像、最高的精密度、功率最强的放映设备以及最高级的六声道多喇叭音响系统。IMAX 的矩形银幕可高达七八层楼，球形银幕的直径可长达三十米，大坡度的座位设计令每位观众的视野毫无阻碍，逼真图像呼之欲出，巨大震撼力惊天动地。观众们完全身临其境，浑然一体，获得全身心的感受。IMAX 放映机 15 千瓦的灯箱的功率之大，人的肉眼可以看见它在月球上发射出的光点。这就是 IMAX 电影无与伦比的真切感和高清晰度的奥秘所在。专为 IMAX 影院设计的 Sonics 声源均衡喇叭系统使影院内每个地方的音量和音质完全相同，观众无论坐在哪儿都能享受同样质量的音响效果。

午餐就在同一座大厅的左侧餐厅进行，所谓的超值午餐 8 美元一份，其内容实际上就是以鸡肉为主的盖浇饭，另加上一大杯饮料。有沙拉等多种菜肴，均须另付钞票。起先我们在屋外进餐，后来嫌冷，便又避入室内。

就我这一路所见，亚利桑那州和内华达州的土地，多数贫瘠荒凉，许多地方除了仙人柱就什么植物也不生长。在这片寂寞和狂野的土地上居然孕育了拉斯维加斯这样一个妖艳而且强健的生命，实在算得上是一个人间奇迹，尽管它倡导的是博彩业。

拉斯维加斯

司机驾车技术娴熟，旅游大巴车于 28 日下午四时半抵达拉斯维加斯，全团住进了市中心偏南一点的 Terrible Hotel。对于酒店的这个尊名，我百思不得其解，普天下什么名字不好用，为什么偏偏会使唤这么个名字？雨果有部名著叫做《悲惨世界》，莫非这座赌场兼旅馆嗜好被人叫做“悲惨酒店”？我不禁摇摇头，也许这就是拉斯维加斯的文化特色也不一定。酒店一楼是赌场，酒店的房间很大，房中间有一张巨床，足有 2 米宽。Terrible Hotel 位于 Paradise 街 和 Flamingo 街交界处，Flamingo 是拉斯维加斯南北走向的一条主要的大街，十分好认。

晚上，随导游乘车去城东的 Riviera 酒店，观看一场 Show。拉斯维加斯的 Show 十分著名，有些著名场所的 Show 每人票价接近百元美钞，而且在几个月前就预订一空。我们观看的这场秀，每人票价是 65 美元，门票上印着 Splash 几个字，原指飞溅意思，我想这里的意思应该是指“强烈印象”吧。Riviera 的名字很好听，原指法国东南部与意大利西北部沿地中海的度假胜地。拉斯维加斯的这家是典型的大型酒店兼赌场，前面是面积很大的赌场，后面大楼有2079间客房，健身、运动、餐饮、购物，各种设施一应俱全。

进剧场后，发现我们入座的位置不算是太好，较偏。所幸是舞台右侧前排还留有几个空座位，导游与剧场人员悄悄协商后，在开演前暗暗引领我们坐到前面去了。坐在前面观看秀的好处可多了，唯一遗憾就是音乐声震耳欲聋。开场后一律不准摄影。

开场第一场大秀，就是我平生第一次见到的大胆和暴露大会演，十几名年轻姑娘统统无上装，身着"T"型比基尼裤，扭臀摆胯，热情舞动。这些姑娘虽然基本是全身赤裸，但是一个个身材俊美，乳房秀巧，臀部结实美观，尽管裸露甚多，男人见了只有美感，并无它念。舞台前方有一圈天桥插入观众席，所以开朗微笑的姑娘们经常在我们面前一米处扭动腰肢，热情舞蹈，国色天香，健康快乐，气氛相当热烈奔放。

一对男鼓手身着古装，穿着靴子，自始至终穿插上场。他俩插科打诨，与前排观众开玩笑，一次次把现场的气氛掀上高潮。当得知前排的一位观众是日本人后，鼓手笑了，他把一对鼓槌并在一起像一双筷子捏住说："Made in Japan"，然后指着胸前的鼓说："Yamaha"，又指着自己的领带说："Sony"。全场一再大笑。他俩不断互相调侃，又互相恶作剧，引发全场爆笑。两人皆有着深厚的舞台表演技巧，如左右手各执一根短绳，绳头系有硬物，快速旋转，绳头便在地板上击打出踢踏舞节奏。只见他俩左右手不断交叉变化，呼呼生风，两人击打出来的节奏完全一致，全场自始至终报以热烈掌声。

一男演员，手执绸带，在空中做出各种造型，形态优美，非常赏心悦目。从面容上看他像是俄罗斯人或东欧人，实际上也确有很多来自东欧的优秀演员在这里演出和淘金，只要你有真功夫，在这里就不怕没有舞台来邀请你献演。

舞台忽而又变成了冰场，由前世界冰舞冠军俄罗斯人献舞，冰上舞蹈有速度有力量，风度翩翩，大气磅礴。有多项独特和创造性的表演，有许多机会表现出各种高难度动作，如各种旋转，各种跳跃转体和燕式平衡动作。我想，这酒店晚会和这拉斯维加斯可是真正的不含糊，动不动就上来个世界冠军在面前为你倾情演出，技压群芳，一支独秀，让观众有幸欣赏到最上乘的节目。

各种节目交替上映，精彩镜头层出不穷。后来场上方出现了一个大型的圆金属笼，在很小的空间里驶入三辆摩托车，骑手们一起在金属笼里面高速交叉行进，彼此之间擦身而过，那种千钧一发的场面令人惊心动魄，提心吊胆。

最后是一场大型舞蹈，全体演员出场，小伙子英俊强健，姑娘们美丽动人。尽管是无上装秀，尽管是在赌城拉斯维加斯，但这是我看过的最健康最美好的一场演出。观众们全体起立，报以长时间的热烈掌声。

演出结束后，导游带领少数付费参加夜间活动的旅客继续在大街上观光，而全团旅客将在明天上午踏上归程返回洛杉矶。我们没有随导游一起参观，因为我们夫妇明天将脱离这一支旅行团，继续逗留在这座城市里自行游览。我俩顺着繁华的大街往西面走去，一路观赏和拍照。在“Riviera Hotel & Casino”门口，有七名真人大小的裸女铜像背朝着大街挽手站立，有趣的是每一位铜像的臀部都被游客们抚摸得闪闪发光，琪海率先上去演绎了抚摸女郎屁股的一幕，我得到鼓励，也上前去如法炮制，居然也是面不变色心不跳，大大方方，端庄自如。这是不是一次放肆呢？

走在夜晚的拉斯维加斯大道上，一路望去，星山灯海，最先见到的是马戏团大酒店 Circus-Circus，这家赌场于 1968 年开幕时並无客房，到 1972 年才加盖了 400 间客房，后在 1996 年耗资 6 千万美元增建 1000 间客房正式加入营运。如今马戏团大酒店共有 3744 间房间，有适合各种口味与预算的各式餐厅，有购物步道、比赛下注区与超过十万平方呎的赌场及各项设施。这家大酒店的发展历程最贴切不过地反映出了这座城市的扩张进程。

我们陆续走过了 Stardust Resort and Casino、The New Frontier Hotel & Casino、Treasure Island Hotel & Casino，后面这座以斯蒂芬逊的小说《宝岛》而命名的饭店开张于 1993 年秋，客房数为 2900 间，入口处呈巴格尼海湾形状，每隔 1 个半小时就为游客展示当年英国舰队与海盗之间的混战。客房外面的展厅里展出被海盗们掠来的各种金银珠宝。饭店横梁与柱子呈 Y 字形，分别涂成红、黑、驼三种颜色，以防止客人迷路。

客房窗户很大，上端直至天花板，让客人在房间里就拥有十分广阔的视野。下面参观的 Venetian 威尼斯酒店则是一家五星级现代化酒店，灯红酒绿，烛影摇红。该酒店是一座迷人的 36 层塔楼，有客房 999 间，建筑富于文艺复兴时期的威尼斯风格，有优雅的拱形桥，运河和喧嚣的广场，著名的 Campanile 塔楼，平底船和迎候客人的船夫。酒店到处有威尼斯风格的雕像和装饰，有博物馆和蜡像博物馆，每晚有女魔术师的表演。

路上行人如织，许多赌场门前有小型免费演出，有两位三点式女郎站在高台上扭动腰肢，三角裤则是美国国旗的图案，女郎身材堪称火辣。其中一人站在大气球中表演。不时有游客送上小费，女郎便接过来，塞入三角短裤内。许多年轻人手持长约半米的塑料长瓶子在街上游览，用更长的吸管来啜吸瓶中的彩色饮料，形成街头一道小小风景，让人忍俊不已。

我们在 Bally's Las Vegas 赌场拐弯向南，这座百利拉斯维加斯酒店是一家现代化酒店，共有客房 2814 间。酒店有 10 个餐厅，3 个酒吧。每晚有两场奢华壮观的舞台秀。在温泉区和游泳池四周，棕榈树环绕。酒店内甚至还有一家婚礼教堂，顺便说一句，刚才我们观 Show 的那座 Riviera 酒店里也有一家婚礼教堂，在拉斯维加斯要想结婚应该是一件再容易不过的事情了。我们沿着宽阔的 Flamingo 大街走回了住处。

5 月 29 日又是晴天，对于旅游者来说这是求之不得的好天气。

上午九时，全团人员乘上大巴车来到拉斯维加斯大街最繁华处，就是 Las Vegas Blvd 与 Tropicana 两条大街交会处，也就是 MGM、纽约纽约等几家超大型豪华赌场的汇聚之地，让大家拍照留念。下车后，我俩便与这个即将返回洛杉矶的旅游团分手告别。按照事先的计划和安排，我们将在这座神话般的城市里多游玩一天，预备明天随旧金山来的旅游团，前往旧金山。

阳光灿烂，正好一路上拍照留念。街头的公园里花团锦簇，美丽异常。马路对面突然有一阵音乐声响起，目光顺着看过去，只见美丽湖大酒店 Bellagio 前方，计算机操控的水柱之舞开始演出，一道道喷泉直上云天，最高可达 240 英尺，在每个双休日，自中午 12 时至下午 16 时，这样的节目每半小时表演一次，游客无不驻足观看。

纽约纽约赌场上空的过山车，居然是真家伙，一辆辆急驰而来，在高高的楼顶上大翻空心跟头，过山车上的游客惊叫声远播四方，令人叹为观止，十分瞩目。米高梅酒店MGM据说客房数量超过了五千间，是本地最大的赌场兼旅馆之一，门前巨狮雕塑是鲜明标志，据说赌场内还真养有狮子，我们进门后没有瞧见，因为不知道狮笼究竟设在何处，总不会祭在前台吧，那会让客人一进门就有种“自动投食”的冷森森感觉。在身后，Luxor酒店童话城堡式的彩顶塔楼露出了天空，那是一座宏伟和神秘的酒店，酒店内有一座30层楼高的黑色玻璃金字塔和两座有阶梯的金字塔楼，是古埃及艺术和现代科技的结晶，酒店有客房4408套。路边的蒙特卡罗赌场度假村Montecario则像一册巨大的书本打开后矗立在街边，白色的外貌在阳光下熠熠生辉，拥有2992间客房。

这里的豪车真多，叫人眼花缭乱。我比较留意悍马这样粗犷风格的大车，还走近路边一辆桔黄色的鲜艳悍马，很随意地摆出休闲风格的姿势留影，好像那不过是我家用来买菜的一辆购物专车。而琪海比较注意那些超长的豪华轿车，美国人的超长豪华轿车比比皆是，在赌城则更是鱼贯而出，触目皆是。这些超常尺度的轿车足有公共汽车那么长，多是白色，招摇过市，确实很令人注目。大街上不时有大型厢式车驶过，车厢上喷涂有彩绘广告，一名三点着装的妙龄女郎挑逗地望着你，上面大字写着“Hot Babes”，下面有“姑娘喜欢与你约会，直接与你，24小时，7天”下面醒目地标示出电话号码。这样的活动广告满大街转悠，无人不能看见。

在巴黎赌场门口，有靓装美女与游客拍照，我便也凑上去与美人合影。这位俊俏女郎红长裙，红长袖手套，高两尺多的红羽毛帽子，红色文胸，显示出傲人的矫健身材，爽朗笑容很具有亲和力。我们在街头话亭拨电话给齐娅，使用电话卡居然一下就拨通了，于是琪海愉快地和女儿聊天一通，我则在一旁摄影。

中午回酒店休息，发现行驶在Flamingo大街上的202路公交车的车首部分多出一块托盘，上面可以安放乘客随身携带的山地自行车，不由地眼前一亮，觉得实在是好主意。

下午五时左右，又来到拉斯维加斯大道上。晚七时，在TI(Treasure Island)门前，观看免费的大型海盗船表演。“门泊东吴万里船”，这家赌场门前停泊着一白一黑两艘大船，一艘白舰由妙龄女郎们驾驶，女郎们衣着暴露，十分具有观赏性。黑舰上高悬着红色的帆布，正中间的红帆布上标示着白色的牛首骷髅。剧情大约是这样：黑舰上的一名男海盗跳水潜入白舰，被女郎们控制住。黑舰的独眼舰长便下令攻打对方。一时间炮声隆隆，火光冲天，十分逼真。白舰回击，黑舰中弹倾覆，缓缓沉入湖底。海盗们跳水逃生，全部被救上白舰。女郎们狂欢，庆祝胜利。表演大约持续30 分钟。观众如堵。

马路对面的威尼斯 Ventian 赌场规模宏大，布置别具一格。典型的意大利风格和水乡情调，船夫一边咏叹着船夫曲，一边载着游客在碧蓝的湖面上泛舟。一座座大理石塑像华贵精美。

我们穿行在形形色色的赌场之间，一些赌场的迎宾服务小姐着装暴露，多是网眼衣裤，来回分送免费的饮料咖啡，一般游客会付小费给她们。所以如果有游客在赌场里赢了钱，饮料会集中送来，服务小姐的小费收入也会变得更加丰厚。

街头派发名片的闲杂人员，往往几个人站成一排，挨个儿向你手中递送小姐们的彩色名片。这些小姐们以提供三陪服务为主。晚上街头，地面上扔的到处是小姐们的名片。名片上除了小姐近乎赤裸的玉照之外，还印有手机号码和名字，名片上的宣传无不是“Hot Girl”，特别表明了是“One On One Action”。介绍说只要接到了电话，小姐可以在 20 分钟或者更少时间内到达你的房间。明码标价是：“1 girl for $35, 2 girls for $80, 3 girls for $99”。有趣的是，名片上还印有几种信用卡，表明是可以刷卡服务，特别声明“If you paying by credit card, nature of business will not be reflected on statement”，把服务性质也给屏蔽了，可见实在是“想顾客所想，急顾客之急”了。名片上小姐们还标示出自己的网站，使用了现代化手段推而广之。

与此相映成趣的是，在这座城市的马路上，隔一段路就有一座塑料柜橱置放在路边，里面摆放着一些免费赠阅的杂志，全部是三陪小姐玉体横陈，做出撩人动作的照片。由于是免费刊物，从纸张到印刷质量比较粗糙皆不入眼，路人往往看过后立即扔掉。

琪海连续在包括凯撒宫在内的几家赌场小试身手，最后更是在住处楼下的赌场老虎机上玩得无法结束，一般游客的心理是赢钱不走，净等着输干净后，才脱身上楼。前一晚，旅游团同行的有台湾来美三十余年的一对瘦小的詹先生夫妇，曾经向我们教授了如何玩老虎机，否则，我们连老虎机也不入门。在詹氏夫妇指点下，我们知道了玩老虎机选五根线的胜率较高，赢率大约是 1：5。一般打老虎机，琪海赢了不在乎，继续赌下去，最后这些赢到腰包里的钱，全部又输回去回流到赌场里作为学费。博彩业正是依靠人们侥幸求赢的心理，才能够生生不息，颠扑不破，长生下去。

此地的赌博方式千奇百怪，五花八门，主体上大约有这么 10 种类型：

一是吃角子老虎，slots；

二是基诺，keno；

三是 21 点，black jack；

四是比大小，coercion war；

五是熬三宝，let it ride；

六是掷骰子，craps；

七是轮盘赌，roulette；

八是百家乐，baccarat；

九是加勒比海扑克，Caribbean stud poker；

十是 sports，指的是赌各种球赛，赛车，赛马等等。

我对赌博一点兴趣也没有，只是怀着好奇心，在一旁欣赏，顺便笑话一下琪海技痒难耐的心情和敲击键盘的稚嫩动作，如此而已。

当晚与来自旧金山的旅游团华人导游 Jack 先生通电话，衔接明天上午会合之事。他声称不熟悉我们居住的 Terrible Hotel 在什么地方，坚持要我们夫妇坐出租车去与他的团聚合。他带领的那个团目前住在 Down Town 的 Binion’s Hotel，我不知道有多远，特地查找了本市地图，又下楼到前台去询问接待员，得到的回答是出租车费不超过 20 美金。那时候已接近午夜 12 时半，琪海尚在楼下的老虎机前熬夜酣战。到了凌晨一时多，我再次下楼，去把欲罢不能的中共党员许琪海劝上楼来休息。

旧金山

5 月 30 日，晴空万里。早晨 7 时，我们夫妇乘坐门前的出租车一直到达 Binion’s Hotel，车资 15 美金，成功地加入旧金山的旅游团，搭坐上今天的返程大巴前去三藩市。旧金山的这个团分为四日游和七日游两批游客，前一批客人直接回旧金山，而后一批客人将在今天中午的进餐地点转驳到同一间旅游公司另一辆开往洛杉矶的大巴上去，继续他们的下一阶段游程。

路过一个据说是“世界上最高的温度计”，大巴停车看了一下，这是当地人自己设计制作的标志性建筑。觉得美国佬真是志傲气豪，做什么都要争当“世界第一”。这座温度计大约比一般的旗杆稍微高一点，上面有温度标示，在很远处就能一目了然。当时表示出的温度是华氏 87 度，大约相当于摄氏 30 度略高一点。顺便说一句，这温度计是个四面体，无论你从四面八方哪个方位盯着它看，都能知道目前的气温。

旅游车开进加利福利亚州境内，景色逐渐改观。山顶上经常可见大片大片的风力发电装置，密密麻麻，满山遍野。我觉得风力发电真是天赐良机，风力除了在海洋上对于帆船行驶来说有较大影响之外，在其他方面可以说是英雄无用武之地，尤其在陆地上是白白浪费的一个典型。如今乖乖地推动风力发电机叶片来做功，可谓是浪子回头金不换。车窗外麦田广袤，橙园连片。自动浇灌装置精心滋润这片干旱的土地，很少看见劳作者的身影，一切有条不紊。

晚上 6 时 45 分，刘燕小姐和先生小朱在本辆旅游车抵达旧金山后的第一个下车地点 Frement 接到我们。就近在华人餐厅“海中天”共进晚餐，有鳕鱼片、烧大虾等几道精美菜肴。

小朱是南京大学计算机系的毕业生，92 年来美。现在独自成立了一间小公司，为一些企业编制软件，他还考了一个房产中介的证件，业余时间做做房产生意。这次他们开了一辆全新的宝马 X5 Suv 车来接我们，小朱笑着说，这辆车也算是做房产业务时的一件行头吧，客户看见你开好车，信任度自然有增无减。宝马 X5 当时在美国的售价大约是 5 万多美金，而在中国境内要卖80多万元人民币。小朱的父亲是南京东南大学的教授。刘燕是江西南丰人，也是南大毕业生，此次，我是托请南京大学的陈远焕老师帮忙打电话，而约请到刘燕小姐代为照顾我们在旧金山的行程。

晚宿刘燕和小朱家里的二楼客房。他们近期在此地购进一栋 house，后院有白桦数棵，有一个大的冲浪浴缸。环境十分幽雅。现在价值60多万美金。我们住的客房原先可能是原房主的女儿闺房，室内天花板上装饰有一片荧光星星，熄灯后会继续亮上很长时间，躺着床上仿佛是露营者仰面尽情欣赏壮丽的星空，这是一个美丽的构思。原本在纽约打电话时，我们烦请刘燕代为预定旧金山的当地旅馆，后来刘燕安排径直住进她家，真是不好意思。初次见面，受人盛待，觉得太欠人情。

在谈话中得知，刘燕也在积极参加当地的慈善事业，他们都属于“献爱心”一族人士。女主人刘燕小姐现在硅谷一家电脑软件公司任财务经理，她参加的硅谷女性协会集中了旧金山湾区各行各业的优秀华人职业女性。硅谷女性协会正在举办第二届慈善筹款义演，希望筹得足够款项，与欣欣教育基金会合作在中国最贫困地区建立第一所“硅谷女性”小学，并设立奖学金资助中国失学儿童。刘燕小姐轻言细语娓娓道来，仿佛讲述柴米油盐那样平淡无奇。而在我听来，字字句句恍如天籁。芝兰之室，暗香浮动。

因此更加增加了对这对小夫妇的好感。他俩1970年出生，也属狗，比娅娅大一轮。

5月31日，继续是晴朗的日子。早晨，与主人同乘一车，前往 San Manteo，参加旅行社组织的旧金山一日游。在美国一些城市的高速公路上面，最靠近左边的一条车道会用黄线标示出是特殊车道，专供两人以上的车辆行驶，快速优先，十分方便。在高速公路上拥挤时，这一“特权”尤其显眼。到了收费站，两人以上的车辆还可以免缴费，真是好处多多。所以刘燕夫妇每次上班都是合坐一辆车去硅谷，另一辆旧车停在硅谷某处，到了那里，再各人开一辆车去自己的公司。既快捷，又省钱，真是一举两得。

在圣玛提奥的永和超市门口，乘上了旧金山一日游的旅行社中巴车。事先每人为此支付了68美金（含一顿中餐）。导游强调后排乘客也必须系安全带，这一点超出了我的常识。美国的许多高速公路，排场不及中国“气派”，恐怕是建得较早的缘故，也可能是人家寻思“路就是路”而并非什么政绩。此地车速一般很快。旅游车和私家车都要求坐在后排的乘客也牢牢系上安全带。联想起本月 2 日曾获悉同单位的蒋铁民副总经理五一长假期间自驾车去新疆，在南疆若羌以西发生车祸。当时他坐在后排，按照南京乘客的习惯没有系安全带，结果其他三人轻伤，这位同事却不幸罹难。重要的体会之一：开车上高速，即使坐在后排，请也把安全带牢牢系好。这是对自己对家人对同学对亲友都负责任的一种行为。蒋铁民是一名谈得来的同事，这个切身体会以一条生命为代价而显得格外深刻。

面包车东奔西跑，到各处集合地点去接一日游的客人。折腾了一个多小时，才把 12 名客人全部接齐。旧金山地广人稀，难免要多跑一些路。

第一站参观旧金山市政厅广场。这座宏伟的政府办公大楼属于学院派建筑风格，兴建于 1913 年，据说其巨大的穹顶名列世界第 5 位。旧金山原有的旧市政厅建成后不久就彻底毁于 1906 年的旧金山大地震，这座新市政厅继而展示出了气势非凡的气象。远远看见有一群亚洲人在广场的一侧练功，据说是华人在练习法轮功。

广场左边是亚洲艺术博物馆，里面的珍贵藏品主要来自于芝加哥大实业家、国际奥委会风云人物艾弗里·布伦戴奇的馈赠。这位传奇人物的来历实在是令人刮目相待，值得另眼相看，他年轻时在伊利诺斯大学学习工程技术专业以第 1 名的优异成绩毕业，开设了布伦戴奇建筑公司，承建了芝加哥的多座摩天楼和其他大型建筑，成为了数家大旅馆的所有者，并因此致富。他一生喜爱田径运动，三次获美国田径全能冠军，曾参加 1912 年斯德哥尔摩奥运会并获得田径比赛五项全能第五名。他担任过美国田联主席和手球协会主席，在 1928 至 1952 年任美国奥委会主席。1952 至 1972 年任国际奥委会第 5 任主席。1972 年退位，任国际奥委会名誉主席，后与联邦德国一位公主结婚，定居在慕尼黑。布伦戴奇忠诚于顾拜旦制定的奥林匹克运动的业余化原则，反对商业化、职业化的潮流污染纯洁的奥运赛场。他有一句广为人知的话是：“当你跨进体育的门槛时，就把政治抛弃在门外吧。”他早先将收藏的部分中国古代艺术品捐赠给旧金山，后索性将他所有的亚洲艺术收藏全部遗赠给了这座博物馆，使之成为了美国数量最大的亚洲艺术收藏之一。这里馆藏的珍品有中国瓷器 2000 多件，玉器有 1200 多件，青铜器有 800 多件。

第二站参观双柱山，又叫做双子峰(San Francisco Twin Peaks)，是高达 276、277 米的两座山丘，因为形状的关系被早期的西班牙移民昵称为"印第安少女的乳房"，号称是旧金山市的第一高度。这天大雾密布，在山顶我们钻出车来冒着凛冽的冷风环顾四周，可惜什么也看不见。山风极其迅猛，游客们头发根根竖起，大家不由自主地掩紧衣裳。倒是还有年轻的美国妇女推着童车在山道上跑步健身，一路上山下山，全无畏惧，似乎很习惯这种天气，而且她也有意要让自己的宝贝来适应这种相对严酷的气候。

旅游车路过卡斯特罗街时，导游提醒我们注意观看街上飘扬的面面彩虹旗，标示出这里是闻名全球的同性恋区。彩虹旗由下而上分为紫蓝绿黄红五种颜色，状似彩虹，由此得名。街道两旁都是为同性恋服务的各色商店，从平面书刊到情趣用品，无一不备。到 A different Light 书店静静看本探讨同性恋问题的杂志，或是到卡斯特罗街戏院看部同性恋影片，或是到位在街口的双峰（Twin Peaks）以及位在和 18th 街交会口的哈维（Hervey's）酒吧饮一杯酒，都是同志们可心可意的选择。后一家酒吧是为纪念公开承认同性恋身份的政治人物密尔克(Harvey's Milk)而著称。不管你的性倾向如何，在这块领域上都享有无限的放纵与宽容。辨认同性恋的方法，从耳环的戴法到放手帕的位置，无奇不有。据说华灯初上时分，这条街上多是当街拥吻的同性情侣。成为一处洋溢着爱与祥和的欢乐之地。

随后我们前往参观金门公园，这座据说是世界上最大的市内公园占地 405 公顷，始建于 1870 年。有博物馆、美术馆、植物园、日本式茶园、风车和历史雕像。娱乐活动多种多样，可划船、骑马、打网球和高尔夫球等，还有一处儿童乐园。由于时间关系我们来不及四处游览，只是浮光掠影式地在史翠宾植物园(Strybing Arboretum)门口周围拍了几张照片，便匆匆离开。草地上有一位身披僧侣服装的青年男子面对一棵树跪坐在那里静静修行，我暗中拍了一张照片。

旁边不远处，就是著名的金门大桥 Golden Gate Bridge。金门大桥是世界近代桥梁工程的一项奇迹。1937 年 5 月 28 日中午，罗斯福总统在白宫揿动按钮，宣布由约翰• 傅利曼设计的金门大桥启用。届时，旧金山全市教堂钟声齐鸣，港口响起汽笛，市区街道车辆喇叭鸣响，400 架飞机从大桥上空掠过，两支船队鱼贯穿行桥下，20 万人步行通过桥面，形成激情壮观的历史画面。

金门大桥横跨南北，将旧金山市与 Marin 县连结起来。1933 年 1 月开始兴建这座大桥，1937 年 5 月建成首次通车。这座桥是世界上最大的单孔吊桥之一。金门大桥两端各有一座高 1124 英尺的钢塔，钢塔高出水面的部分为 227 米，相当于 70 层楼高。两座钢塔间悬挂着两条直径为 36.5 英寸的钢索，每根钢索重 6412 吨，大桥就是凭借着两条钢索拉住桥面高悬在半空中。钢塔间的大桥跨度为 4200 英尺，是世界大桥中少见的最长跨度之一。桥孔高 200 英尺，大型船只也能畅行无阻。大桥还向两端延伸出去，使整座大桥全长达到 6500 英尺，为此又修建了两座辅助钢塔，使大桥更加雄伟壮观。金门大桥一旦落成就被认为是旧金山的著名象征。

有不少游客租了自行车，三五成群骑车过桥，或者自行车就是他们自己开车带过来的，反正在桥上我第一次于美国集中看见了较多的自行车。唯一的遗憾就是今天的海雾实在是太大，海风凛冽，大桥门塔隐藏在大雾中，看不见全貌。琪海兴致勃勃，一定要走到门塔脚下，想看看是不是清楚一些。我俩边走边拍照，一直走到门塔下面仰目望去，仍然不识大桥真面目，雾神威严自矜丝毫没有网开一面的意思，便只好把大桥朦胧美的印象永远珍藏在心底。

据说如果坐飞机从太平洋上空抵临旧金山湾时，漆成橘红色的金门大桥在阳光下闪闪发光，宛若神奇的“金色之门”，其橘红色的色彩，连接两座桥墩的弧形主钢索，以及略呈弓形的桥面，组合起无与伦比的力与美。不管从哪一个角度看金门大桥，也不管在哪一个季节游金门大桥，都会获得极具魅力的景观。全长约 2 公里的金门大桥目前平均交通流量每年约 12.5 万辆大小汽车，是连接旧金山市与马边郡的交通枢纽，更是游客造访旧金山这座世界旅游名城的必到之处。桥的南北两头均辟有观察眺望点，每天游人如织。

在桥头堡公园，有一段钢缆的断面在展出，据说在这捆直径接近一米的钢缆组合中，集中了 27572 根钢丝绞合而成。如果把主钢索上的 27572

根细钢索首尾相连，总长度将达到 12.8 万公里，足可以环绕地球赤道 3 周。金门大桥自落成以来，就周而复始地长年油漆桥梁和钢索。每油漆完一次全桥的钢索表面，约需耗时 4 年，耗去油漆无数。

中饭在唐人街上一家中国餐馆就餐，旅游团中一对来自澳大利亚的华人父子和两位年长的台湾太太与我们同桌，琪海与之洽谈甚欢。澳大利亚华人的儿子约三十来岁，好像是不太会说华语，显得十分腼腆，现在这小伙子在新加坡工作。

午饭后，第一个参观项目是九曲花街。伦巴街 Lombard Street 到利文街这一段是一个大下坡，两旁全是高档住宅，据说曾经居住过许多俄罗斯皮毛商人。街道长仅 100 米，自上而下倾斜达 40 度，呈 S 型，有 8 个陡弯，这段街道因此有“世界上最弯曲的街道”之称。街道在缤纷的花床之间蜿蜒伸展，显得十分曼妙和美丽，成为了旧金山的著名景致。车道两边的花坛里种满玫瑰，家家户户门前养花莳草。花开时节，远远望去，九曲花街犹如一幅斜挂着的鲜花绒绣，美不胜收，“花街”美名，远播四方。很多驾车一族满怀喜悦从上而下盘旋行驶，时速不得超过 5 英里。

登上坡顶，极目远眺，此时雾散日出，全城历历在目，能见度极佳。据说旧金山市区有 43 个山坡，可谓是一座地地道道的山城。80 万市区人口每天一出门就是爬坡和下坡。

又去著名的渔人码头，扛网驾船的渔人已然不再，周遭尽是商业网点。海鸥大咧咧地在人群中间漫步，或者停在轿车顶上，好奇地观赏着来来往往的游客。此地变成了观光船出发的地点。

上得“Red and White Fleet”海上观光船，每位游客领到一副耳机和一只可以别在腰间的小接收机，把频道调节到“2”，便是中文频道。在游轮观光的一个小时行驶中，解说始终不断，把沿岸景致、曾经囚禁重刑犯的阿尔卡特拉斯岛、天使岛等详细介绍给游客。游轮驶过金门大桥下方，然后再掉头折回。只见金门大桥的上端依然笼罩在飘渺浓雾之中，海风强劲，势不可挡。

下午四时，游览全部结束。面包车开始四处送客。刘燕和小朱夫妇在华人粤式餐厅“富临门”为我们饯行。点了波士顿大龙虾和北京烤鸭等菜肴。厨师把沉甸甸的活龙虾提上席来给客人过目，足有九斤老母鸡那么庞大，令人赞赏不已。首次尝到美国龙虾，十分鲜美可口，虾汤醇白。

在美华人的热情相助，给我们夫妇心中留下了极其深刻的印象。他们以物资帮助和纯朴友谊回馈他人，表现出自然而然发自内心的真诚，令我俩十分感动。

斯坦福大学

2006 年 6 月 1 日，天气晴好。今天是我们此次来美期间在美国逗留的最后一天。

上午，刘燕请了半天假，陪我俩参观斯坦福大学校园。斯坦福大学 Stanford University 校园坐落在帕拉托市 Palo Alto，这是一所私立综合性大学，Palo Alto 指的是旧金山湾的红杉树。老斯坦福曾出任过加州州长，后担任中央太平洋铁路公司总裁。为纪念病逝的爱子小斯坦福，老斯坦福夫妇拿出 2000 万美元积蓄和帕拉托的 3561 公顷的土地，用来创建一所宏伟的大学。1891 年 10 月 1 日，斯坦福大学举行开学典礼。

斯坦福校园占地约合 8180 英亩，是美国私立名校中校园最开阔的学校之一。比起只有 175 英亩的耶鲁，146 英亩的麻省理工学院和 140 英亩的布朗来说，斯坦福校园的辽阔阵容可真是豪华万分。所以在斯坦福校园，自行车是学生的必备品。一眼望去，地平线上，皆为校园。大片树林和山地，古朴的砂岩建筑红瓦黄墙，优雅的胡佛塔，典雅庄严的纪念教堂饰满壁画，生动深沉的雕塑群，处处显示出名牌学府厚重深邃的学术氛围，具有一种粗犷开阔之美。

然而，更让这所大学名闻遐迩的是校方的开阔胸襟和远见卓识。1959 年是斯坦福大学办学的转折点，校方高瞻远瞩将一千英亩土地以极低廉的象征性地租，长期租给工商业界或毕业校友设立公司，再由他们与学校合作，提供各种研究项目和学生实习机会。斯坦福缘此成为美国首家在校园内成立“工业园区”的大学。“工业园区”迅速发展扩张，最后形成美国加州科技尖端菁英云集的“硅谷”(Silicon Valley)，也译作“矽谷”。

顺着庭院长廊向里望去，楼房都是黄砖红瓦，四平八顺，一律是十七世纪西班牙的传道堂式，令人慨叹建筑设计师的良苦匠心。设计斯坦福校园的正是著名设计家弗莱德里克·欧姆斯泰德（Frederick Olmsted)，他同时也是纽约中央公园和旧金山金门公园的设计者。

美国最高法院的九个大法官，有六个是从斯坦福大学的法学院毕业。根据 1995 年的资料，斯坦福大学一千三百多位教授中，有十位诺贝尔奖得主，五位普利策奖得主，一百四十二位美国艺术科学院院士，八十四位国家科学院院士，以及十四位国家科学奖得主。时至今日这一纪录当然就又要刷新了。学校图书馆藏书六百五十万册。更值得夸耀的是，1991 年在学校庆祝百岁生日之时，它达到了美国大学中有史以来第一个“十亿元校友捐助”的目标。今天的斯坦福有着二十四亿美元的校友捐助，雄厚的财力物力使得这所名校坚定不移地迈向自己的发展目标。

我们参观了校园里的教堂，远眺了胡佛塔。据说方励之先生曾经在胡佛塔专心研究工作过一段时期。路过一排教室时，正逢上有一班学生在走廊上挂出自己制作的大纸牌，上面是自己的作业创作，如鱼类洄游与环境保护之类的主题，边展览边交流，形式新颖独特。后来我们又参观了校园附近的大型 Mall。

我一直在想，把参观斯坦福大学作为我们访问美国的最后一站，也许不是一种巧合，而是冥冥中上苍有意识的一种安排，让我们在此前行程中充分领略了美国的地大物博之后，在见识了一系列锦绣美景的铺垫之余，要我们在人文精神的高度来对这一次美国之行做出回顾和总结，要从“教育”这个特殊的视角诠释一番世界头号大国的来龙去脉。

身处在斯坦福大学校园内，此时我想起了纽约唐人街前的青铜孔子塑像，孔夫子毕其一生较准确的定位就是一位杰出的教育家，三千弟子，七十二贤徒。两千多年以前中华民族就拥有了如此一位杰出的思想家和教育家，实在是中国人的无限荣幸和上佳机遇。倘若中国人尊教爱师的美德进一步得到光大发扬，假如这样一个难得的机遇被合适地予以驾驭，套一句流行的语式来说，中国人很有可能就“赢在了起跑线上”。倘若果真如此，今日之中国即使不能列身于世界最先进的头号强国，跻身于人文头号大国的地位，还是颇有胜算的。

值得玩味的是，在中国历史上的历朝历代，孔老夫子的“文圣”地位倒也确实是一直高入云端，至高至上，岿然不动。封建王朝的一代代统治者们敬孔祭孔，礼仪备至，崇仰有加。“儒”在中国最后不仅成为一种学派，而且进一步成为了一种宗教，与禅、道相提并论，又远远超过后两种宗教的地位而成为了庙堂文化，社会主流思想和国家意识的基石。

偏偏是在走出帝王统治阴影后，偏偏是在号称高举起科学大旗的幌子下，偏偏是在中国人被告知可以百花齐放地表达自己的意念和见解之时，20 世纪初期和中叶，一片血雨腥风泼向了孔孟之道。癫狂的中国人曾两次掀起极端运动，要把孔老夫子打倒再踏上一只脚，从中国这只古瓶中释放出来的邪恶和不测之意，不受控制淋漓尽致地得到了膨胀和肆虐。那些所谓的反封建急先锋无所不用其极，孔子学说遭到了几次毁灭性摧残和打击，

从此以后，孔子的教育梦想魂断亚细亚。“已所不欲，勿施于人”是孔子标示出的做人一种基本准则和道理，浅显易懂，微言大义。但是连这样自警式的戒言也被某些为所欲为的同胞们视作了累赘和羁绊，痛下杀手一举灭门而后快。孔子的教育在中国这片土地上远未成功，孔子学说在近百年来更是屡遭厄运。黄河自古十八弯，中国文明巨河这些年来七拐八盘，走了何止是“十八弯”的曲折道路啊。

在 20 世纪后半叶的中国，教育扭曲达到了登峰造极的地步。教育不完全是教育，更多地是一种官办的教会，该说什么，不该说什么，必须由官员授意，而不是听从教育专家和校长们，也不是听从经验和行业规范，更不是听从于教育家和思想家孔子。正如文化也不仅仅是文化，体育也不仅仅是体育一样，教育被权力集团攫取在手中，就成为一种工具，失去了本来“传道释疑解惑”的意义。

事实正好证明了，孔子的教育思想本不见容于那些思想偏颇的革命家，也不混迹于制度扭曲和是非颠倒，黑白清浊，判然有别。千禧年后，中国教育事业的扭曲和倾斜达到了新的一重天地步，被称为“单纯财政视角的教育改革”的“教育产业化”引导学校大行厉行拜金主义，教育质量和水

平大肆注水，一代又一代毕业生在大学校园充电的美好愿望成为了虚幻泡影。为师者，无师德。为医者，无医德。为官者，无官德。文化和道德的雪崩态势，正在这个社会上全面形成，以无可阻挡之势向无底的深渊坠落。

幸亏我们还记得：只有教育能够救中国。

幸亏我们还相信：只有教育能够救中国。

立在斯坦福大学的校园里，为人父母，我心里想着的是所有家长心里的基本念想：让孩子学有所成，别耽误孩子的进步和成长。我们夫妇这次赴美的目的之一是为了领略美国的名山大川景致而来，在这里，就在斯坦福大学的草地上，我目睹了美国最美丽的一爿景致，花团锦簇，姚黄魏紫，灿烂辉煌，这就是美国教育的自然生态。

此时此刻，我脑际里不禁浮现出这两年来女儿的电子邮件中的几个片断：

日期：2005 年 8 月 6 日 6:37

“到今天才复信给你们，很抱歉，因为法学院的安排实在太紧，每天要看 n 个 case 到很晚，所以常常不能及时 check 和 reply 邮件。

“每次写信之前总觉得有千言万语要说，可是一到真正写起来，却又不知从何说起，美国的 law school 真的如传说中的一样，没有人会催你或赶着你学习，可是你就会感觉到有一种无形的力量鞭策着你，让你发自肺腑要看书（天哪，这感觉二十多年来头一次），赫赫！”

日期：2005 年 8 月 24 日 6:25

“今天是正式上课的第二天，美国的法学院真是名不虚传，所有同学的背包（膨胀）都像到了极限的样子，又大又重，手上还拿着几大本 case-book，很多人都是用带轮子的书包，在平地就把拉杆拉出来，在地上拖，景象甚是有趣，我也想去买一个，要不我的肩膀哟，吃不消……

“美国的学生一点都不像传闻中说的那样只玩不学习，起码在法学院我自己亲身经历的，每个人都埋头苦读，害怕掉队，法学院里竞争真的很激烈呀！”

日期：2005 年 8 月 27 日 0:21

“正式上课了一个礼拜，感触良多。美国的 JD 都非常用功，学习相当严谨和认真，我观察了一下，法学院学生的生活轨迹是：不在教室就在图书馆，不在图书馆就在去图书馆的路上。我来美之前被国内的一些宣传误导，总认为美国的学生就会玩不思学习，可是来之后给我最大的感触是大家都非常用功，争先恐后，起码法学院是这样，呵呵。还有我发现，在美国的大学里，法学院给人一种“高处不胜寒”的感觉，这是因为他的门槛相当高，你的脑袋和口袋都要够用，呵呵，不过这里大多数 JD 都是自己贷款上学的，和国内完全不一样，体现出一种美国式的独立精神，可能也正是这样，所以每个人都分外珍惜这样难得的学习的机会。

“就我个人来说，就是上课的时候尽量听懂老师的每一句话，课前把老师布置的 assignment 看完，课后整理一下笔记，应该问题是不大的，毕竟原来也学了四年，嘿嘿，一些基础知识和概念都是知道的。”

日期：2005 年 9 月 16 日 4:01，此时齐娅已经到了德克萨斯奥斯丁分校法学院上学，下同。

“美国通常是秋季哈橄榄球，春季哈篮球，德州是体育大省，拥有三支 NBA 球队（火箭，小牛，马刺），同时我们学校的橄榄球队又是全美闻名，所以那张高速的 256cm 卡应该是可以大派用场，先在此谢过啦。不过话说回来，因为逃难还是拉了不少课，现在生活恢复正常化了，应该是赶紧补上来才对。嗯，我发现我自己现在越来越自觉了，估计是环境的关系，美国的 JD 真是用功啊，和他们一起，就觉得有一种无形的力量在驱赶你，加油吧！”

日期：2005 年 10 月 28 日 3:49

“我来 Austin 一转眼也快两个月的时间，每天都觉得时间是飞一般的在眼前流逝，首先是为学业忙碌，这里的学习压力依然很大，课前的预习和 outline 一定要做好，然后就是上课，精神高度紧张，老师的每字每句都尽量理解，我发现我现在的笔记水平越来越好了，哈哈！”

日期：2005 年 11 月 16 日 5:51

“原谅我最近一段时间的来信很少，原因是已进入考试的季节，大家都纷纷利用各种时间来找资料做 outline，作为一名国际学生的我，专业又是玩文字游戏的法律，深感要付出更多的努力才行，我还是要提一下美国的 JD 们，在我的观察来看，中午吃饭的时间大多数的美国孩子都是抱着一本其厚无比的 casebook 放在腿上，然后一手拿着一个汉堡包，边看边咬，这样的景象给我的印象十分深刻，还有周六周日节假日的图书馆真是人满为患，我由此明白美国法治化道路为何走得如此坚实，原因是这些法律的新鲜血液们给予了充分的保障。总的概括一句，美国的法学院真不是盖的！！呵呵，而我现在处于美国顶尖的法学院之一，压力和动力是可想而知，呵呵！”

我们在 11 月 17 日的电子邮件中回复道：“昨天你的电子邮件，妈妈和我连看了几遍，都觉得娅娅长大了很多，懂事了许多。由于全新的环境，你的思想、眼界和品位，都在不断地 update，这是一件何其值得庆幸的事情啊！令人印象深刻的是美国的 JD 们刻苦学习的精神，我们发现，你在多次来信中强调了美国同学们的这种优秀品质，可见其对你的冲击力很大。我们十分认可这种品质和精神，我们欣慰地发现，环境对你的促进作用正在显现。我们希望你永远记住要努力奋发，争做世界一流的人才。切不能此时激动，换了个环境就不那么努力。要永远珍惜此刻身边的优秀同学们是如何向前方冲击的这些镜头，勉励一生。”

立在斯坦福大学校园里，我明白，自然之美，首先来自于人心之美。人心之美，首先来自于教育之美。

中午，刘燕夫妇开宝马 X5 SUV 送我们去旧金山国际机场。刘燕殷勤伴我们夫妇办好登机手续，托运好行李，这才告别离去。这位美丽贤淑的青年女子真心实意助人，给我们留下极其深刻印象。

旧金山国际机场的一些标示处，旁列一份中文说明，说明当地华裔很多，而且中美之间的往来相当密切频繁。

乘坐美联航 ua857，从旧金山飞往上海浦东。相对来美国时乘坐的 ua858 来说，本班飞机上面的乘务员中间，华裔女性略微多些，在服务华裔同胞们时，语言交流就更加方便。在美国，只有国际航班上才有餐点供应，而美国国内的航班只有饮料供应，充其量发给旅客们一小包炒豆或者两小片饼干而已。我觉得在美联航供应的餐点中间，牛肉炒面远比意大利面好吃。

在漫长的 13 个小时飞行过程中，我们“被迫”又观看了一遍电影《金刚》，这时我不免感到少许遗憾。好莱坞的大片尽管很牛，也没必要强迫乘客在一个月内反复观看吧。飞机于北京时间6月2日傍晚6时15分准时到达上海浦东机场。等待办理手续和等待行李花了一些时间，因此赶不上6时40分从浦东直开南京中央门的大巴车。

搭乘机场5号线巴士，直接去上海火车站。在那里购买了N518次车票于晚上10时离开上海，没有座位，只好站立在过道中。这趟车从上海开往黄山，不知为什么车上的乘客极多，几乎连较为理想的站立地方都不容易寻到。我不禁自责，同时抱怨不说明情况的售票员，早知道如此，换乘其它车次也好。至少此前上海站还发出几辆双层客车，可以让我们这些没有座位的乘客临时坐在楼梯上面。

幸好，车到昆山之后，一些短途乘客下车，我俩找到了临时座位，并且挤挤轧轧一直坐到了南京站。

北京时间6月3日凌晨二时许，我们出得南京站，直接乘坐出租车回到河西龙江小区朗晴名居小区。把几只箱子陆续扛上五楼，已是凌晨三时。

至此，我们夫妇双人的美国首次旅游宣布告一段落。历时25天，行程两万多公里，游遍美国东西南北的主要景点。回观全程，由于事先组织工作到位，女儿、同学和朋友倾力相助，可谓是安排丝丝入扣，食宿均有着落，参观项目如期实现，全部旅游圆满完成。

感谢上苍。

写于2006年9月

巴黎凡尔赛宫公园景致舒展开阔，造型优雅。

巴黎三座凯旋门，近观其二，远眺其一。

巴黎协和广场 3400 多年历史的埃及方尖碑

卡贝尔廊桥长 200 米，建于 1333 年。

卢浮宫的艺术收藏达 3.5 万件。

琉森的“城市徽章”——狮子纪念碑。

大教堂是上帝在人间的真实体现。

两千年来，在这个世界上，人与兽、人与人之间的殊死搏斗从来没有一丝停息过。

白雪皑皑的阿尔卑斯山脉仙气飘飘。

在协和广场零距离接触数百名身着拿破仑时代军服的戎装骑士仪仗马队。

凡尔赛宫上空天气变化莫测，时晴时雨，是不是类似近代史上法兰西民族境遇呢？

中南欧之行

2013 年 11 月 8 日　周五　晴

南京极好的天气，穿衬衫，外套一件夹克。

与太太早起。乘 45 路公交车去南京站东广场，转乘机场大巴（20 元/人）90 分钟到达禄口机场。早起主要是怕市区早高峰堵车。

在机场与导游赵云会合，各自领到了自己的护照。本团人数较多，足足有 45 人，南京人为主，也有些人来自本省其他城市，如溧阳市等。年龄两极分化，有年轻情侣，也有退休老人。本团细分有十对夫妇组，有一家五姊妹组，有婆孙三代一家四口组，有呼朋唤友自行串联起来报名旅游的九女组，等等。总之说来，女多男少，阴盛阳衰。

导游赵云，他是高淳双塔人（这么威武的名字，呵呵，应该大喝一声：双塔赵子龙在此），旅游外语专业毕业，2004 年开始带团，经验相当丰富，笑声爽朗很有特点："嗬，嗬，嗬——"

乘坐汉莎航空的空客 340-300 客机，欧洲乘客足有七八十人同机，多是大块头的男子，也有些许儿童。本机几乎满员，完全不像上次孩子们旅欧回来述说的"飞机很空，可以躺下睡觉"那么回事。太太好奇地问我：他们这些人是不是回家去度周末的呢？

座位前有小电视，自己调节，可看电影和听音乐。前座的一位德国壮汉不畏疲倦连续看了一路的电视剧，从长大成人 2、赤焰沙场 2 到小鬼当家 1，足足看了 4 部之多，他是有备而来，戴的是自备的精良耳机。中午 13：00 起飞，北京时间翌日凌晨 1：00 到达法兰克福。去时足足飞行了 12 个小时，还是蛮累人的。到了后期我就不断调整坐姿，好像无论怎么坐也不合适，身体发出明确信号：好吃不如饺子，舒服不如躺着。

飞机起飞后，在中国境内往北飞，铆足劲飞行了好一阵子，通过各人面前的小电视可以清楚追寻到飞机的踪迹：飞过洛阳、太原上空，然后折向西北飞行，进入蒙古境内，越过乌兰巴托，飞越俄罗斯的新西伯利亚上空，经过伊尔库茨克和鄂木斯克，再过喀山、莫斯科、白俄罗斯的明斯克、波兰的华沙，进入德国飞越柏林，最后抵达法兰克福机场。一路上飞机下面是各国的大城市林林总总灿烂辉煌，与几年前去美国西海岸飞机成天在空荡荡大海上空飘悠完全是两码事。

巨大的时空转移，行程 8643 公里，横跨亚欧大陆。法兰克福机场小雨淋漓，飞机舷窗上雨痕模糊。呵呵，老天爷，黄土铺路、清水洒街的迎客礼节，咱就一概免了吧？

一个萝卜拔出坑来，暂时断开了原来的一切联系，在异域的土地上游历。

乘大巴 20 来分钟，直接住进假日酒店（Holiday Inn Express Airport）。打开行李后才发现：便携式数码相机的电池在南京充好电后，没有及时放入相机，居然就此缺席了本次的欧洲旅行。而那只小相机连带着两张 sd 卡（其中一张是 16 个 G）和充电器，就没有用武之地了，完全成了样子货。幸亏一部单反相机的各种装备尚且全套在手，勉强维护着这一路摄影大业的半壁江山。

把手表调成欧洲时间，与北京时间相差 7 个小时。

落地欧游的思考：我在飞机上冥想，审美意识可能是人类社会所有分歧的出发点。凡是一种负面的审美意识，将直接导致负面的价值取向，组成负面的价值体系，最终形成巨大的负号。这种负号，一旦与一个人、一个群体、一节历程、一段历史关联，即把所有的所有，全变成负数。

不作为，也许恰是欧洲的特点之一，有的时候，远胜过“貌似有作为，实际上是瞎作为。”

离开南京时，气候是阴霾天。愿我们这一代人，下一代人再不要有民生的、政治的、经济的、文化的阴霾天。

2013 年 11 月 9 日　周六　　　　　雨/多云

南京出发之前，曾在网上查看过西欧近期的城市天气，发现法兰克福、巴黎未来几天都是连续雨天，心情不免往下一沉。难得来一次欧罗巴，还撞上连绵秋雨，岂不是有些煞风景？

早上6时起身，拉开窗帘一看，天色未亮，云厚风紧，一会儿还淅淅拉拉地落起小雨来，与气象专家的预报十分相符。但是后来“赵导”在大巴车上谆谆告诉大家说，当地深秋的天气变化多端，时雨时晴，常叫人捉摸不定。不要过分为气候担忧。

后来的实际情况证明，“赵导”无比英明，一语成谶，远胜过那些成天困守在气象雷达显示屏前的老谋深算的气候学专家们。我们虽然是“踏雨”而来，但后来除了在威尼斯水城之外，这一路基本上是无雨天气，而且多数时间，在2013年的11月中旬，我只穿一件衬衫在欧洲大陆上招摇过市。老天爷还算是比较眷顾我们这一支旅行团的，没有用恶劣天气来为难我们。感谢上帝，赞美上帝。

7时半，一辆白色大巴开来停在酒店门口，司机是一位意大利籍的四十来岁男子，名字叫做阿密特。在以后的十来天里，阿密特先生与我们朝夕相处，关系相处十分融洽。连“赵导”也感叹说，碰上一位好司机很不容易，如果遇上性格孤僻、很“轴”的司机，旅行团在停车、行车等方面就会吃苦头。阿密特先生是意大利Carrerbus旅游车公司的员工，意大利人是古罗马人的后裔，性格open，言行举止具有鲜明的外向、开朗、豪放的特点。“赵导”教会全车人说几句意大利文，如用意大利语问好，好是“俏（非正式）”；早上好是“笨猪佬”；再见是“俏俏（非正式）”，帅哥是“贝罗”；美女是“贝拉”……

于是，在此后几天里，经常会出现这样的场景：上午开车前，全车乘客齐呼：“俏贝罗（帅哥），阿密特。”而司机高声回应：“俏贝拉（美女）——”导游哈哈笑说，你们看，他只问候美女，不问候帅哥。我们全车的美女们要注意了，要适当保持距离。

由此我想到意大利的前任总理贝卢斯科尼，在那段时间里，中文媒体没有错过报道他的风流逸闻。拉丁人豪放性格，率性外向，而且中、意双方在界定一个人的行为是否得当方面，显然存在着很大的差距。

阿密特大概是与中国旅游团打交道多了，会说一些中文单词，譬如“垃圾”、“神经病”之类，本团成员中间有一位 76 岁女性，阿密特口中便经常“阿波（婆），阿波（婆）”地叫着。后来在行车旅途上如果有随身物品没摆放好从头顶上的储物柜中颠落下来，给阿密特听见了，他就会很夸张地大叫一声：“妈妈咪呀，阿波（婆）……”惹得全车大笑。

一次在行车中，导游用中文提到两个意大利男装品牌：阿玛尼和杰尼亚。阿密特在一旁听懂了是在介绍他们意大利的著名时装，就用意大利语插嘴与“赵导”唧唧咕咕地说了一通，然后旁若无人地在大巴疾驰中大呼一声：“Mama, I love you!”“赵导”大乐，然后告知全车乘客说，阿密特先生说，他用不着穿这些昂贵的意大利时尚男装，他说因为妈妈给他生了这么一副好的身材，他即使穿普通 T 恤和衬衫，也一样地好看和引人注目，为此他说他感谢自己的母亲，全车人大笑。

大巴载着欢笑，一路疾驰。

小雨一会儿就停了，太阳出来，把漫天碎乱的云彩统统镶上明亮的边缘，十分壮丽。公路两边全是美丽安静的田园风光，一望无尽，看得出全是机耕田，打理得就像高尔夫球场一样优雅和出众，沿途是丘陵地形，起伏不定，牛或者羊悠闲地埋首吃草和散步，静谧异常。

当天大巴从法兰克福开往巴黎，路途是 573 公里。中途休息几次。欧洲对驾驶巴士有严格的规定，司机每天工作不得超过 12 小时，8 小时开车出发，晚上 8 时必须收车。开长途时每开两小时必须休息 20 分钟，再开 2 小时必须休息半小时。每车有读卡器，几年数据记录在内。如果发现司机不遵守，处罚会很严厉。警察检查出司机违章，会处罚 1200 欧元。

在加油站吃中饭。一个大盘子，里面一根大的烤鸡腿，一小撮米饭，还有少许青豆。8.5 欧元，味道还行。

导游在途中提到昨晚那家酒店的电视内部节目，好像是 20 频道以后的就属于收费的成人频道，戏问有没有人悄悄去看？对此我好像是留意到的，但住宿须知上就明确告知了收费标准，没有尝试。接着又听见导游解释说，那些频道在你观看前面 5 分钟时是不收费的，到了 5 分钟，就开始收费，所以可以看 4 分半钟就调台，再看 4 分半钟，再调台……全车游客大呼：“你不早讲……”全车人大乐。

前两天每到一处加油站，我总会拿出便携式数码相机抱着一线希望到商店里去打听有没有出售“camera battery”，总是碰壁。后来到了巴黎的老佛爷百货公司和巴黎春天这样的顶级百货商店，居然我还是买不到相机电池，后来只好另买了一架便携式数码相机，那是后话。

下午两时半，大巴又进入了小雨区，此时临近巴黎，路上的车较多，行车速度也慢了下来。在欧洲各国，看见的多是两厢小车，经济实惠，停车也方便。像中国城市那样满目皆是加长车、SUV的情景，在欧洲基本就没有看见过。由此折射出欧洲人环保意识，在代步工具方面，他们早已越过了土豪那个阶段。

摩托车也多，让我这名资深motor骑手大感兴趣。尤其是在巴黎和罗马两个城市，人行道边上大排大排停放着机械单车，在高速公路上，摩托车高速行驶常常超越大巴和小车，是真正的公路王子。我的目光追随着那些快速驶去的背影，心想，至少是能够理解摩托文化和宽容摩托车存在的中国市长，才能够奢谈与现代文明接轨吧？

欧洲的高速公路大多数路段都是双向四车道，也就是单向两车道，一条行驶道，一条超速道。就那么简单。从法兰克福开往巴黎，大多数都是这种路况，很少看见沪宁高速双向8车道这样的豪华场面。

一路秩序井然。

乘大巴的十天时间里，我一共只听见阿密特先生按过两次喇叭。在其余时间里，即使是奔驰到120公里，也一概是寂静行车，表现出了优雅的绅士风度。第一次听见按喇叭是早上近8时从巴黎的森林酒店出来，在急拐弯的山间“S”道上，在猛打方向盘之前他轻轻鸣笛一响，为了警示对面可能出现的急弯会车，这是十分之必须的一声提醒。第二次是在意大利境内，一辆小车占据了超车道许久却又磨磨蹭蹭地开不快，让位于行车道上的阿密特先生很不爽，后来实在忍无可忍，他就按响了一下喇叭来抗议。在欧洲高速公路的超车道上，基本没有慢车来跑的，一旦超完车后，车辆会自觉驶回到行车道上，让快车去超车。在正常情况下一般不可能发生从行车道上超车的情况。那辆小车不按规则行驶，领到别人的“笛声警告”也是咎由自取。

进入巴黎后，雨又停了，当天此后也没有再下雨，对于初到巴黎的我们这支旅游团，这算是一个不小的青睐。导游根据交通的实际情况，对于旅游景点的参观顺序作了一些小小的调整。下午四时左右，大巴进入巴黎的腹心地区，沿着塞纳河行驶一会儿后，前往 Rue De La Gaté大街上的蒙巴纳斯大厦。

蒙巴纳斯大厦（Tour Montparnasse）是巴黎市最高的一幢摩天大楼，于 1973 年在热衷现代艺术的蓬皮杜总统支持下顺利竣工。大厦高 209 米。大楼地基内有 56 根钢筋水泥柱，部分柱子的直径达 3.5 米，所有地基柱一直深入到地层下 70 米处。大厦地下建筑有 4 层，地面建筑 59 层，其中 53 层全部是写字楼，在大楼里办公的工作人员有 5000 人。

我们一行乘电梯直达大厦的 56 楼，这是一层环楼的大通间，沿着四壁的玻璃窗，可以清晰地鸟瞰巴黎全市的城景，对于世界各地的游客们来说，这是一种何等有吸引力的诱惑啊。据说天气晴朗时，从顶楼的观景台可以一直远眺到四十公里外。

我们往东远眺，卢森堡公园。

南，圣皮埃尔教堂，蒙苏里公园。

西北，战神广场，艾菲尔铁塔。

北，波旁宫，协和广场，爱丽舍宫……

巴黎的市区看上去十分繁华和精致，我想了一下，觉得这两个词汇最适宜用来描绘美丽的花都——巴黎。我们在巴黎的三天内曾经数十次地途经各种咖啡馆，无论晴雨冷热，总看见室外的顾客拥挤地坐在室外的遮阳篷下，或倾心交谈，或静静地边茗咖啡边观察街景。一种闲逸的情调，暗香浮动，放射出品味生活的无穷精神魅力。

然后又陪太太徒步攀登到 59 楼的观景台，寒风凛冽，气温很低，与下面街道上的温差很大，判若两个世界。我俩不便多待，匆匆拍摄数张照片后就撤了下来。

大巴在暮色中重新启程开往西面的十五区，旅行团来到一家温州人经营的银河餐厅就餐，太太在与老板娘简短交谈中得知，她们已经是几代人在巴黎接力打拼，创建出餐厅目前的经营规模。

晚餐后，大巴又行驶了一个多小时，开往巴黎西南部远郊，前去位于比尔斯河畔伊薇特的雷斯霍姆布雷斯戈尼尔酒店（Residhome Bures La Guyonnerie）投宿。这家酒店深居森林之中，周围环境是一望无尽的绿色，完全配得上生态酒店的美誉。此处距离法国高等理工学院只有 3.9 公里，离凡尔赛宫也只有 11.4 公里。

酒店房间里设备齐全，有微波炉、冰箱、电磁炉、电热水壶和全套的餐具刀叉碟盆等，如果旅客希望自己料理餐饮，条件完全具备，具有宾至如归的亲切情调。不过我也发现几点不足之处，一个是浴缸的上方设有半扇玻璃门，其用意是防止淋浴时水花四溅，但是这扇玻璃门的宽度，达到了浴缸长度的一半，令浴客进出浴缸时略有不便，而且还有些提心吊胆，生怕脚下一滑身体失衡就会生生地像橄榄球队员那样猛烈地用肉身去撞碎这阔大的玻璃门玉石皆焚。二是那个法国淋浴龙头的拉杆在设计的时候不知道有没有神灵附体，或者是法国设计师的灵魂是否一度出窍？因为在使用时你很难顺利地调节花洒出水，我使尽伎俩，才让花洒开始工作，但是只要小小地一碰，花洒立刻断流，你就得满身肥皂沫再弯身与龙头的拉杆开始搏斗，最要命的是你自始至终不知道怎样控制它的出水规律，或上或下，全在偶然之间。由此我感叹道，尽管法国文化世界一流，备受尊崇，但是在一些日常产品的设计和理念上，德国佬还是要抢占上风。

人的因素，始终是第一位的。

法国人十分尊重文化，尊重知识分子，大巴驶过先贤祠的时候，导游介绍说，拿破仑曾经梦想自己百年之后入奉先贤祠，而不得入。先贤祠（le Pantheon）位于巴黎市中心塞纳河左岸的拉丁区，于 1791 年建成，是永久纪念法国历史名人的圣殿。大门正面，门楣上镌刻着几个大字，“伟大人物，祖国感恩”。先贤祠内安葬着伏尔泰、卢梭、维克多·雨果、爱弥尔·左拉、马塞兰·贝托洛、让·饶勒斯、柏辽兹、安德烈·马尔罗、居里夫妇和大仲马等。至今，共有 72 位对法兰西做出非凡贡献的人享有这一殊荣，其中仅有 11 位是政治家。先贤祠的所有入葬者都经过了长期的历史检验，伟人们逝世几十年，甚至上百年后才迁葬进来。而在大革命中匆匆入葬的革命先驱如米拉波和马拉，终于经不住历史检验又被迁往他处安身。后来一天，大巴驶过巴黎荣军院，导游介绍说，不可一世的拿破仑最后就葬在此处。

我想，如果现在中国建立一座先贤祠，又有哪些故人有资格入内供奉呢……

2013年11月10日　周日　阵雨/晴天

早餐不错，尝到喷香松脆的羊角面包和巧克力面包，达到点心大师制作的工艺水平和水准。法国的牛奶和白煮鸡蛋味道很诱人，让来自中国的游客有点不习惯，中国的牛奶完全不是这样的味道，大概是供应商忘记掺入大量白水和三聚氰胺了是不是？有没有搞错？哈哈。

欧洲的11月份，早晚温差大。

乍一见到凡尔赛宫的时候，身心受到震惊，没想到这座宫殿具有如此宏大的规模和这等金碧辉煌的外观。来法国后的这一路上，“赵导”一直在讲述路易十四国王的故事，此君的作为不凡，手段委实厉害。

在前广场排队等待入内，这时候淅淅沥沥下起了小雨。游客们有伞撑伞，没伞则翻出连衣帽兜戴上。前面一群游客的年龄参差不齐，看模样是来自东欧的家庭成员，女士和孩子们早早地戴上了帽子，两位男子个子很高，看上去像是父子，手按伞柄坚持不撑，后来时间长了雨点也大了，俩男子也只好放弃绅士风度举伞避雨。我想欧洲游客来巴黎观光一定很容易，大概就跟我们南京人开车去上海和杭州一样拔腿就走。

每位游客领到一只手机模样的语音播放器，“赵导”事先就叮嘱大家，凡尔赛宫的每个房间都有编号，游客只要在语音播放器上按下相应的号码，就可以收听介绍本房间内容的语音。于是，无论是在凡尔赛宫、卢浮宫或者新天鹅堡，你都可以看见如下场景：游客接踵摩肩，黑压压的满满一屋子，但是听不到任何喧哗声和导游介绍的语音，每个人都保持着“打手机”的姿势，专心致志地收听语音介绍，只有照相机的快门声音不时打破眼前的寂静。

凡尔赛宫由法式花园、宏伟宫殿、庄严城堡和镜厅组成。宫殿和城堡的内部，五百多间大小殿厅错落有致，装修得富丽堂皇。五彩的大理石墙壁光彩夺目；巨型的水晶灯恍如星光瀑布般倾泻而下。镜厅（Galerie des glaces）又称镜廊，西临花园，是凡尔赛宫最著名的大厅，由敞廊改建而成。长 73 米，高 12.3 米，宽 10.5 米，一面是朝向花园的 17 扇巨大拱形落地玻璃窗，另一面镶嵌着与拱形窗对称的 17 面镜子，这些镜子由 483 块镜子组成巨大镜面。镜廊拱形天花板上是伦勃兰的巨幅油画，挥洒淋漓，气势横溢，展现一幅幅风起云涌的历史画面。厅内是细木雕花地板，墙壁以淡紫色和白色大理石贴面装饰，柱子为绿色大理石。柱头、柱脚和护壁均为黄铜镀金，装饰图案的主题是展开双翼的太阳，表示对路易十四的崇敬。天花板上布满歌颂太阳王功德的油画，由上而下垂下来 24 具巨大的波希米亚水晶吊灯。大厅东面中央是通往国王寝宫的四扇大门。路易十四时代，镜廊中的家具以及花木盆景装饰也都是纯银打造，在这里经常举行盛大的化妆舞会。

宫殿以西是一座修葺整齐的法式公园，公园绵延长达 3 公里，花园里景色秀美，一花一草，一水一池都让人惊叹。公园内部有许多精美雕像，平时都用防雨材料包裹起来悉心保护。由于时间关系，我们来不及前往公园参观，只好立在宫殿的高台上浮光掠影地拍了一些照片以便注明我们曾经是来此一游。

上午小雨虽然停了，但是天一直阴沉沉的，11 时我们返回大巴车的时候，遇上了雨神今天猛然出手的收官之作，一场大雨突如其来袭击了我们。转瞬之间，就在大巴车开出凡尔赛宫停车场之前，已经云散雾开，阳光明媚了。此后的法国之旅就一直沐浴在灿烂阳光之下了。

大巴车重返巴黎闹市区，由于时间尚早，“赵导”在征得大家同意后临时调整计划，决定先去乘坐塞纳河上的游船，再去吃中饭。12 时 15 分游船开出码头，其路线是先逆水往东上行，开出约 20 来分钟后折回，掉转船首朝西顺水下行，约 40 分钟后再折回上行，最后停靠原码头。总历时约一小时零十分钟左右。游船有两层甲板，上面一层是开放式甲板，由于天气寒冷而不让游客上去。下面一层是全玻璃封闭式甲板，配有暖气和空调，让游客无论在何种天气都能将河边两岸的美景尽收眼底。

塞纳河（La Seine）是法国第二大河，由东往西流经巴黎。法国人依据河水的流向将塞纳河北岸称作右岸，南岸称为左岸。右岸逐渐发展形成巴黎的政治中心和主要商业区，有国际广场、巴士底广场、卢浮宫、协和广场、爱丽舍宫、戴高乐广场等名胜。向塞纳河右岸望去，在巴士底狱广场和协和广场之间，是巴黎市政府的所在地。乘船沿塞纳河往西，可达河右岸的卢浮宫。游船徐徐前进，一座又一座漂亮的大桥不时从头顶掠过，每座桥栏上都雕刻有精美的人物塑像，巴黎的桥梁十分有名，全市计有35 座大小桥梁，规模及建筑风格大相径庭。由于塞纳河将巴黎分成两半，南北之间只靠桥梁沟通，桥在巴黎人生活中的重要作用显而易见。许多桥的命名与历史上的重大事件有关，也有一些桥的名字取之于著名人物，如游船穿过协和广场南边后，就来到了著名的亚历山大三世桥。沙皇亚历山大三世曾与法国签订法俄联盟协定，献建此桥以志纪念。此桥长 107 米，在南北两端的桥墩上竖立着 4 座桥塔。塔顶上各有一座腾空而起的青铜镏金飞马塑像。亚历山大三世桥让左岸的残废军人院和右岸的大小皇宫相连，集中体现一大批 19 世纪华丽建筑物的时代风格。

塞纳河左岸一向有“法国文化摇篮”之称，是艺术家和文化人的精神家园。此处集中了咖啡馆、书店、画廊、美术馆、博物馆、酒吧和啤酒馆，是一片文化圣地，充满文艺气息。左岸的拉丁区是法国最大的大学区，著名的巴黎大学就坐落于此。各大媒体、多数研究机构和政府机关都设在左岸，还有数不清的画廊、放映老片子的小电影院以及塞纳河边星星点点的大学教学楼。无怪乎人们诙谐地称巴黎是“右岸用钱，左岸用脑”。左岸蒙巴纳斯地区的“圆顶”咖啡馆是巴黎最大的咖啡馆，知识分子和艺术家云集，存在主义大师萨特当年和他的女友西蒙娜.德.波伏娃几乎天天来这儿“报到”，以至于服务员每天首先向他们递上的不是菜单而是一大摞信件——读者已经把这里当作和他们联系的通讯地址了。左岸有很多咖啡馆的老板在一些座位后面钉上木牌，上面写有某个名闻全球的作家名字以示这里曾是他的专座，这样的特色比比皆是。

塞纳河沿岸声名显赫的古迹众多，迷人，温柔而且富有诗意。两岸的华美建筑流光溢彩，霓幻无穷，令人目不暇接。塞纳河游船上共有三种语言解说，分别是法语、英语和汉语。满满一船来自世界各地的游客忘情地游览两岸风光，面对面地欣赏林林总总的名胜古迹，在一片不间断的赞美声里，法国的文化大国阵容众人可窥一斑。

午饭后，大巴首先驶向戴高乐广场参观凯旋门。“赵导”承诺今天在一天之内要带我们看遍巴黎的三座凯旋门。位于巴黎戴高乐广场中央、香榭丽舍大街西端的雄狮凯旋门(法语:L ‘arc de Triomphe de L ‘Toile))是世界上最负盛名也是最大的一座凯旋门。

雄狮凯旋门是拿破仑为纪念1805年打败俄奥联军的胜利于1806年下令修建，1836年竣工，体现出罗马帝国的雄伟庄严的建筑风格。凯旋门高49.54米，宽44.82米，厚22.21米，中心拱门高36.6米，宽14.6米。在凯旋门两边门墩的墙面上，有4组以战争为题材的大型精美浮雕：“出征”、“胜利”、“和平”和“抵抗”，其中有些人物雕塑高达五六米。凯旋门的四周都有门，门内记录着跟随拿破仑远征的386名将军和96场胜战的名字，门上还刻有1792年至1815年间的法国战史。巴黎市区12条大街都以凯旋门为中心，向四周放射，每条道路都有40～80米宽，气势磅礴，为欧洲大城市的设计典范。

在雄狮凯旋门下，“赵导”遥指位于巴黎市的西北部、巴黎城市主轴线西端的巴黎拉德芳斯（la Defense）金融商业区中心的新凯旋门（La Grande Arche），告诉我们说那是一座划时代的标志性建筑。这座宏伟的巨形拱门高度110米，深度112米，横跨度108米，体量是雄狮凯旋门的数倍。新凯旋门就好像是一扇通往巴黎城的永远敞开的大门。我远远地给新凯旋门拍了一张照片，留个纪念。

前往凯旋门须从地道里穿行，拍照后我们又匆匆地沿着原路折回。巴黎建筑物的精美塑像实在是多不胜看，造型隽永，人物秀美。在凯旋门的一侧排放着几排椅子，据导游说，第二天11月11日是一战停战纪念日，这里按惯例会开展大型的纪念活动，以纪念1918年法国从德国手里收回阿尔萨斯（ALSACE）和洛林（LA LORAINE）地区。

大巴徐徐沿着香榭丽舍大街往东开去，大街宽100米左右，长约2.5公里，大街西段是繁华的高档商业区，名店林立，游人如织。导游不停地提醒大家一会儿往左看，一会儿又往右看，忙个不停。大街东段则以自然风光为主，两侧是平坦的草坪，恬静安宁。大道被两排高大浓密的法国梧桐树遮盖。为迎接圣诞节的到来，东段临时性的商业用房已经排列到位。久闻这条大街的芳名，如今一睹芳容，心意满足矣。

我们在卢浮宫附近下车，沿着负二层地下商场的宽大走廊，步行一段路程来到了金字塔入口处的下方集合。“赵导”给大家分发了卢浮宫的中文导游图，讲述了几处重要参观内容的位置和路线，大家就开始分散活动，各去自己向往之处。

我们快速前往0楼（对于中国人来说，这是个很有意思的欧洲楼层标示符号，意思是指地面1楼。而欧洲人所说的1楼，其实是中国人概念中的2楼，依次类推）的德农馆（Denon）和叙利（Sully）馆，急匆匆地寻找米罗的维纳斯塑像，沿途经过了许多古代伊特鲁里亚、古罗马、古希腊的建筑物件，如巨柱、金字塔巨石，门楼等等，触目惊心地体会到了历史的沧桑感。米罗的维纳斯塑像的背景是一片赭红色的大理石，反衬出维纳斯塑像的皎洁与宁静。

紧接着我们上到1楼（也就是中国人称之为2楼）的德农馆（Denon）去拜见尊贵的“蒙娜丽莎”夫人。在这层楼上，几乎所有通道的墙壁上都张贴着小幅的“蒙娜丽莎”图片，下面是一个箭头坐标，由此可见每天来瞻仰这位夫人画像的世界各地游客数量是何其之多，而问讯量又是何等之大。

看完了卢浮宫的几件镇馆之宝，在有限的两个小时里，我陪太太观赏了无数雕塑，油画，古代珍存……但是这只是这座艺术宝库中的一个微不足道的零头。卢浮宫的建筑物占地4.8公顷，拥有的艺术收藏达3.5万件，如果我只是每样匆匆瞄上一眼，估计也得花上十天半个月。在欣赏文艺复兴时期的大量精美画作和雕塑时，我于眼花缭乱之余想到，也许意大利这个民族现在比起法、德、瑞等其他欧洲民族来说从表面现象来看有些不足之处：如散漫，慵懒，进取心不强等，但是意大利民族的特质和天分却毫不逊色，因为他们有足够伟大的文化资本来名列世界文化的第一阵营。文艺复兴时期这个伟大民族产生了数不清的大师、巨匠和天才人物，说是以意大利的文化光辉为主照亮了当时黑暗的中世纪一点也不为过。

在返回集合地点的时候，发生了一个小小插曲。我陪太太边浏览边拍照，渐渐从二楼退回到一楼，眼看离约定集合只有10分钟了，我却怎么也找不到直接下到负一楼的电梯和楼梯了。我拿起导游图询问服务台的一位法国小姐：“How do we get here, please?”金发碧眼的法国小姐立刻就明白了我们的意思，她连比划带解释地说了一通，服务态度很好，但是我一听就更迷糊了，原来她让我们重新上到二楼去，然后走上一大段路，到达某座专用电梯，再前往我们的目的地。我问她，我现在人在一楼，难道就没有直接下到负一楼的电梯？她摇摇头。那么步行楼梯呢？她又坚定地摇摇头。她怕我还不明白她的意思，便打开随身的坤包，取出一支铅笔，在我的导游图上直接画了一条路线。我苦笑了，连忙谢过她，拉起太太就跑，先攀上二楼楼梯，再沿着走廊疾走。我太自以为是了，我想当然地以为一楼离负一楼更近些，而在卢浮宫里偏偏就不是这样，这就是事实。

旅游团的全体人员集合之后上到了地面，在拿破仑庭院的卢浮宫入口处，以贝聿铭先生设计的 21 米高的玻璃金字塔为背景合影留念。

就在这时，我们一眼看见了巴黎的第三座凯旋门，也就是位于卢浮宫西北面的杜乐丽花园入口的“卡尔赛门”（l'Arc du Carrousel）。红、白大理石圆柱之间是三个圆拱门，装饰奢华。门顶端的四匹骏马是从意大利圣马可教堂搬来的镀金奔马。原物已于 1815 年归还给意大利，现在用的是复制品。青铜战马旁是镀金的和平与胜利女神。这座小凯旋门是为了庆祝拿破仑 1805 年的一系列战争胜利而建造。

在暮色中，导游领着一队人马步行前往卢浮宫北面，去附近的犹太人开设的免税店购物，店里面的营业员一水儿是华人女性，说着很好的普通话，沟通全无障碍。后来我在巴黎老佛爷的许多柜台前，多遇见的是华人女性营业员，就好像在南京新街口购物一样亲切自然随意，由此体现出法国资本家群体与时俱进地对于华人购物群体和对于人民币的由衷尊重。

去免税店的道路，要通过一幢大厦的腹部，也就是说，来去的两条交通要道，同时从一幢大厦的“要害部分”穿插而过。只看见来去的车辆如穿梭一般高速在大厦的肚子里开来开去，倒是一番罕见的城市奇观。

从免税店出来后，我有时间站立在街角上观察街景，红绿灯明灭，长大的公交车恍似是中药房的窄细长抽屉，呼呼地向大厦腰间的方形窟窿里面快速填塞进去，就好像是被精力过于旺盛的中药房年轻伙计猛推了一把似的。巴黎的摩托车数量多，排量大，速度快，车手们英姿潇洒。法国人的衣着在世界上最讲究也最合体，天晚较凉。来往行人多身着一件衬衫，外面罩一件薄羽绒衫，简单实用。一名肤色较暗的北非裔的小伙子立在街角人行道中间摆摊，下面一个炉子，上面支一块铁板烤板栗，时常有行人停下脚步递钱给他，于是他很敬业地一五一十数出板栗放在小纸包里交给对方，啊哈，原来还是按个数出售。不远处停着一辆铃木摩托车，似乎是载他的交通工具。他很机灵地不停四处张望，我也一直没有看见警察出面来驱赶他走开。

吃晚饭的地点就在埃菲尔铁塔的旁边，也是一家华人餐馆，由于旅游团队多，我们不得不在门外排了一会儿队。晚餐后出来，正碰上晚 7 时整，通体被黄色灯光照亮的埃菲尔铁塔上的两万个特制白色灯泡突然启动了，以每分钟闪烁 27 次的频率，有规律地闪动了 5 分钟钻石光彩，眼前顿时一片流光溢彩，让我们赞叹不已。游客们一起大乐开怀。

当晚还是返回到位于比尔斯河畔伊薇特的雷斯霍姆布雷斯戈尼尔酒店住宿，这也是我们此次欧洲游当中唯一住过两晚的一家酒店。森林环绕之中，新鲜空气无与伦比。啊，梦断巴黎。

2013 年 11 月 11 日　周一　少云

风和日丽，天高云淡，极佳天气，谢谢巴黎。

早餐后，大巴开至协和广场自由活动和拍照。下车伊始，忽见四周交通管制，“大小文武官员军民人等齐闪开”，然后就看见一支戎装马队的前锋滴滴答答地开进了广场。数百名骑士们个个身着拿破仑时代的骑兵军服，手持闪亮的马刀，威风凛凛地策马前行，马队将通过香榭丽舍大街前往凯旋门去参加一战停战纪念日的纪念活动。

导游大呼：啊哈，我们的运气太好了！差一点就被堵在广场外面进不来了。大家遂一拥而上，分散排列在协和广场上离骑兵仪仗队的路线只有一两米远的地方，频频按动手中的相机。马匹几乎清一色是黄色，些许有几匹马深黄色接近黑色，战马高贵威猛，气势不凡。骑兵头戴镀银战盔，上垂红缨，头盔还往后面拖出长及腰际的黑色垂发，不知道是不是用黑马尾做成的，反正像极了女士常见发型中的“马尾巴”，英姿飒爽，神气得要命。骑兵们上穿深色军服，白色武装带，白色长手套，穗带和肩章金黄色。下穿白色军裤，及膝长靴，马鞍上覆盖着黑底红边的马毡，色彩艳丽，令人眼花缭乱。这一支骑兵仪仗队仿佛就是从两百多年前拿破仑征服欧洲的大军中穿越时空脱颖而出直接来到我们面前，让来自古老东方的我们大开眼界，赞不绝口。

骑兵们目不斜视，右手端持锃亮的军刀，排成整齐的两列长队，徐徐前行。他们也许习惯了来自外界的这种崇敬和赞赏的目光，脸上体现出法国军队光荣的军威。马蹄嗒嗒，法兰西的气派和体面此刻就浓缩在一支戎装马队的威严巡行中。

拿破仑时代的马队渐渐远行，四周的车辆又开始恢复交通，恍若隔世的游客们重新回到21世纪来，集中在广场南边的海神喷泉（la fontaine des mers）附近拍照。这座喷泉建于1835至1840年之间，是一座三层喷水池，喷水池上有6条精美的青铜雕美人鱼，手中各抱一条鱼，从鱼嘴中喷出几米高的水柱，水花飞溅，宛若飘纱。三仙子是海洋中的珍珠仙子、贝壳仙子和珊瑚仙子，主神是男性的大西洋海神。

广场正中心矗立着一座有3400多年历史的埃及方尖碑，高23米，成为我们目光的凝聚焦点。这座碑是1831年由埃及总督穆罕默德•阿里（Muhammad Ali）赠送给法国的，方尖碑上纵向刻有三行古埃及象形文字，记述了拉美西斯二世及拉美西斯三世法老的故事。这座碑原置于埃及卢克索的底比斯神庙的大门外，当初运输这块230吨重由一块完整的巨形玫瑰色花岗岩雕琢而成的方尖碑，可谓是大费周折，经历了两年半的海上航行之后于1836年十月运抵法国，立在了协和广场上。

协和广场上是石块铺地，导游提醒说，巴黎的多数广场和道路当初在建造路面的时候，为求质量上乘，不是把石块平铺在路面上，而是打桩式地把一根根石柱垂直地打进地面深处。我闻讯不免心头一惊，这是什么样的质量意识啊？这才是真正的打万年桩工程呀！

大巴随后往北驶往奥斯曼大道，在巴黎老佛爷百货公司侧门的街道上停下，游客下车，聚在门前等候商店开门。在开门前的短短半小时内，大约有6辆大巴相继在这里下客，清一色是东方面孔，听语音几乎全是中国游客。于是形成了数百名中国游客——此时转变身份成为中国顾客——板等法国百货公司开门的壮观景象，我一时不禁为之震惊。

当天，我们夫妇在二楼的LV柜台和一楼的Furla柜台各买了一只女式包。当那只标价630欧元的非皮质的轻飘飘的LV坤包拿到手上的时候，太太坚持要现场再和南京的女儿联系一下确认我们没有买错东西，才肯付款取货。品牌此时显示出了攫夺消费者钱包的强硬姿态和高超技艺。我在这家世界上最大规模之一的法国百货公司购物的第二大感受是，许多大品牌店的营业员都是中国人，交流十分顺畅，购销两旺，法国资本家为中国消费者考虑得是多么细心、完善和到位呀。Furla柜台三位营业员全是中国人，太太买的那只意大利产的真皮女包是今年新款，也要535欧元。后来又购两只钱夹和一盒兰蔻香水准备回去送人。

按照LV柜台的售货小姐中国女孩蒙蒙小姐的指点，我们随后在老佛爷百货公司背后的一条街上步行约十分钟，找到一家SNAC商场，有售数码产品。可惜规模不大，没能买到便携式相机的电池。当机立断就索性又买了一架佳能便携式相机，彻底解决了另一架相机忘带电池无法拍照的问题，我的心理顿时变得轻松起来。

买相机时，还没付款，售货女士就把相机直接交到我的手上，笑嘻嘻地告诉我：“Belong to you. ”然后转身告别走了，留下我们拿着相机继续在偌大商场里面边逛边看。我开心地笑了，当然，相机的包装盒上还附有一个十字型的锁带装置，这个装置只有收款员用特殊装置才取得下来，如果有什么顾客“忘记付款了”自行走出商场，在各个出口会引起监控的注意。

如果不是这样，那还得了？导游此前一再地提醒我们，巴黎的治安情况远不如她的宏伟壮观和美丽精致看起来那么好，甚至可以说是比较糟糕。很长时间以来，巴黎针对游客的偷窃、抢夺、侵害案件时有发生，好像是警方的破案率也不高，听起来有点儿“正不压邪”的意味，所以我们处处留意，步步小心。

下午三时，全团集中，满载而归。大巴一路开出城，向东南方向驶去，再见，美丽的巴黎。再见，法兰西的心脏。再见，世界花都。

在离开巴黎的时候，我终于明白了，为什么小学时读书看见托尔斯泰笔下的当时俄国上流社会人士都以讲法语为荣，在当时的俄国宫廷里面甚至提倡贵族们互相用法语来交流，那是法兰西文化灿烂发达和文明先进的一种体现，世人皆想携子之手，与子同行。

大巴一路疾驰，透过阔大的车窗玻璃，我看见沿路的指示牌上写着前方通往“第戎”，“里昂”，还有瑞士的“巴塞尔”。这些地名以前在书报上见过，而今就成了位于前方的一处处具体地方在等待我们光临，心里不免有一种新鲜感。

本次我们夫妇的欧洲游，实际上是西欧游，而且局限于西欧的中南部游。前半段路线从德国到法国再到瑞士，在地图上看来其路线犹如是一个大大的“<”，是一个长距离的折冲。而后半段路线如同是“<”的下端夸张地向东南方向（也就是地图上的右下方）长长地拖延出去很远，就像是一位书法家意犹未尽地在写“来”字的最后那一撇，迟迟不肯止笔，笔锋直扫威尼斯和罗马。

一再地休息过几次，在路边的休息区吃过晚饭以后，大巴一路长驱直入，前往第戎。“赵导”说，第戎是教育重镇，由于巴黎的生活指数较高，许多学生会转来第戎求学，第戎大学又名勃艮第大学（Université de Bourgogne，简称 UB），最早建立于 14 世纪，现有在校学生 3 万人左右，在各地设有分校。第戎是满载文化遗产的一座艺术城，是一座世界闻名的美食重镇，又是法国东部的一个商业中心，更是闻名全球的勃艮第葡萄酒产区的集散中心。

“赵导”说，我们今晚入住的夏龙索恩河畔酒店到了晚上九时以后就没有工作人员在岗了，也就是说，凡到了晚上九时，值班人员就整点锁门下班了。如果定房的客人或团队到了晚上九时还没有到达酒店，那么酒店就会提前发送出两组密码到客人手机，先告知开启酒店大门的密码，客人进入酒店后，再凭第二组密码打开酒店服务台的保险柜，取到自己的房门钥匙。由于我们的大巴开得既快又稳，我们于晚上八时许就到达了酒店附近的停车场，导游也得以与酒店服务台人员面对面交流和办理手续，避免了“隔空喊话”。

2013 年 11 月 12 日　周二　晴

早餐时下楼，前一个华人旅游团正占据着餐室，便在室外溜达着等待。轮到我们团进餐的时候，发现餐室只有三十个座位，而我们团有 45 人，加上司机和导游有 47 人，僧多座少，加上早餐各种供应结结巴巴时有时无，大家面面相觑，表示遗憾。本次西欧之旅，若论早餐伙食，德瑞最好，法意其次。最后一天在罗马酒店的早餐，众望所归地被评为最差劲。说来也是，我们来到意大利本意是来瞻仰她的伟大历史和文化，而不是奢望优雅女神系上围裙变身为老妈子来伺候一帮嘈杂的游客。

上午大巴启程，在第戎火车站兜了一个圈子就直奔瑞士而去。今天阳光灿烂，在山路上有一阵子曾驶入大雾区，然后又是晴空万里。绿地、牛羊和蓝天白云，是窗外恒久不变的绝色风景。

途中，大巴在类似于一个休息区的地方停下，司机下车去关口申报入境手续，原来这里就是法瑞边界。瑞士不是欧盟的 28 个成员国之一，一直奉行中立化政策。现在一大帮东方人来到人家的家门口，不打招呼就直闯进去，总归是不礼貌吧。我们看见很多来来去去的小车不做稍许停留，长驱直入瑞士和法国，明白这里的本地人通行还是非常方便。

导游在介绍瑞士的时候，不由自主地使用了多个“非常厉害”词汇，表示出瑞士的非同一般。瑞士自 1815 年后从未卷入过国际战争，也就是近两百年来未受到过国际战争创伤。许多国际性组织的总部都设在瑞士。瑞士成为许多跨国公司总部所在地后，多种国际会议都在瑞士召开，国际奥委会总部也设在瑞士洛桑。世界经济论坛发布的全球竞争力报告显示，瑞士由于拥有发达的金融产业成为了世界上竞争力最强的国家之一。服务业在瑞士经济中也占有重要的地位。瑞士是全球最富裕、经济最发达和生活水准最高的国家之一，人均年收入 8 万美金，人均财富雄踞全球第一，瑞士人民有很高的生活水平和丰厚的福利保障。按照国际汇率计算，瑞士是世界排名第十九的经济体。这里的旅游资源丰富，拥有世界公园的美誉。

中午在休息区用餐。下午三时，抵达了瑞士的琉森市。远远地就望见连绵不断的雪山逶迤在天边，山势高大俊美，积雪覆盖，宁静如画。我意识到，我们正在进入一片梦中仙境。太太今天穿上了羽绒外套，这真是明智之举，接近雪山，气温渐低。

瑞士是一个多山内陆国，山清水秀。其森林面积达 1.25 万平方公里，占全国面积的 30.3%。再加上农业等绿地面积和湖泊，绿化总面积达到国土的一半，秀色可餐，令人倾慕。

进得琉森市区，第一站就去参观琉森的“城市徽章”——狮子纪念碑。狮子纪念碑的主体是一头雕刻在岩石浅穴里的垂死雄狮，长 10 米、高 3 米多的雄狮痛苦而哀伤地倒在地上，折断的长矛插在肩头，旁边有一个带有瑞士国徽的盾牌。这座雕像是为了纪念 1792 年 8 月 10 日在保护巴黎杜乐丽宫（Tuileries）中的路易十六家族安全而全部战死的 786 名瑞士雇佣兵，雕像下方有文字描述了此事件的经过。濒死的琉森狮子是世界最有名的雕像之一，当年，瑞士是一个贫穷落后的国家，男子迫于生计纷纷到欧洲各国当雇佣兵。瑞士雇佣兵忠于雇主，英勇善战，但这次事件之后，瑞士停止出口雇佣兵，仅留下在梵蒂冈为天主教廷服务的近卫军。

离开狮子纪念碑，导游安排就近购物。周围商店林立，琉森的特产是瑞士钟表，高级珠宝，巧克力，军刀，手工精制的花边及刺绣品。导游介绍说还有一种叫做“钢肥皂”的产品，据说是纳米技术做成，虽是不锈钢金属制品，依靠先进的生物化学催化反应，利用水、空气和皮肤的相互作用将异味的物质彻底分解，可缓解或去除蒜臭、鱼腥、烟草、汽油等难以去除的异味。太太先后在这里选购了瑞士军刀和各种巧克力，此地物价虽高，但是我们相信货品的真实与地道，银子花得虽多但质量无疑是有保障的。在这里，我们又见识了针对华人的销售大阵仗，走街串巷到处见到中国小姐在柜台上张罗营销事务，在市中心各大商店门口也有巨大中文店招，标示出瑞士名表的一连串芳名。

我们离开商店，利用购物剩余的时间快走一小段路，就来到惊人美丽的琉森湖畔，与数十只天鹅们来了个零距离接触。湖里有十来只天鹅翩翩游动，岸上有六七只大白天鹅在游人附近徘徊走动，举手投足很有亲和力，表现出了对人类“一视同仁”的豁达理念，不打算歧视我们这些笨拙到不会飞翔的灵长类动物。太太和我先后拿出面包来喂天鹅，但是鹅不畏人，人却畏鹅。鹅嘴未到，面包早已经吓得抛洒在空中了，惹得四周的鸽子和海鸥一起飞来争抢食物，游客见了大笑开怀。

湖水之清澈，目前在中国的自然界中已很少见，看上去完全与我家瓶中的纯净水相仿佛，望湖底望去，能清晰地看到水下几米深的石块纹路，不禁惊叹此处环境生态之美好。琉森湖面有 114 平方公里，长 39 公里，最宽处 3 公里，最深 214 米。湖面开阔，湖岸线蜿蜒曲折。湖岸边多是海拔 1500 米左右的峭壁和山峰，打造出许多超级美丽的风景。

此后是分散自由活动时间，我陪太太先来到近处的一处著名古建筑——横跨在罗伊斯河上的木结构的卡贝尔廊桥和桥边的八角型水塔。廊桥长约 200 米，建于 1333 年，是欧洲最古老的有顶木桥，当时建造该桥的目的是为了保护城镇抵御外来攻击，水塔则是监视外敌入侵的哨所，里面有战利品的保管室和审讯室。廊桥檐下的木梁上共有 110 幅三角形彩绘，描述了瑞士联邦和琉森的历史及守护琉森的圣人的一生。廊桥和八角型水塔是琉森乃至瑞士的标志性建筑，迄今近七百年历史，整座桥却像新建的一样结实牢固和美观。我们在桥上走过去，又走回来，两边的建筑物美丽精致，忍不住一口气拍了不少照片。

在 8 世纪建城的这座琉森古城中，中世纪的教堂、塔楼，文艺复兴时期的宫厅、邸宅以及长街古巷、百年老店，比比皆是。市内到处是文艺复兴时期及巴罗克式的建筑物及喷水池，广场均以鹅卵石铺砌，人字形的小屋都涂上鲜艳色彩，景色令人神往，琉森在历史上曾为瑞士首都，现为瑞士第六大城，名列全球最被游客青睐的城市第六名。托尔斯泰曾在琉森生活并写出了名篇《琉森》，歌德长期在琉森生活和写作，雨果多次到过琉森，音乐家瓦格纳在此完成了他的几部传世之作，其湖边别墅已改作博物馆。琉森得到了很多艺术家的赞美，大仲马、尼采等来到琉森后均是赞不绝口。

夜色渐暗，华灯初上。我们流连在繁华的街头，沉浸在异国他乡的浓郁情调中。路过一个公交车站时，我看见一辆辆停靠的 225 路公交车车身很长，前后四个门，乘客上下因此极为方便，不禁首肯。又看见在琉森闹市区，只要条件允许，公路上每个方向就会有两条自行车道，一条位于公路最右侧，这很好理解，还有一条位于两条同向的快车道的中间，这就有点匪夷所思了。我看见地面上黄线画出具体车道，还有自行车的标示，也拍下了自行车骑手夹在两路疾行的轿车中间在自己的自行车专用“超车道”上飞驰的身影。当地政策鼓励市民骑自行车并处处优惠设计路线，用意昭然若揭。

当晚入住琉森的城市酒店，各个房间的钥匙均挂在一把红色的瑞士军刀上面，拿到手里，人人莞尔一笑。不知道当年歌德入住的时候是否房门钥匙上也悬挂着一把玲珑剔透的瑞士军刀？当晚的住宿条件不错，枕头很松软。

2013 年 11 月 13 日　周三　多云

早餐，除了前几天都有的面包牛奶肉片鸡蛋而外，还有德式烤肠、炒鸡蛋和苹果供应。

在餐厅与太太相对而坐，透过太太背后的阔大落地窗户望去，宁静的小镇干干净净，悄无声息，远方的天际线被巨大的雪山山脊凛冽地分割开来，山势俊美，白雪皑皑，刹那间真有一种出神入仙的美妙感觉俘虏了我，那种视觉上的华丽与飘逸，长驱直入内心世界，一举洗净了此前人生的万般劳累。我惊叹道：此景只应天上有，人间能有几会见？

赶忙推盘落盏，抓紧时间与太太一同出门去拍照片。街上几乎空无一人。我们走了大约 5 分钟，就来到了琉森湖边。湖面一望无际，清澈见底，湖边的气温很低，我想这大约是湖水皆为雪水融化的缘故吧。我们在 Brunner 的码头附近拍了几张照片，几只早起的天鹅自在地在湖边游荡，完全不搭理我们。我当时只穿着衬衫和外套，冷得很，手冻得生痛，急忙回撤。在回酒店的路上，看见一条小河里面泊满私人游艇，首尾相连，一条接着一条，游艇上面严严实实覆盖着罩布。上面还有瓦楞板的雨棚遮挡，讲究一点的主人还把游艇升出水面一米多高精心存放，完全避免了风吹浪打的影响。

回酒店后，我穿上羊毛衫和羽绒背心，全副武装起来。

大巴再次出发，开了半个多小时，来到了皮拉图斯雪山下面的缆车站，旅游团分乘 4 人的小缆车，经过两段路程运输，到达高处的大缆车平台。然后每 40 个人一组乘坐大缆车登顶。全程约需半个小时左右。

缆车在如诗如画的草坪、田园、房屋上方徐徐升空，很快就进入了雪线以上，周围的树木全披上了厚厚的白雪。不久就进入云层中间。四周什么也看不见，当时我还有点儿担心，登顶雪山，如果视野不佳，就会大大影响观赏效果。在云层中间行进了约 20 分钟，大缆车穿行到了云层上方，那一会儿阳光灿烂，极目万里，连绵雪山横亘在眼前，游客的兴奋劲儿可想而知。

大缆车沿着几乎是 45 度的陡峭斜角上行，有那么两次，缆车在快速运行中眼看着就不可避免地要猛撞上坚固的山体了，全车乘客不由地一起失声惊叫起来。当然，后来一定、一定会化险为夷，只见缆车恰到好处地冲进山体中预先开出的缺口，一路无恙地继续上行，让乘客们松一口气，体验到虎口脱险的一阵阵余悸。

缆车停靠在海拔 2132 米的 Kulm 站口。走上台阶，便进入了皮拉图斯山峰顶峰的宽敞观景大厅，此地有多功能厅，数家餐厅，两家酒店，纪念品商店，室内观景长廊，观景台和名为“龙之论坛”的设备完善的会议大厅。还有一条长长的隧道叫做“龙道”。中世纪流传着皮拉图斯山上有龙的故事，据说 1421 年夏，有一条巨龙飞向皮拉图斯山。1499 年 5 月 26 日的早晨，一条无翅巨龙在琉森城里罗伊斯河的磨房桥附近跃出水面。很多受过良好教育的受尊敬的琉森市民声称亲眼所见这个现象并载入了琉森的地方志。

大厅里空调开得很足，温暖如春，一旦走出大厅来到室外观景大露台上，就立刻掉进冰窟中间。地面上的冰雪冻得结结实实，行走时稍不留神就可能滑倒。寒风吹来，冷得我们这些来自纬度较低地区的游客缩首缩脚。

太太坚持要步行上山，要沿着一条弯弯曲曲的布满冰雪的栈道攀上约有 10 层楼高的顶峰。我再三劝说她为了安全就不要登上去了，但是拗不过太太执意攀顶的意愿，只好抖擞精神，脚下一溜一滑地陪同往上攀登。路上我们不停地停下来拍照。后来在下山的时候我脚下滑了一下，幸亏及时抓住了木扶手，才没有失去平衡摔个屁股墩。

站在皮拉图斯山峰顶的观景台上，四周景色尽收眼底：向下俯瞰，琉森古城就像一个棋盘。南望是白雪皑皑的阿尔卑斯山，诸峰的雪顶漂浮在云端，仙气飘飘。北观是数个翠玉般的湖泊，还有幽深茂密的德国黑森林。

景色非常壮观，令人心潮澎湃。山顶上有十来只黄喙黑身的乌鸦亲密地围绕在游客周围，希望分享一点游客抛出的食物碎渣。

下山时，我和太太两人合乘一辆小缆车，半小时内沉浸在一个安谧美丽的童话世界中间。俯首望去，清清楚楚看见雪地上一行行的兽迹，可见这里的野生动物还是蛮多的，不过我们始终没看见龙的大爪印。

大巴下山，前往餐馆。正值学校放学时分，路边三三两两的小学生背着书包边聊边步行回家，神态轻松和自在。这天早些时候，我也观察到当地的小学生是自己离家前往学校，一路并无家人护送，显示出发达国家井然的社会秩序和良好的民众道德。联想起南京小学每天上学和放学浩浩荡荡的家长护送大军，不由得感慨连连。我们从欧洲回到南京的半个月后，也就是 2013 年 12 月 5 日和 6 日（周四和周五），南京的空气环境在一段时间的重污染后上升为严重污染，中小学和幼儿园停课两天。这两天里，早晚高峰期间，南京市区原本拥挤不堪的许多路段神奇般地变得畅通无阻。究其原因，一部分是由于中、小、幼学生减少了外出，另一部分是家长们的规模浩大的“接送工程”取消了。由此可见，家长们劳心劳力的“接送工程”平时要靡费多少资源：时间、人力、物力、城市交通……耗力耗神，皆是因为家长们担心学生单独外出人身不安全，不禁百感交集。

当年的早些时候，据收集的媒体资料报道，如 2013 年 3 月 8 日，室外气温降到摄氏零下五度，但是，北欧的父母们继续把孩子放在童车里推到露天去睡觉。记者漫步斯德哥尔摩，冰天雪地，不时就可以看到有咖啡馆外停放着一排排的童车，父母在里面喝咖啡，孩子在外面睡午觉。这种安全感，这种完全放心他人的意识，这种着意在严酷环境中历练幼儿的意识，在中国怕已经是恍若隔世的事情了，连想也不敢想。嗟夫何言。

在中国，一座座民意的堰塞湖，高悬头顶，无数难题亟待破解和处置。

午饭后，大巴开了两个多小时，来到了瓦杜茨（Vaduz），这里是西欧“袖珍国家”列支敦士登的首都，列支敦士登面积仅一百六十平方公里，人口三点五万人。据说这个小国多年来未发生过暴力冲突、恐怖和重大盗窃事件，平时连殴斗、吵架的事也极少发生，社会十分稳定。生活在这里的人们安居乐业，遵纪守法，热爱自己的家园，很少有人愿意背井离乡去他国谋生。

在瓦杜兹大街上，我们仰望矗立在半山腰的建于公元十二世纪的瓦杜兹城堡，这一座古老的王宫城堡是列支敦士登的象征。城堡由数座塔楼组成，墙垣环列，高低错落，矗立在树木苍翠的悬崖峭壁上，蓝天下白云缭绕，给人一种神秘之感。

我们夫妇被一组三匹骏马的雕塑吸引，拍了几张照片。商店大都很清静，客人不多，也没有什么声音。我们后来进入了“COOP”超市，买了一公斤散装的瑞士巧克力。本地使用瑞士法郎，收款的女士只收欧元纸币，不收欧元的硬币，于是太太刷卡付账。

我们在一日之内，穿越四国。早上在瑞士，下午到了列支敦士登，晚上在奥地利吃晚饭，最后到达德国富森市住宿。奥地利那家中餐馆有免费的 Wifi 服务，密码公布在墙上，于是在等待饭菜的时候上网，通过微信给女儿发了几张当天的快照。

晚上在德国富森市入住欧洲公园酒店，客房里还是老式的“大屁股电视”，频道有十个左右，似乎还是黑白的，至少是我没有本事调出彩色来。在欧洲，很多酒店电视的 4 频道似乎一概空缺，没有节目，不知是何故。

2013 年 11 月 14 日　周四　阴——小雨

早餐有德国烤白肠，味道鲜美，很好吃，当地的牛奶真香，团员们都说，本地奶牛的生活环境如此优越，空气清新，水源干净，食物新鲜充足，产奶的质量肯定就不同一般，想想也是。

早餐后陪太太在酒店周围拍摄街景，房屋古色古香，十分耐看。我此前曾在一位台湾籍的女作家胡湘玲撰写的一本《我家房子 160 岁》书中读到过，在德国修理古旧房屋，需要得到古迹保护官的认可，才可以动工，以便切实维护古旧房屋的原貌，避免“面目全非”的摧毁式修缮。看来在城市经营管理的理念方面，“修旧如新”尚属雕虫小技，而“修旧如旧”才是至高境界。我们散步时经过一幢老房子前面，看见正面墙上悬挂着大小几十个木头鸟笼，也不知道是什么风俗和用途。早晨天寒，我们不便散步太远。

大巴开拔，约二十来分钟就到达了新天鹅堡山下。由于当天游客较多，已经买不到上山的巴士票，“赵导”便率领大家快速步行上山。山路虽然宽敞，但是湿漉漉，全程要步行半个多小时，赵导急着领大家去赶 10 时 05 分那场参观时间，疾走如飞，走到后来我的内衣全汗湿了。但我们一路急行军步行到山顶后，也没看见什么巴士开过来，不知道是怎么回事。

山下有双马四轮马车载客上山服务，每位乘客收费 6 欧元。那些马匹可能就是欧洲的农夫马吧，全是高头大马，有着发达的肌肉和强有力的四肢，观赏感十足。但由于山路坡度较大，这些高头大马在拉客途中也显得比较费力，经常会中途停下来“啪啪”地拉大便，新鲜的马粪味四溢，全车共闻之，路人共嗅之。马路上处处是马粪，这也是古朴的观光旅游伴生的一个无可奈何现象。

据说德国全境一共拥有一万四千座城堡，真是城堡之国。其中最著名的就是这座位于阿尔卑斯山麓的新天鹅堡。远远望去，古堡背倚终年积雪的阿尔卑斯山峰，坐落在莽莽原始森林和宽阔大湖之间，犹如是云雾中的一处仙境，极为壮观。

新天鹅城堡建于 1869 年，建立者是巴伐利亚的一个国王：路德维希二世。这位国王充满艺术气质，亲自参与设计这座在理想和梦境中出现的绝美城堡。堡内的日常用品到处装饰着天鹅图样：帏帐、壁画，就连盥洗室的自来水龙头也装饰着天鹅形状，这座白色城堡因此而得名。城堡耸立在高山之上，远处是田野和湖泊，一年四季，风光各异。

我们沿着盘旋的石头阶梯拾级而上，参观欧洲城堡绝对是一桩力气活呢，不停地攀登阶梯，而且是旋转着上升，直到转晕为止。每位游客配发一部手机式的录音解说装置，每到一个房间，会有中文讲解片段自动送入耳廓，柔声慢语，配有音乐。

在国王起居室中，我惊奇地看到居然只放有一张较窄小的卧床，充其量只有 1 米宽，与现在中国家庭动辄追求 2 米或更宽的大床相比，国王的卧榻简直就像是现代社会中的一张佣人床，可见国王本身并不追求卧榻的舒适性。但是抬头往上看，国王的派头就昭然若揭，国王的床盖是哥德式的极为繁复精致的木雕，包括顶棚，壁板的雕刻工程，据说共花费十四位雕刻家四年的岁月才完工。窗户，床罩，椅背都是使用深蓝色的布料及金色的刺绣，全都是路德维希二世所喜爱的颜色，也是巴伐利亚王族的代表颜色。

紧接着参观了数间国王起居室，都是哥德式的建筑，并以瓦格纳的作品和中世纪传说中的题材人物来做壁画装饰。在国王的起居室与勤务室之间有人工钟乳石洞，内有小瀑布与水池，并采用当时尖端科技电灯及回转式的彩色玻璃。

这位因建造美丽城堡而流芳后世的君主的个人生活似乎并不幸福，他的童年是与他年轻的表姑、后来的奥地利王后茜茜公主一起度过的。表姑15岁就远嫁去了奥地利，她那美丽的倩影留给了年轻的王子难以磨灭的深刻印象。22岁那年，他本人在举行婚礼的两天前突然宣布解除与巴伐利亚公主索菲的婚事，此后一生未娶。

下山的步行变得简单和省力多了，我们惬意地四下张望，不断按动相机快门。马车夫四处揽客，但是游客们更愿意用自己的脚步来熟悉本地的山路，毕竟是上山不易下山不难呀。

午饭后，大巴向东南方向长驱直入，目标是450公里外的意大利著名水城威尼斯。

出发不久，天空降下了霏霏小雪，密密扬扬。一个多小时后雪停下了，转为阴天。

进入意大利后，天降小雨，气温也明显暖和了。

晚上雨歇，在帕多瓦市的一家叫做“大上海餐厅”的华人餐馆用餐，这家餐厅规模较大，门前停满旅游大巴，生意兴隆。

餐后又开车一小时，入住威尼斯附近的Noventa酒店。下车时大雨。

2013年11月15日　周五　上午雨，渐止

彻夜风雨。整个上午时雨时阴，雨伞不离手边。

早餐后，大巴开往亚德里亚海旁的威尼斯码头。游客们在此上船入海，经过半个多小时的航程，直接驶往威尼斯城区。

足踏威尼斯的土地，我这才明白，这座世界著名的水城并非是紧连在大陆上的一角低洼因而淹水的地区，而是建立在远离大陆 4 公里外的一处群岛上，威尼斯主城区由 118 个小岛组成，平均水深 1．5 米，彼此之间以 177 条水道、401 座桥梁连成一体，以舟相通，故有“水上都市”、“百岛城”、“桥城”之称。

渡轮上有中文广播介绍威尼斯的历史，一位港台口音的女性播音员努力地用国语在绍介和提示两舷的奇异风光，可见中国游客目前是这里的主要客源之一。我们透过沾满雨水的舷窗玻璃看见，从岸边通往威尼斯的辽阔海面上有露出水面的木桩，每三根一组，无数这样的木桩连成长长一排，不知做何用处？后来听广播才明白，木桩标示着下面的水、电、光纤等管道线路走向，有利于维修时一目了然这些管道的详细位置。

据说威尼斯建城已有两千年遥远历史，在 13 世纪末，威尼斯一度变成了全欧洲最繁荣的都市，那也是威尼斯王国势力与财富的巅峰时期。当时威尼斯约拥有 3.6 万名水手来驾驶 3,300 艘船，主宰了中古时代欧洲的海上商业活动。

我们一行下船后，“赵导”把旅游团交给了一位三十大几的男子带领，他自我介绍是当地的导游“高导”，“高导”个子比“赵导”高些，在当地的人头关系很熟。后来在河边分组登上“贡多拉”船的时候，地陪的优势一下子彰显无遗，似乎意大利船夫们个个都很熟悉“高导”，对他的安排言听计从，团友们陆续排队上船，船只首尾相联，满员即走，旅客就像是趟自家门口台阶一样方便。

为防止有人落队，“高导”和“赵导”再三强调，如果在返程时不看时间乱跑，导致赶不上 12 时半返回岸边的渡轮，那么这位游客今天就要小小地破财了。渡轮决不会为等待任何一名乘客而延误开航时间，一旦到点，立即解缆出发。为了不被单独撂下，也为了及时追赶上即将远去的大部队，掉队游客唯一的选择就是自费打一辆“快艇的士”，波浪四溅地高速返航，单趟的代价是 180 欧元。如此“威胁”一番，吓得众人乖乖就范，一个个准时返回到岸边，看来经济杠杆还是很好使的。

下船的码头离我们今天主要的参观地点圣马可广场不远，顺着导游的手势看去，越过四座小桥就到了，充其量只有一公里左右。在经过第三座桥的时候，太太用手机无意间拍摄到了不远处著名的叹息桥。叹息桥是威尼斯多座建于 16 世纪的桥梁之一，造型属于早期巴洛克式风格，封闭式的拱桥由石灰岩铸成，呈房屋状，上部穹隆覆盖，封闭得很严实，只有向运河一侧的石梁上开有两个小窗。叹息桥横跨在 Rio di Palazzo 河上，连接威尼斯公爵府的审讯室和老监狱，犯人获刑后经过此桥向窗外美景看去，唯有留下一声叹息而已。据说，“叹息桥”的名字还是 19 世纪英国诗人拜伦勋爵所取的。威尼斯当地有一个传说，日落时如果恋人们在叹息桥下的贡多拉船上亲吻对方，就将会得到天长地久的永恒爱情。这个传说使得叹息桥成为世界上最具浪漫色彩的桥梁之一。

跟着“高导”和“赵导”，我们一行人来到了圣马可广场西部的一条小巷，在确认大家记住了这个集散地点后，导游宣布有一小时的自由活动时间。我和太太急着去参观一下圣马可大教堂，便匆匆穿过两翼大楼下的长廊，顾不上欣赏店铺琳琅满目的面具、玻璃制品和土特产品，直奔东北角的圣马可大教堂而去，刚要迈步进入圣马可广场，不由得傻了眼。

广场上积满了深深一层海水，深可及膝，不要说穿着旅游鞋的我们走不过去，就是那些装备精良上穿雨衣下登高帮雨靴的游客也休想轻松走得过去。此时我们还留意到，广场上已经在圣马可大教堂前面搭出了一条条高高的栈道。有游客明度栈道，暗访教堂。

等我们自己踏上了栈道，才知道麻烦得很。栈道约一米宽，来往游客面对面走，就不是太宽敞，加上双方又都撑着雨伞，交会时十分费时费神。更要命的是，这些栈道四通八达，走着走着发现不对，只好退回去重走一条路线。况且这些栈道即使是最终通往大教堂的也要曲里拐弯地连通到旁边的巷子里去，然后曲径通幽，路过无数店铺，才回到大教堂的门前。就这样，由于海水涨潮的影响淹没了圣马可广场，原本我们可以直接走过去不足 10 分钟的路程，我俩在栈道上和巷子里足足迂回了 25 分钟。这时候谁还会以为朝圣是一件容易的事情呢？

圣马可广场是一个大约呈长方形的广场，长约 170 米，东边宽约 80 米，西侧宽约 55 米，面积约有 1.2 万平方米。广场四周的建筑都是文艺复兴时期的精美建筑，有公爵府、圣马可教堂、圣马可钟楼、新旧行政官邸大楼、连接两大楼的拿破仑翼大楼、圣马可图书馆等建筑，南面是威尼斯大运河。圣马可广场在威尼斯的地势最低，下大雨时，雨水从广场排水沟直接流入威尼斯大运河。但涨潮时却带来了麻烦，每天亚得里亚海涨潮时分，河水同样通过排水沟从圣马可广场的地下涌出，形成一潭潭积水，因此在涨潮时和下大雨时，这里是威尼斯首先被水淹的地方。每年还会出现几次潮水铺满广场甚至水淹广场的情景。据媒体资料，1966 年 11 月 4 日，大潮涌入威尼斯。圣马可广场水深逾 1.2 米，五千多人无家可归，不少艺术作品亦被毁。当年，水淹高达一百次。

圣马可广场乃是威尼斯的市中心广场，在威尼斯，圣马可广场是唯一被称为“Piazza”的广场。圣马可广场初建于 9 世纪，相传 828 年两个威尼斯商人从埃及亚历山大将耶稣圣徒马可（马克福音一书的作者）的遗骨偷运到威尼斯，并在同一年兴建圣马可大教堂，圣马可的陵墓就安放在教堂内。千余年来，圣马可广场在历史上一直是威尼斯的政治、宗教和文化中心，是威尼斯所有重要政府机构的所在地，自从 19 世纪以来是大主教的驻地，它同时也是许多威尼斯节庆选择的举办地。

我俩在栈道上凌波微步，努力保持平衡，最后急匆匆进得圣马可大教堂的正门，这里是威尼斯的天主教主教座堂，也是天主教的宗座圣殿，是世界上最负盛名的教堂之一，又是拜占庭式建筑的著名代表。圣马可大教堂的基本结构与当初相比已经产生大幅度的改变，它的装饰随着时间的推移也发生了很大的变化。十四世纪一艘艘来自东方的威尼斯船只返回当地，会从东方一些古代建筑上取下材料，添加到教堂的外部。渐渐地，圣马可大教堂外墙的装饰物包含各种大理石和雕刻越来越丰富，其中一些装饰品的年代远超过建筑物本身。

圣马可大教堂内部装饰使用的技术是碎块形工艺与棋盘形镶嵌工艺。低层墙壁和支柱完全覆盖大理石砖。中央的圆顶则是一幅耶稣升天的庞大镶嵌画。东侧有一个凸起的内殿，下方是地下墓室。内殿由一个圣坛屏与其他部分分开，圣坛屏由 8 个红色大理石圆柱组成，表面覆盖 14 世纪末哥特式雕塑的杰作。教堂中间最后方是黄金祭坛，上面共有两千多颗宝石，包括珍珠、祖母绿和紫水晶。

参观结束后，我俩在栈道上原路退回，返到集合地点。途中去了一趟洗手间，收费 1.5 欧元。然后与团员们一起去乘坐贡多拉船游览。每六个人一组，合乘一条船。

贡多拉船是威尼斯独具特色的一种尖舟，这种轻盈纤细、造型别致的小舟一直是居住在泻湖上的威尼斯人的代步工具。据 1094 年文献记录，贡多拉其名来自 7 世纪时的第一任总督，由此可见贡多拉船拥有十分悠久的历史。相传 11 世纪贡多拉盛行时期数量超过了一万只，如今仅剩下了几百只，平日贡多拉主要作为旅游船使用。据说中世纪时的贡多拉船外表异常艳丽，装饰绫罗绸缎，雕刻精美。为遏制这种奢靡风气，威尼斯元老院颁布禁令不准在尖舟上施以任何炫耀门第的装饰，所有的贡多拉都漆成了黑色。今天的贡多拉船一般长为 10.75 米，最宽处为 1.75 米。小舟的平底呈不对称型，这样只靠一侧单桨划动也可以较好地保持船只的平衡。

我们乘坐的贡多拉船离岸出发了，沿着狭窄的河道向前驶去，在一个个十字“河口”，船夫们使出浑身解数费劲地避让四面八方的来船，精准地驾驶船只掠入一条接一条风景迥异的新河道。我们好奇地端详着两边的建筑物，威尼斯城内古迹甚多，有大大小小 120 多座教堂，风格有哥特式、文艺复兴式、巴洛克式等。还有依水而建的 120 座钟楼、64 座男女修道院、40 多座宫殿。但是这些景色我们此番多数无缘见到，乘坐贡多拉费用较贵，平均每 40 分钟约收费 70 至 120 欧元。如果游客们太贪心要在贡多拉船上把威尼斯风景一网打尽，上岸时几乎就破产了。

我们经过了约十来座桥，一路看到的似乎多是民居，约有四五层高，隔河相临，十分别致。威尼斯的房屋建筑风格各异，房屋的门窗、走廊上雕刻着精美图案和花纹。威尼斯建筑是先将木柱插入水下的泥土之中，再铺上防水性能极好的伊斯特拉石，在伊斯特拉石上砌砖，建成一座座建筑。成名于水也受困于水的威尼斯城现在每年有 200 天浸泡在水里，而在 17 世纪初，这一数字只有 7 天。许多古老建筑物的地下基础结构被海水腐蚀，坚固性变得越来越差，大批古建筑下沉。2001 年，科学家们发现，威尼斯城自 1727 年以来的 275 年间下沉了 67 厘米。下沉的原因除了海平面升高的影响外，也有过度开采地下水等人为的原因，整座水城正一点点没入水中。

据说，贡多拉船夫是一伙高收入人群，其职业是世袭的，不辨真假。过去船夫们的制服奇特考究，但是今天也简化了，给我们划船的船夫约三十多岁，理着火鸡式的新潮发型，穿一件薄羽绒夹克。划船时船夫立在船尾，操作搁在弯曲桨架上的长长的单桨划动。现今威尼斯人出行通常会使用较为经济的水上巴士穿梭于市内主要水道和威尼斯的其他小岛。

上岸后我陪太太一路摄影返回码头，这时我们惊讶地发现，圣马可广场上的积水已经大大退下去了，南北完全可以步行通行，栈道的作用已经失效，只有圣马克大教堂门前还有少量积水，朝圣的游客们还在栈道上来来去去。短短一个多小时中间，眼前的景色沧海桑田了一把。曾有旅游者撰文认为，圣马可广场最美丽的时候偏偏是上潮的时候，一片潮水如同在广场铺上一面巨大的镜子，所有建筑像镶嵌在水晶或玻璃中间，形成了一幅极其迷人的图画。此话可能不错，但是对于只有几个小时短暂在此逗留的匆匆过客来说，广场上最好是有利于通行才足够方便。

我俩一路溜达在通往码头的路上，时而停下来远远地以其它岛屿的建筑物为背景拍照。又在第二座桥前的一尊著名雕塑前驻足欣赏，南北两端似乎是圣马克和他的坐骑飞狮，顶端是一位威风凛凛的大公策马扬刀。海上风大雨急，我一会儿忙着捉紧棒球帽的帽沿，免得它成为一阵强劲穿堂风的战利品，一会儿双手牢抓伞柄倾斜着迎风挺进举步艰难，在风姿万千的威尼斯雕塑前面，风雨中的我们自己不知不觉摆出各种更加丰富的造型来。参观著名水城，不仅地上有水，天上也有水，我们在立体的水世界中间穿行，一下子“水”到家了。

我们还一度拐进了窄巷，到附近的一座小桥上好奇地走了一个来回。巷内有咖啡馆，店小，客人少，一幅世外情调。

登上12：30的渡轮回程。留恋地回望著名的水城。此地曾出现过探险家马可波罗、画家提香等俊才巨擘，确实是一座伟大城市。威尼斯与苏州和青岛早已结为友好城市，今天我们与她的灵魂相遇。

回程的渡轮上游客很多，挤得满满的。我们身边坐下了一群韩国老龄游客，年岁普遍在半百以上，清一色厚胶雨衣，清一色长筒雨靴，一看就是配发的，看来此团的财力不弱。不过此团没有办法统一催生出在公共场所下与人为善的高素质和好品德，一位雨衣男大剌剌地就穿着雨衣在太太身旁一屁股坐下，雨水沿着雨衣徐徐地四下流淌，他却毫不顾忌旁人的冷眼和躲闪，为了让更多的同伴坐下他还一再地向我们挤来和靠拢，让我们叫苦不迭，而所有的“雨衣团”员在拥挤的船舱中也没有一个人脱下雨衣以顾及一下旁人的感受。我由此想到，经济实力和精神文明发展往往不会同步，如果说中国人在境外旅游的表现有时候素质不高，此时此刻，起码还有一群垫底的。

午饭后，大巴出发前去佛罗伦萨，遗憾的是本团的游览路线并不包括这座著名的文艺复兴运动发祥地城市，我们这个团仅仅是入住佛罗伦萨郊外的三角洲酒店（(Hotel Delta Florence)）而已，是一群匆匆的过客。这一次，我将与心仪已久的诞生过达芬奇和但丁这样高不可及的文化巨匠的文明圣地擦肩而过。我再次想到，意大利实在是一个伟大无比的民族，前有闻名遐迩的古罗马文明，后有影响全人类发展进程的文艺复兴运动，灿灿然有这样丰厚绚烂的老本，即使现在对世界的贡献一时不著又有何妨？意大利人完全有理由一览众山小，傲视全球群雄。

下午三时，峰回路转，导游说了一声此山是意大利的气候分界线。此后，果然是一路干燥无雨，气候暖和。

2013 年 11 月 16 日　周六　　晴，多云

早上拉开窗帘，发现天气放晴，很开心：罗马，我来了。

条条大路通罗马。

中途，大巴停在一个叫做 Sarni 的服务区休息。团员们纷纷购物。太太发现此地的巧克力售价是全程购物点的价格盆地，最具吸引力。譬如 500 克一大块的黑巧克力，我们昨天在意大利的其他服务区购买，每块 3.99 欧元，而此地三块的售价只是 9.99 欧元，哇。这种巧克力买回国后，女儿很喜欢吃。

午饭后，大巴开进罗马市区。比起巴黎来说，罗马的市区建筑缺少了几分精致，但是增添了无限沧桑。市区各地保留下无数古迹，随处可见，

古罗马帝国的宏大气势和黄金历程至今仍历历在目。在导游的介绍下，坐在旅游大巴上的我们一会儿左看，一会儿右瞧，“此处是神庙。”“此处是规模宏大的引水道。”“此处是元老院议事堂。”“此处是会堂。”“此处是凯旋门。”“此处是纪念柱。”“此处是皇宫。”“此处是……”我只恨眼睛不够用，时间也太短。

“赵导”再次把旅游团交给了满口京腔的一位女子带领，她自我介绍是当地的导游“冯导”。先领去梵蒂冈的圣彼得大教堂，一进广场大家都赞美地叫出声来。

圣彼得广场是罗马最大的广场，巴洛克式风格，可容纳 50 万人，气势恢宏，磅礴气概。此地是罗马教廷用来从事大型宗教活动的地方。广场地面用黑色小方石块铺砌而成。广场前面有一条灰石铺成的国界线，用来象征性地区分开教廷和意大利的领地界限。

广场呈椭圆形，长 340 米，宽 240 米，面积约有 6.4 万平方米，也就是说有九个足球场那么大。两侧由半圆形大理石柱廊环抱，284 根圆柱和 88 根方柱分排四列，形成三条走廊。朝向广场的每根石柱顶端的平台上，各有一尊 3.2 米高的大理石圣徒像，顶端竖立着 140 尊圣人们和殉道者的雕像，神态各异，栩栩如生。柱高 18 米，需三四人方能合抱。广场两侧有两座造型讲究的喷泉。

广场中央矗立着一座公元 40 年从埃及运来的巨大的方尖石碑；高 25.5 米，重 320 吨。这座石碑原是罗马皇帝卡利古拉远从埃及运来装饰皇宫旁边的圆形广场，1586 年，教皇西斯廷五世下令将石碑移至圣彼得广场。

待排队进入了圣彼得大教堂，我们的第二声赞叹从心底升起，直达云霄。上帝呀，我这才知道这座伟大的建筑其间的内涵远比其外貌宏大千倍。

圣彼得大教堂是罗马天主教的中心教堂，是梵蒂冈罗马教皇的教廷，也是欧洲天主教徒的朝圣地。由米开朗基罗设计建成。圣彼得大教堂是现在世界上最大的教堂，总面积 2.3 万平方米，主体建筑高 45.4 米，长约 211 米，最多可容纳近 6 万人同时祈祷，大教堂的外观宏伟壮丽，正面宽 115 米，高 45 米，以中线为轴两边对称，教堂的平顶上正中间站立着耶稣的雕像，两边是他的12个门徒的雕像一字排开，高大的圆顶上有很多精美装饰。

圣彼得大教堂整栋建筑呈现出一个拉丁十字架的结构，造型传统而神圣。教堂内部用大理石砌筑而成，里面的所有画像都是用不同颜色的大理石拼接成图，工程十分浩大，金碧辉煌，光线幽暗，神秘莫测。“教堂内部装饰华丽，华丽到令人惶恐不安，令人窒息。”有一份资料上这样说，我认为这种说法比较准确。

进入门口的右边走廊里，有一部米开朗基罗23岁时的作品《圣殇》。垂死的耶稣躺在玛利亚怀中，圣母并无悲哀神态，表情平静祥和。游客们隔着玻璃欣赏这件稀世瑰宝。这是米开朗基罗存世的唯一一件署名的作品，名字就镌刻在圣母的衣带上面。

罗马天主教神学界把彼得确认为罗马的第一任大主教。他的纪念日是6月29日。1940年梵蒂冈的发掘者声称，他们在圣坛下发现了彼得的遗骨。我跟随着游客的队伍在大教堂主走道右侧的圣彼得铜像前驻足停下，人们纷纷触摸他的右脚祈求能得到神的保佑和好运，所以圣彼得的右脚前部已被磨得锃亮。我排队走过去，虔诚地抚摸圣彼得的右脚，口中念念有词。太太后来更是无比肃穆地敬抚圣哲的足面，默默祈祷和祝愿。太太还曾在大教堂内两处长椅上坐下来静默祈祷，良久。

米开朗基罗设计的彼得大教堂中央圆顶是两重结构，内部很明亮。圆顶下是教皇的祭坛，覆盖着由贝尼尼创作的青铜华盖。青铜华盖由4根足有5层楼房那么高的螺旋形铜柱支撑，粗圆柱的独特扭曲形状很引人注目。华盖前面的半圆形栏杆上点燃着99盏长明灯，下方则是宗座祭坛和圣彼得的坟墓。只有教皇才可以在这座无比神圣的祭坛上当着朝圣者举行弥撒。

圣彼得的墓前跪着教皇庇奥六世的雕像。墓室上部有彩色玻璃鸽子，下面装饰着贝尼尼创作的巨大的“圣彼得的椅子”。左边是珍宝馆的入口，那些豪华的圣器皿类显示着梵蒂冈的历史、财富和力量。

我俩跟着世界各地的游客步入前往地下室的一处通道，来到了圣彼得大教堂的地下墓道。近数百年来的天主教教宗去世后，遗体大部分都安放于这里的地下墓道里，以求接近和追随圣彼得。现葬有91名教宗和11名欧洲皇室贵族。依照天主教传统，教宗的遗体由里外三层灵柩密封，最内一层柏木棺，中间是金属锌棺，外层是橡木棺，最后放进大理石墓穴。贴身伴随教宗的陪葬品是他的生平纪要和纪念徽章。

我们怀着敬畏的心情静静瞻仰着一位位教宗的墓龛、纪念雕塑和墓盖雕像，地下墓园俨然是一座华美的艺术神殿，散发着肃穆安详的气息。一些教宗的遗体经过防腐处理放置于水晶棺中供人瞻仰，如约翰二十三世的水晶棺，这位教宗曾在1960年间在任。上任教宗约翰保罗二世的墓也置放在这里。

我们顺着地下室走廊一路瞻仰过去，由于地下墓室不允许往回行走，我们遂直接走出教堂，然后又返回到大教堂内部继续参观。在有限的时间里，我们尽可能多地尝试去感受不太熟悉的另一精神文明世界，努力去拥抱和领略异域文化的博大精深和无限精彩。

在大教堂的左侧看见有一名瑞士卫兵，身穿500年前式样的别致制服，据说那也是米开朗琪罗亲手设计的，卫兵手中的长戈也是15世纪样式的产品。

广场上排列着成百上千张椅子，现今76岁的罗马天主教皇方济各定于每周三在梵蒂冈和教徒们进行会面。今天是周六，所以我们无缘目睹这一盛况。在例行的接见中，教皇要在圣彼得大教堂外的广场上度过近三个小时，除了一则简短演讲之外，教皇还要向数万游客和教众问好，有时还会与处于前排的教众握手并进行一对一交流。这些教务活动对于这位上年纪的老人来说无疑都是体力和精神的巨大消耗。即使是身强体壮的前教皇让・保罗二世（Jean-Paul II）也没有同时接见过这么多人。报载，自今年四月以来，方济各教皇每周三的例行接见人数都在4万至8万间。方济各教皇即将在12月17日度过他的77岁生日，这位高龄老人是一个名副其实的工作狂，他从不休假，每天早上4点起床，晚上22点才睡觉，一天当中也没有小憩时间。

回望圣彼得大教堂和圣彼得广场，我心里真正感到激动和震撼，这里是上帝在人间的真实代表，我感受到上帝的无穷智慧、刚毅力量和温暖爱心。

就这样，我们此次的欧洲之游，临接近尾声的时候在精神世界掀起了高潮。

两位导游随后领上我们乘大巴前往斗兽场观光。

下车后远远看见一些身着古罗马军团士兵服装的身影在斗兽场的周围徜徉，手持着盾牌和短剑，好像直接来自两千年前的血腥沙场。一旦看见游客朝他们举起相机，“士兵们”立刻把背影转向我们，这些专业陪同游客照相的演员从来不提供免费服务，要想陪照，速拿钱来。

远远地就忙着给斗兽场拍照，这时候瞧见一位独行的头发花白的亚洲老者在请意大利警察帮其摄影，转眼间这位老者又来到我俩面前，微笑着做了一个手势表示愿意帮助我们夫妇拍照，我们连声表示感谢。后在在沟通中，他说：“I’ m a Japanese.”我说：“We are good friends.”友好分手。过了一会儿，一对欧洲的中年夫妇也过来请我为他们拍照，各种国籍，各种信仰，在这里交叉互动。

如果在空中俯瞰，斗兽场是椭圆形的，长轴为 188 米，短轴为 156 米，圆周长 527 米，围墙高 57 米，这座庞大的建筑可以同时容纳数万观众。斗兽场始建于公元 72 年至 82 年间，占地面积约 2 万平方米，约有 60 排看台，是古罗马时期最大的圆形角斗场。斗兽场是古罗马举行人兽格斗表演的地方，参赛的角斗士持械要与一只猛兽搏斗直到一方死亡为止，也有人与人之间的搏斗。

斗兽场的外部围墙，由环形的三层不同高度的拱券支撑起来的走廊组成，既实用美观又大大减轻了围墙自身的重量，由此经历了两千年的风雨考验而屹立不倒。部分围墙的上部已经坍塌，反而增加了斗兽场的沧桑感，成为其悠远历史资格的有力认证。进入斗兽场需要排长队购票，每人 8 欧元，我俩跟在长长的购票队伍尾部排了一会儿队，痛感进展缓慢，只好忍痛割爱，舍去了这个参观项目。导游一共只给我们 40 分钟参观时间，如果我们坚持买票，大概只够我们刚刚买好票就立即上车走人。

大巴在罗马市中心开来开去，游客们慢慢地也开始对道路两边的古迹变得熟悉和亲切起来，简而言之，整座罗马城市就是一座宏大的历史博物馆，我们身入其境，仿佛一下子回到了两千年前，那些巨大的公共浴室和市场，似乎就是我们昨天日常生活的一个组成部分，罗马就是我们，我们就是罗马。

下车后，我们在导游带领下于较狭窄街巷里穿行了一阵，来到了罗马许愿池。许愿池喷泉是罗马最后一件巴洛克杰作，18 世纪设计建造，位于三条街的交叉口，共花了三十年才完成，它成为了罗马的象征之一。许愿池的背景建筑是一座海神宫，喷泉建筑完全采取左右对称，池中有一位巨大的海神驾驭着两匹骏马拉着的奔驰马车。海神的左右两边各立有两尊水神，右边的水神像上有一幅“少女指示水源”的浮雕，而浮雕上面有代表四季的四位仕女像。泉水由各雕像之间、海礁石之间涌出，流向四面八方，十分美丽。

我俩按照当地罗马人的习俗，背对着喷泉，从左肩上方抛出一枚硬币投进水池里，然后心里默默许下三个意愿，其中一定要有一个是“重返罗马”，这是一个人人开心的时刻，每个人都会有企求幸福的众多愿望，借此机会梳理和归类一下自己当前最迫切的想法，真是何乐而不为呢？

我俩随后进入旁边第一家冰淇淋店，按照导游事先的提示，直接对意大利店员说中文：“香草”、“榛子”，店员马上迅速行动，递进去 2.5 欧元，一份双球的意大利冰淇淋递了过来。可见来到此地的中国人实在是多，一些关键的中文单词已经得到了普及。店外街边有桌椅，我们边吃边欣赏来往行人，在紧张的旅游节奏中间谋得了片刻舒缓和放松。

导游重新集结队伍，步行二十来分钟，穿过罗马城区的许多大街小巷，一直来到了西班牙台阶。西班牙台阶又叫西班牙阶梯，是罗马的一座户外阶梯，从山上的电影《罗马假期》中出现过，为此名闻遐迩，来到罗马的游客都想亲眼见一下这条阶梯。在西班牙广场与西班牙阶梯相接的右侧，有一栋黄白色的建筑曾经是诗人约翰·济慈的住所，1821 年济慈在这里去世，现这栋住所变成了博物馆，来纪念这位伟大诗人。

在夜色中结束了罗马之行，满脑子的历史沧桑。处处是景，处处是古景，处处是保存得极好的古景。钦佩历朝历代的罗马人珍惜和保存下来自己的文化和历史。话说回来，不珍惜和保存下来自己的文化和历史，或者不懂得如何珍惜和保存下来自己的文化和历史，这样的民族和个人，别人也不会尊重他。

晚饭后入住罗马假日酒店。在下车前，全车游客用意大利语高呼：“谢谢你，阿密特。”又大声鼓掌致意，对司机十天来的辛勤服务表示衷心感谢。这位司机的工作到今晚就完全结束了，明天旅行社会另选一辆大巴送我们去机场。

晚上“赵导”在大厅里辅导团员们明天如何办理退税手续，一直到很晚，也很辛苦。我们夫妇入住的127房间（即2楼的27号房间）热水始终放不出来，实在没办法，导游到前台协调两次，后来换住133房间（即2楼的33号房间），总算有了热水。

2013年11月17日　周日　少云

进早餐时，远远看见司机阿密特已经坐在一张桌前进餐，他看见我们，便伸直手臂（向上，而不是向前）向大家致意。我们也伸直手臂（向上，而不是向前）亲切回礼。

算起来，罗马这家酒店的早餐供应是最差的，餐点数量短缺，好像也少有服务员来过问，只好多喝牛奶。

餐后，另一辆大巴载着全体团员在明媚的阳光下前去罗马机场。

在罗马机场，第二项最差服务接踵而至。

不知是意大利人天性散漫不够认真呢？还是负责登机check in的机场小姐有意识刁难中国旅游团？在领取登机牌之前，太太和我一再申明我们是一对夫妇，希望安排坐在一起，但那年轻妞就是直摇头，表示办不到。喊来导游，翻译意大利文的意思是说：电脑派位，无法人工安排。

我不相信这个解释。电脑派位只会更有利于服务周到，而不是相反。在南京禄口机场，我们曾提出同样的请求，得到了理想的反应。同是一样的电脑系统，为什么会有殊不相同的结果？我相信罗马机场每天都会有无数夫妇或者家庭结伴外出旅行，是不是会一样地“棒打鸳鸯”两分离呢？

结果，一下子发下来每人两份登机牌，在罗马至法兰克福的飞机上，太太和我的登机牌相隔三排而且错位，在法兰克福至南京的飞机上，我们的座位相距更远。

在我们这个45人的旅行团中间，有10对夫妇，另有一个五姊妹团，一个自己组织的9人组，还有一家三代四口人（其中有一位是76岁的老人），于是座位完全打乱，就像是抽到一手的扑克牌还没有整理，乱七八糟，无法理喻，完全无序。

于是，在两次登机后，机舱内这样一种场面便不可避免：某个区域的秩序一度大乱，你呼我唤，高声商议换座，行李举上去又取下来，很久不能平静下来。我觉得这一次不是中国人素质差，而是罗马机场那个外表天使、内心叵测的小妞的“功劳”。

我觉得罗马机场的这个意大利妞很丑陋。

第三项最差服务紧随其后而来。罗马飞往法兰克福的飞机是空321-200，飞行两小时。下飞机后，导游率领全团开始了长距离暴走。巨大的法兰克福机场，被不幸的中国游客们在很短时间内用脚板几乎完全丈量了一整圈。导游赵云高举右手，领着我们一路疾奔，遇到旅客传送带则集体在传送带上人步流星。至少是小跑了一公里，才到达办理登机手续的地方。

我们在法兰克福机场转机的时间只有1.5小时，而且还有团员要在这里花时间排队退税拿钱。所以导游只好带领大家急行军。

办理好登机手续后，我惊讶地发现，我们至少还是要不停地奔走几乎一公里，才到达最后一个登机口：Z69。这就是说，我们走了一个无比巨大的“U”字形路线，我们在“U”字形的左上方下飞机，然后穿越全机场的所有的阔大走廊，走到“U”字形的右上方去乘飞机。

他奶奶的，沿途那么多登机口，从“A”一直排到“Z”，每个字母下面又有无数登机口，你非要给只有1.5小时转机时间的中国游客安排如此遥远的暴走节目呀？眼望着Z69登机口，我出于礼貌当然没有脱口而出“Z你个头呀”这样的抱怨，但是这种安排，不说是用心险恶，至少也是一种伤天害理。

“在那遥远的地方，有一个暴走团……”

乘上空客340-300，当地时间下午5：35起飞回国。

2013年11月18日　周一　晴

从南京飞往法兰克福时，足足飞行了 12 个小时。回来时只飞了 10 小时，我捉摸不出其中的原因。“顺水速度=船速+水速……”又会是什么情况呢？是不是顺风和逆风呢？

法兰克福飞往南京，天象很诡异。下午 5：35 起飞，天气擦黑。飞到半夜，有旅客拉开了舷窗，外面是朝霞万里。凌晨一时，机翼在朝阳的辉映中熠熠闪光。半夜在飞机上吃了两顿饭，时空大为混乱。

时差 7 小时。北京时间下午一时，我坐在南京禄口机场的进城大巴上，手机照例颤动和鸣音，原来这时候才是我们在欧洲的早晨 6 点的起床时间呢。

一直穿着衬衫，就这样一直穿回到家。衬衫成了此次旅游的主要着装。

从机场大巴往外看去，一辆辆南京牌照的轿车灰头土脸，蒙垢严重。远处，塔吊林立，又嗅到了熟悉的灰尘味，空气中弥漫着一股浓浓的新鲜泥土气息。

“尘土与长天一色，雾霾与候鸟齐飞。”

一个萝卜又落回到了原来的那个坑中。

东京台场购物广场门前展示一尊 18 米高的巨型元祖动漫机器人高达，

京都金阁寺，内外贴满金箔。

“浅草”含义是指“圣观音居住的地方”。 护城河外远眺天皇皇居二重桥

和服据说是由中国吴服演变而来，与几位吴语称作是“小妹头”的和服女青年合影。

京都八坂神社的神乐殿即舞殿，大屋顶建筑通透性甚强，体现开放与包容。

忍野八海是雪水融化后涌出的八口清澈泉水，深十米左右，水质清冽甘甜。

2015 日本游记

2015 年 6 月 18 日

早起，5 时出门，5 时 40 分之前骑自行车到达工大，自行车后架上驮着一只黑色的小旅行箱。今天天气转好，是一个好兆头。

这是一个只有 20 人的小旅行团，6 女 14 男。除我一个人挂职在南京化工商业协会外，其余 19 人清一色是南京新化原化学有限公司的员工，大多数是 80 后，还有好几位是 90 后。同行者组团租借了移动 WIFI ，这样途中通讯更方便。团里还组建了“日本旅游”微信群，及时通告各种资讯。

到达南京禄口机场二航站楼，这是一座新启用的规模更大的航站楼，南京海外旅游公司的董莉莉小姐领团集合。东方航空公司的飞机 8 时 10 分起飞。飞行大约两个小时多些。由于有时差，我们到达东京的时间是当地时间 12 时多。

这次日本游的出行路线是“东京入，大阪出。”而半个月前，这家公司的另外一批员工的路线则是“大阪入，东京出。”对于没有多少购物任务的男士来说，谁入谁出都没有多大区别，但是对于怀揣着长长一份购物清单的年轻女士们来说，意义就不太一样，这种意义会在文末谈到。

飞机降落在成田机场，地导王凤接手，这位姐是辽宁鞍山人，来日本已有十年多，说中文时地方口音仍然较重，譬如会把“四十四”念为“是十是”。人较开朗，但讲解内容不多，后来的讲解频率也降低，参观内容不太搞得清楚。以至于在第五天引起年轻男士们不满，在旅游大巴上公然抱怨导游服务欠佳。

中午入住成田机场宾馆。天空有零星小雨。第一印象是周围很有秩序很干净。日本是驾驶员右座，左边道路行使，与中国相反。当时我暗暗想，对于来自中国的驾驶员这确实是一种考验。没想到四年后我一家人去澳大利亚自由行时，我迎头遇上同样的“左行右驾”考验，并且一举驾车行驶约 700 公里路程，此是后话。

宾馆有免费班车前往机场。下午，小青年们辗转机场乘车前往银座购物，交通不是很便利，要转几次公交车。我们三位老前辈如刘荣年，荀新辉和我则选择在宾馆周围兜风拍照。后来看见停车场里有很多在中国大陆未曾目睹过的日本小车，颇感兴趣，多是微型车，款式各异，有些造型独特。

大厅有 WiFi ，在微信上与南京和苏州的亲属们互动。

晚上老刘有饮两盅的雅兴，他住对门。我和老荀一屋，自得其乐。

6 月 19 日

东京一日间断有雨，一会儿雨歇，一会儿雨下。

早餐后，大巴车出发，先去浅草寺参观。

浅草寺(Sensoji Temple)位于东京都台东区，是东京都内一座最古老的寺庙。

按照当地的规矩，参拜浅草寺的观音菩萨前，要先在“御水舍”（净手池）清洁身心。净水从 8 条龙嘴里流出来，水质清纯完全可以饮用。取下木勺，舀水洗净双手后，再用左手掌接水漱口，记得不能将勺子内的水直接送到口中漱口。然后竖起勺子用剩下的水清洁勺柄。

寺院的大门叫“雷门”，始建于公元 942 年，至今已经有一千多年的历史。这寺院大门的正式名称是“风雷神门”，入口处左右分别是威风凛凛的风神和雷神二将，门前悬挂着一盏巨大的灯笼，直径 3.4 米、高 4 米，重量达到了 700 公斤。灯笼一面写着“雷门”，另一面写着“风神雷门”，很有气势，赫然醒目。人们为了祈祷风调雨顺和五谷丰登而世世代代在这里供拜风神和雷神这两大护法。

穿过雷门后是一条商业街，共有 100 多家店铺，经营各种东京名小吃和江户玩具、和服、浴衣等旅游商品，以及各种精巧和特色小挂件。

商店街的尽头是浅草寺的第二道门——宝藏门，依然悬挂一只超级大红灯笼，上面写着“小舟町”。左右伫立着仁王像（金刚力士像）。宝藏门的背面墙上供奉着两只超级“大草鞋”，草鞋 4.5 米高，1.5 米宽，500

公斤重，巨大草鞋具有驱魔辟邪之意。宝藏门前有香炉和水舍，让参拜者洗手漱口。

据说“浅草寺”中的“浅草”两字是藏语音译，其含义是指“圣观音居住的地方”，是“圣观音宗的总本山”（即最高等级，统辖整个派别的寺庙），因该寺祀奉了“圣观世音菩萨”，也称“浅草观音”。宝藏门后，便通往供奉观自在像的浅草寺本堂。门内有长约 140 米的铺石参拜神道通向供着观音像的正殿。作为日本民族文化的一大旅游名胜，来自世界各国的游客，络绎不绝。

寺西南角有一座五重塔，仅次于京都东寺的五重塔，为日本第二高佛塔。寺东北有浅草神社，造型典雅，雕刻优美。浅草有名目繁多的节日，一年四季都有庆祝活动。根据东京观光财团的资料，若论寺院神社的参拜和观光人数排行，浅草寺是日本第一。

然后出发参观新宿歌舞伎町。歌舞伎町是东京的娱乐中心之一。据导游介绍，每天从深夜到黎明，此地人群络绎不绝，是一座标准的不夜城。奈何我们参观的时候是夏日的中午，这里的夤夜情魔全部蛰伏在暗处不露声色一动不动，加上又是小雨天气，一名外国观光者单从外观上实在看不出街头巷尾灯红酒绿的繁华景象来。

歌舞伎町处在东京都繁华的新宿区中心地带，是东京唯一的娱乐中心。沿街布满了电影院、电动玩具城、迪斯可舞厅、酒吧、饮食店、游艺设施等，内街中满是各种各样的料理店和风俗店，新宿区政府也位于此。

花园通以北是二丁目，这里情人旅馆林立，俱乐部、夜总会等让人眼花缭乱。日本是少数黑社会合法的国家之一，这里也是日本犯罪高发地，夜晚在此游玩的游客要千万注意自身安全。日本新华侨报网于 2013 年 9 月 23 日刊载《日本东京警方借申奥清理歌舞伎町的背后》一文指出，为了保证 2020 年东京奥运会的绝对安全，东京要对号称亚洲最大的红灯区——东京歌舞伎町出重手整治，因为之前歌舞伎町集中了大量不良黑人和各国不法分子，警方无法完全把握局势。

旅游大巴车继续载着我们前进，驶过了东京湾大桥，前往台场维纳斯中心。这是一家仿中世纪欧洲景致和风情的主题公园式购物中心，

“维纳斯城堡 Venus Fort”是台场的知名地标之一，这是一座庞大的购物美食商场，一共分成三层楼，一楼为“Venus Family”、2 楼“Venus Grand”、3 楼则是“Venus Outlet”。室内充满欧洲中世纪风情的室内装潢，逛起来是一派浪漫气氛。巨大的穹顶很漂亮，在投影仪的作用下，图像和色彩千变万化，美不胜收。门前的公园也很美观，好多漂亮的植物郁郁葱葱。

三楼的 Venus Outlet 是东京开设的第一个城市奥莱项目，因此引人注目。这里日本本土和国际品牌比较齐全，而名牌商品和奢侈品较少。在维纳斯城堡大约有 80 间店铺可免税，手续就在各自店家进行，于购物者非常便利，深受各国游客的熟悉和喜爱。

然而，这么漂亮的维纳斯商场游客们以后再也见不到了。我在日本之行几年后，获悉奥莱领秀传媒消息，随着日本东京临海副都心区的重新规划，由森大厦株式会社运营的商业设施维纳斯城堡在经营 22 年之后于 2022 年 3 月 27 日结束营业正式关闭。该设施拆除后，该地块将由丰田集团重建为一个容纳一万人的多功能体育馆并作为旗下的职业篮球队 Alvark Tokyo 的主场。

从此以后，美轮美奂的“维纳斯城堡 Venus Fort”成为了历史的绝唱。昔我往矣，杨柳依依。今我回首，莫知我思。

又去十分钟步行可达的台场购物广场（Diver City Tokyo Plaza）游览，门前广场展示一尊 18 米高的巨型元祖动漫机器人高达，引人注目。台场购物广场是一百五十多间店铺云集的超大型综合设施，集购物、美食、娱乐于一体，各种服装、药妆、运动品牌、奢侈品牌齐全。位于商场 7 层的高达主题展览馆内展示各个版本的高达模型，360° 的圆顶影像馆内可以看到历代高达作品中的经典场景，并设有特别体验区可以看到等比大小的战机内部构造，此地一直是高达迷们朝拜原作的圣地。一层为美食广场，美味佳肴且价格不贵，其余楼层分别是购物，娱乐，休闲，体验等，

既有国内外的人气品牌，也有独树一帜的创意商品。今天午饭本团游客自己解决，吃的是虾蛋炒饭，加税每人每盒 1500 日元/50 元人民币。

下午参观天皇皇居，心里暗暗期待，不清楚自己能看见多少美景。去了以后才知道，游客只能立在护城河外远远眺望二重桥并且超远距离拍照，护城河水，平整如镜，宫宇和垂柳倒映其中，显得格外优美，皇居周围风景如画。

立于皇居前广场，皇居外苑地区以及北之丸公园给我留下了极为深刻的印象，这里也被游客们公认为是皇居最美之地之一。

皇居外苑异常开阔，是一大片广场，绿地如茵，种植着许多青松翠柏，形状修剪很整齐，非常美观。绿地郁郁葱葱，松树婀娜挺拔。整片皇居外苑非常整洁干净，环境优雅高贵。这里的路由碎石子铺成，踩上去沙沙作响，据说是古代为了防止忍者夜袭而专门予以设计。皇居外苑有一座标志性的骑马武士青铜雕像，于此可看见古朴庄严气象的皇居城墙。

大巴车转去银座，这里是东京最繁华的商业街区，行人如织，熙熙攘攘。东京的银座与巴黎的香榭丽舍大街、纽约的第五大街齐名，是世界三大繁华商业中心之一，也是许多百年老铺与本土品牌的发祥地。贯穿银座 1 丁目至 8 丁目的中央通，是银座最繁华的主要街道。每到星期日下午会实施交通管制，成为步行者天堂。此地具有代表性的商店有和光高级洋品店，东京鸠居堂，华盛顿本店，银座、伊东屋 ITO-YA，博品馆 TOYPARK，SHIPS 银座店等。此地是“全亚洲地价最昂贵的地方”，位于中央区的银座四丁目地价高达每平方米 3060 万日元（约合人民币 180 万元），真正是寸土寸金。店员们的服务水平也很高，迎来送往都是鞠躬微笑。顾客买鞋，店员一律双膝落地，帮穿帮脱，落落大方。

在银座商店里给宝贝女儿买一套雪肌精礼盒三件套，价格 15700 日元/786 人民币。

晚，团队在大街上的地下居酒屋用餐，饮日本清酒，食披萨，吃鸡肉面条火锅。

6 月 20 日

周六，晴天。

上午先去参观东京珍珠文化馆，其实就是一家大商店，是与旅游业搭伴推销的典型的商业活动。所谓的“真珠文化馆”，里面当然少不了各式各样的珍珠饰品，如项链、手镯、耳钉、戒指之类。珍珠的种类也有区分，不同的珍珠有着不同的价位。二楼柜台有很大区位专门销售日本高端手表，深深吸引了同行的年轻人的目光。

我没有购买饰品和手表的计划，楼上楼下自顾兜完一圈后，便步出商店大门观赏东京街景。上午九时多，门前的东京街头上来往车辆却并不多，不像南京马路上成天车水马龙那样挤轧不堪，倒像是春节期间大量机动车离宁后城市道路交通特有的那般从容和清静。据导游介绍，东京大容量、高运速的轨道交通非常发达，主要有 JR 线、JR山手线、私营铁路、有轨电车线、独轨铁路、地铁及公共汽电车等多种模式组成。JR 线（不含新干线）887 公里，日均客运量约 1450 万人次，私营铁路（含独轨铁路）1126 公里，日均客运量约 1370 万人次。东京地铁里程 292.9 公里，线路 13 条，车站 274 个，日均客运量 820 万人次。也就是说仅这三大公交系统日均运输旅客的总数已达 3640 万人次以上，这还不算上公共汽电车运输旅客的数量。地铁出入口一般会设在办公大楼、商业中心、大型公共设施内。如新宿站综合交通枢纽在约 2 公里的范围里设有 100 多个地铁出入口，轨道交通的末端交通 88%为步行。90%以上的居民和上班族分布在轨道交通和地面公交系统车站 400米服务范围内，这是实现门到门快捷高效出行的关键。每平方公里的地铁站数量为 1.66 个。靠步行去车站的居民，一般平均只用9 分钟，就可以到达离自己最近的车站。

我忽然发现，就在我于街口耽留的半个小时之内，我竟然没看见一辆公交车驶过门前的大街上，实感惊讶。记得两年前我去欧洲旅游时看见各大城市的公交车辆都是街头上的主力交通工具，巨大的公交车辆接踵而来，川流不息。眼前的情景一时形成了巨大的反差，这是不是说明在观光客的视野之外，东京潜在的地下公共交通运输具有无穷的能力呢？

我又看见日本警察在大街上骑自行车巡逻，三人一组，鱼贯行进。安静，环保也有效率。低成本和不扰民是肯定的了，还有就是不驾机动车减少了废气排放吧。

离开真珠馆，我们前去参观东京最著名的秋叶原电器一条街，十分繁华。此地有各种电器商城，电子电玩产品，还有很多与日本动画漫画相关的商品，相关产品只要你能想到的几乎在这里都能买到，此处是众多动漫和游戏爱好者的流连之地。

进到店里，琳琅满目的各种手办不禁让我眼界大开，海贼王、火影忍者、进击的巨人、黑子的篮球、命运石之门等人物应有尽有，大大小小随意挑选。

各种店铺更是让我看花了眼，据说，秋叶原一带的电子电器店铺达到上千家，栉次鳞比，我一时为之瞠目结舌。在秋叶原街上我没有考虑好买什么东西，与其失之交臂。当时我的双胞胎外孙还不满周岁，我还没有机会感受到几年后小哥俩极度迷恋奥特曼及其周边产品的狂热性。后来几年我在家里凡是面对着收拾满橱满箱满桌满地的几百尊奥特曼小人像和大几十件变身器等手办，都会联想起秋叶原街上那繁华热闹的景象。秋叶原远在日本东京，日本的动玩产品则无远弗届，千丝万缕地渗入世界各地人们的生活。

离开东京，旅游大巴车一路前往伊豆高原。坐落在静冈县三岛市向南延伸的伊豆半岛距离东京只有两个小时的车程。透过车窗看出去，蔚蓝色大海占满全部视野，风光十分旖旎，这里有著名的温泉和形形色色自然绝景，还藏着众多珍贵史迹，被称作是不可错过的“观光王国”。

我们一批旅客入住伊东园酒店，这家酒店集团据说有近百家连锁酒店，遍及日本全境。

在海滨住下。走进卧室眼前一亮，有两件事情让我感到惊讶。一是住宿的酒店地势较高又濒临大海，由阔大的窗户一眼望出去，尽是无边无际的蔚蓝色海洋，静伫片刻，只见远远近近的浪涛争相奔涌，蕴藏无穷无尽活力，令人心旷神怡。不记得在此前我去过的哪一座海滨城市曾经给予我有过如此超凡脱俗的海景视野。二是今天住宿的酒店房间里全部是清一色日式设施，地板上铺满厚厚草席，摆放着阔大的榻榻米床垫，房门和橱门全是移门，这种日式待遇对我来说是第一次。

按照酒店的安排，更衣穿上一身和服，感到有点不自然，旅友们互相取笑和调侃。其实我们穿的是日本称为浴衣的服装。在日本，和服是正式着装，于正式场合中穿着，如成人礼、婚礼、葬礼等。而浴衣比较随意，可以是沐浴后穿着，也可以夏天参加祭礼、花火大会中穿着。和服的设计庄重，质料高端，穿着繁琐，赋予衣着者以优雅风度。而浴衣是日本夏季传统服装，比较随意，在色彩和花式搭配上体现出夏天清凉的感觉。

晚餐时光，身着和服/浴衣，走过长长的一条走廊下楼去享受豪华自助餐。今日恰好是端午节，自饮两大杯威士忌，怕有一斤。然后再下楼泡大池温泉，以放松连日来旅途劳顿的身心。

2015年的端午节，在异域，在伊豆高原酒店，面对无边无际大海，心绪宁静。

6月21日

雨转晴，周日。

上午去富士山，天气转雨。富士山标高3775米，是日本最高山峰，更是日本三大灵山之首，属于世界自然遗产。

大巴车一路盘山攀高行进，导游突然叫大家别言语，静静地倾听，说是能听见有一种特别的神秘声音，时有时无。旅友们都很好奇，也进入角色认真配合，并且各自对于自己的“所闻”进行描述。后来导游终于笑了，揭开谜底，原来这就是一场普通的互动游戏：所有的“不寻常”声音全部来自人们的敏感心理。大巴车开到了五合目。这是位于半山腰的一座休闲平台，有一片很大的停车场，有阔大餐厅和销售旅游纪念品的店铺，还有一间邮局。此时中雨偏大，下车后游客只有隐入伞下才能独善其身。而富士山也随之隐身不见了，周围云雾缭绕，根本看不见富士山真面目。据导游介绍，“来到山前不见山”对于来自世界各地的观光客来说是常事，雨季很少能见到白雪皑皑的富士山顶。

富士山公园庞大无比，原始森林郁郁葱葱。据说富士山是世界最美丽的高峰之一，富士山白雪皑皑的山顶成了日本人家国情怀的最高象征，日本人奉之为“圣山”，成为了日本民族的精神支柱。醉美富士山，倒影中见证着历史的兴衰。此行没亲眼见到富士山，我不禁有些遗憾，随后我突然想起了“何必见戴”的典故来，不禁哑然失笑。“吾本乘兴而行，兴尽而返。”行舟一夜到了目的地之后突然率性抽身返回，王徽之那该是多么洒脱的思想境界啊。六朝建康名人的自我张扬和追求自由，远非吾辈凡夫俗子能够望其项背。随后释然矣。

离开富士山，又去附近的另一个景点忍野八海，导游王凤一路上把传说中的与景点有关的爱情故事讲得委婉迷人，令人向往不已。到达目的地之后一看，美好固然美好，就是景致范围太袖珍了点，与观光客对于“八海”的期待值有较大差距，估计是“八海”的名称把游客们的胃口吊高了。

忍野八海（Oshino Hakkai）是位于山梨县山中湖和河口湖之间忍野村的涌泉群。因为错落有致地散布着八口清泉，“忍野八海”故而得名且名扬四方。

传说在 1200 年前就有了忍野八海，富士山雪水融化后，经地层一层层过滤，形成了如今这 8 处涌出的清澈泉水，八海的名字分别是御釜池、底无池、铫子池、浊池、涌池、镜池、菖蒲池和出口池，水质清冽甘甜，平均水温约摄氏 13 度。对于初夏六月风尘仆仆的外地观光客来说，这不啻是令人身心愉悦且乐于与大自然亲近的一股股冷冽清泉。

景致一律精致细巧。冒雨游览，游客们摩肩接踵，在湿润的乡间小路上小心翼翼行走。在村十字路口有一口塘，导游说这就是八海中的第五海——涌池，面积为 152 平方米，跟大号住宅面积差不多。塘水清澈，不少金色鲤鱼游来游去。往前走是第六海——浊池，面积为 36 平方米。而第二海——御釜池则只有 24 平方米，是八海中最小的“海”，大概只有客厅般大小。这些泉水池差不多都是 8 至 10 米深，清澈见底，池中游动各种鱼类，映衬着周围的花草树木，景色绚丽而精致，非常漂亮。

水池旁多有自助的免费饮水点，游客可以随意品尝。由于忍野八海的泉水约 13℃，水质纯净可以直接饮用，初夏时节入口尤其可心可意。土特产店铺里也有瓶装泉水出售可以带走。这里的一项特产是用泉水酿制的豆腐，可以蘸料生吃。

在这个淳朴的小乡村里随意游逛，浏览浓浓日本风情的民居和庭院，锦绣无边。忍野村以优美的自然环境闻名，终年百花盛放，群芳争艳，八座美丽的泉水池，池水波光粼粼，倒映秀丽的田园风光，其情其景，美不胜收。

富士山和忍野八海，风景相得益彰：一个气势磅礴，一个田园风光；一个巨无霸，一个精巧细致迷你型；一个令人敬仰，一个诱人俯视。

又四个小时车程，大巴车载着我们径直前去名古屋留宿住下。此地是日本中部地方的商业、工业、教育和交通中心，且位于东京和京都之间，所以又被称作“中京”。近年来在全球城市500强榜单上，名古屋跻身于前60名，可见其实力雄厚。可惜本旅游团在名古屋没有安排参观计划。只能在大巴车上一路行注目礼。致敬大城，慕在心里。

此行日本，满目青翠留下深刻的印象。据导游介绍，日本38万平方公里土地，十年前的绿化率是65%，如今是70%。在优化美丽家园方面，日本是世界文明的典范之一。

导游一路插科打诨，为游客提神，避免开车途中昏昏欲睡。提到一个问题，日本多地震，遇险在家里躲在哪里最安全？大家七嘴八舌，睡意全无，结论是可躲卧在卫生间的浴缸里最保险。

6月22日

周一。

一日晴好天气。早饭后离开名古屋。

中午到达京都，这是一座非常美丽的城市，大巴车沿街开过，市容齐整，整洁干净，与电影和电视剧中的中国大唐城市风貌接近，心里十分喜欢。京都位于日本西部，自公元794年始至1868年东京奠都为止的一千多年来，京都一直是日本的首都。那段时期起自于日本遣唐使活动的高峰时期，这座城市建设多以中国都城为榜样，学习和借鉴了唐朝西京长安和东京洛阳的首都格局布置，形成一座规模宏大且规划严谨的东亚传统型的大型城市。城内的神社、佛阁等历史建筑物比比皆是。

首先参观金阁寺。寺内主要建筑是一座三层楼阁的舍利殿，内外都贴满了金箔，这一特立独行、举世无双的奢华装饰，使得该寺院的原名鹿苑寺倒是被众人忽略了，大家异口同声称其为金阁寺。只见舍利殿的二层与三层的外面——包括围栏——全部贴满金箔，三层内部除地板外也是全面贴满了金箔。一、二层平面同样大小，正面 5 根立柱，侧面 4 根立柱。而三层小了一圈，每边 3 根立柱。

金阁寺依山傍水，背后绵延着郁郁葱葱的高大桧柏树林，面前依偎着很大一片镜湖池水，远远望去满目锦绣。据说此处原来是日本足利义满将军的山庄，此公是日本室町时代功绩最盛的人物，积极开展与中国明朝之间的勘合贸易，开创了“北山文化”，权势熏天，曾接受明朝册封为“日本国王”。1394 年，36 岁的足利义满功成名就，传位给儿子足利义持，出家做了和尚，号称“太政大臣”，法号道义。1408 年，足利义满圆寂，遗嘱将北山第改建为禅宗寺院，这就是我们今天看到的金阁寺。足利义满与朱元璋差不多是同时代的一统江山的领袖人物，其二人对于权力和身后事的安排有霄壤之别，忍不住让人沉思其文化、格局和取舍气度的截然不同。

寺内的其他风景还有由足利义满亲手种植的松树“陆舟之松”、大书院和庭院等，悦目可心。本团队 20 名成员此行首次拍摄集体照即以金碧辉煌的美丽的舍利殿为背景。

京都市的八坂神社名列二十二社，是日本全国约三千座八坂神社之总本社，是关西地区最知名且历史最悠久的神社之一。神社的例行祭祀活动叫祇园祭，与东京的神田祭，大阪的天神祭并称为日本的三大祭。祇园祭已有千年传统，其历史之悠久，祭礼之盛大，一向为京都人所自豪。游客在此可感受到异样的风采。

我们一行自南门进入，穿过石鸟居和神门，出现在面前的是悬挂灯笼的高大的神乐殿即舞殿，舞殿的檐下四面，密密麻麻悬挂着三排白底灯笼，灯笼是长圆柱形，同等大小，整齐规制，上面写有大号黑字或者红字，可能是求福者的姓名之类。据说夜间灯笼成排点亮后十分美丽壮观，想来也是如此，甚是漂亮。本旅游团的成员以此舞殿为背景第二次合影。

每年 7 月在此举办的祇园祭是日本重大的节日之一，这座神社显著的唐代风格更是令来自中国的游客有久违的亲切感。整个京都——据说还包括奈良——的建筑群处处可以见到唐宋遗韵，无论入神与出神，总留下了历史的错综感。

眼前身后，常有和服青年女子结伴而行。和服色彩艳丽，腰带较宽，伴衬着年轻女孩青春逼人的花样年华，不由人多看几眼。据说和服来自中国，也称作是唐服或者吴服，那么这是不是集体潜意识的一次觉醒或复萌呢？不得而知。同游的年轻人们邀请三位被吴语称作为“小妹头”的和服青年女子合影，我也前去合影几张，仿佛是刹那间穿越回到了南北朝或唐朝时期。

离开八坂神社，跟着导游前往参观附近的花见小路。

花见小路是日本京都老茶馆万亭西侧的一条南北走向的街道，位于四条大街向西走 100 米处。“花见”在日语中意为赏花，不过这里并没有樱花盛开或其他姹紫嫣红，这个“花”指向的是旧时古城的风月之地。花见小路从江户时代（相当于中国的明朝时期）起就是全日本最有格调的花柳街，也是现在为数不多的尚能看到艺伎的场所。花见小路两旁布满了一家家茶屋（艺伎们工作的地方）与置屋（艺伎的住所），彰显出一种特殊的日本花街印象。

花见小路的置屋从不对外开放。茶屋一般从下午开始营业，必须预约，不接待生客。

花见小路长约 1 公里，踏上石板铺砌而成的小路，两旁皆是一间间门面精巧、挡有垂帘的古色古香茶屋和居酒屋等。一些高级料理亭竹篱红墙，有些亭前的红色提灯上标有“舞伎”二字，说明这里可以提供艺伎节目，在门外也能看到写有艺伎小名的木名牌。如果你想一边品尝日本料理，一边欣赏艺伎表演，费用比较昂贵。午后在花见小路上据说常能看到踩着木屐、行色匆匆去赴约的艺伎或舞伎（艺伎学徒）。夜幕降临后，各种居酒屋门前会点亮红色的灯笼，在夜色中显得尤具风情。

我在花见小路上看见不少和服青年女子，形成一景。不过导游说可能其中许多是游客，这里是电影《艺伎回忆录》的取景地之一，许多到访的日本游客或外国人会选择和服变装后来这里拍照留念，颇有一番出神入化的意境。

离开花见小路，我们一行前往著名的知恩院。知恩院坐落在京都东山三十六峰之一华顶山山脚下。

知恩院在京都的寺院中规模最大，为净土宗的总本山。1621 年修建的三门为日本最大的山门，高 24 米，面宽 50 米，重檐歇山式的黑瓦屋顶。三门象征了“空”、“无相”、“无愿”佛道修行所明悟的三则教示。据说迷惘无助的人要通过此门下才能求得解脱。

知恩院内有一口重 74 吨、高 3.3 米的大吊钟，为日本之最。每年除夕夜由 17 位僧侣齐力撞响院内大钟，钟鸣浑厚悠远，响彻古都京都的夜空，已经成为除夕夜不可缺少的节目。在日本，有敲钟过年的习俗。如此往复循环，新年的钟声要敲足 108 下，据说是要消除佛教中所说的人生的 108 个烦恼。朗朗诵经声和悠扬撞钟声几乎要陪伴京都人整个除夕夜。

大巴车离开京都，前往大阪。傍晚导游领我们来到了大阪一排免税店前，我在此购买一只虎牌电饭锅，合人民币 1600 元。又购买一只 Nctc 智能座便器盖，合人民币 1900 元。

6 月 23 日

周二，晴。

今天早上本来还有一个参观项目是大阪城公园，同行的年轻人们购物心切，主动提出放弃这一趟旅游路线，可惜了。上午九时，旅游团直接驱车来到心斋桥·道顿掘，这是很大一片商业区，街区纵横交错，栉次鳞比全是商店。游客人潮汹演，中国游客好像占多数，普通话此起彼伏，像不要钱似的疯狂大采购。

早在江户时代，大阪便是鼎鼎有名的商业与娱乐中心。这座已有 400 年历史的商业重镇至今仍续写着辉煌历史。时至今日，道顿堀的传统歌舞伎剧场及娱乐场所都已消逝，取而代之的是现代戏剧及娱乐事业，随处可见商店和酒吧餐厅，游客在此体验到在这座城市消费的无比活力。

道顿崛美食街和心斋桥商业街其实很近，是互相交叉的两条街。心斋桥是大阪南部最有名的购物区，据说已经有 380 多年的历史了。这里既有大型百货店和百年老铺，也有面向平民的各种小店和药妆店，沿街的店铺鳞次栉比，聚集了各式各样的百货、服装、鞋类、珠宝、时尚服饰。

道顿堀的街道巷弄里遍布着居酒屋、餐厅及酒吧。这里的螃蟹餐厅相当有名。沿着河滨步道，您会看到贩卖章鱼烧、现煮拉面、御好烧和销售各类饮品的小摊。铁板烧、烤肉炸串、旋转寿司及各种甜点应有尽有。

道顿堀和心斋桥是大阪的一张世俗名片，是每名游客来到大阪必去之地。

我的主要采购计划昨天已经完成，今天显得比较轻松，以观光和闲逛为主。在马路尽头对面的一家六层的标示“药”的商场，买到贝亲婴儿有机材料调羹和刨丝板。后来信步走来，看见道顿堀旁有一座 400 年历史的运河，运河上方的桥梁是热门的拍照景点。我购物结束，便坐在运河边的长椅上，思绪纷飞。

一直有个说法是中国的唐朝保存在日本。服饰、语言、文学、哲学、建筑、风俗等姑且不论，连日本的禅宗、茶道、书道、艺伎、和服、文字、围棋、寺庙都是起源于中国唐朝。唐朝以前日本没有文字，借助汉字日本才开始进入文明时代，日本文化起源就是以中国唐朝为模板。

日本民族的特点是以强者为师，据日本史料《日本书纪》记载：“大唐国者，法式备定，珍国也，常须达”。意思是说，大唐这个国家，法律完善，是个不可多得的国家，需要常常去学习。

唐装、唐乐、唐绘、唐式菜肴、唐式建筑、唐式城市、中国书法、中国茶饮以及打马毬、角抵、围棋等体育活动，日本一概照单全收，连端午节和重阳节也都由唐朝传入日本。日本以唐朝为楷模，打造另一个“具体而微”的翻版唐朝，科学技术、城市建筑、音乐绘画、文学艺术乃至衣食住行、风俗习惯，日本无不受到唐朝的深刻影响。

为了更好地学习唐朝的制度文化，在 630 年到 894 年间，日本每隔 12 年就向唐朝派出一次遣唐使。日本先后一共派出了 20 次遣唐使，其中 16 次顺利到达中国，下船后使者团还要跨越 1300 公里陆地才能到达唐朝首都。

时至今日，京都和奈良这两座古都与中国唐代有关的文物、寺庙等遗迹还有很多。鉴真当年在奈良主持修建的唐招提寺金殿依然完好无损。奈良市还在 1400 年前的平城宫旧址上复原了“朱雀门”——平城宫是日本于 710 年迁都奈良后建设于平城京大内中的宫室。平城宫遗迹公园的说明清楚地表明，平城宫模仿唐长安皇城修建，朱雀门是隋唐长安皇城的正南门。凡鉴赏中国唐朝，请去日本京都和奈良，呵呵，这是千真万确，也是无可奈何。

当天四个小时的购物活动结束后，我按时返回旅游大巴，发现同行的青年们购买了较多旅行水杯，药品之类。由此醒悟到一个道理，如果是“大阪入，东京出”，购物者一路上带着许多物品随行，就不是那么方便。像我们这样“东京入，大阪出”，则是旅游购物两不误。

原定下午五时半大阪起飞回国，这架飞机过来时从南京起飞就晚点。晚八时（东京时间）我们从大阪关西机场起飞，九时半（北京时间）到达南京禄口机场。大巴车又把我们送回到城北新模范马路上的南京工业大学门前。两大件家用电器包装箱加上一个旅行箱运回家不易。到家已是子夜时分。

写于 2015 年 9 月

金巴兰海滩美丽开阔，一望无际，海水碧波荡漾。海沙细微。

巴厘岛金巴兰肉桂别墅度假村共有 19 座别墅，有游泳池和草地。

誉为世界最美观察日落的十大海滩之一的金巴兰海滩美不胜收。

金色落日融入波涛，火烧般余晖徐徐黯淡下来。

别墅阔大的客厅与大自然亲密接触，清风自由进出，与人做伴

在海鲜市场喝椰子汁，李超与“国际乐队”合唱中文歌曲“好想好想。”

建于16世纪的海神庙孤悬在海边一块巨大岩石上，落潮时才与陆地相连。

只有苏门答腊的野生麝香猫能够产出优质猫屎咖啡，价格昂贵。

巴厘岛之行

2017年9月，我们一家出行巴厘岛度假之前，往返机票订好了，度假村的预定金也支付了，正当一切准备工作就绪停当之际，媒体上忽然传来了巴厘岛阿贡火山即将爆发的消息，我们一时陷入犹豫不决和进退两难的境地。

巴厘岛阿贡活火山，又称巴厘峰，海拔3140米，为岛的最高峰，当地人奉为圣山。阿贡火山位于巴厘岛的东北部，自1842年喷发后熄灭，其后50年曾经小喷发一次。根据我们检索信息显示，1963年3月18日阿贡火山曾经大喷发，热浪高达1万米 ，火山灰在4000 米高空弥漫全岛，熔岩摧毁了山麓森林和村庄，火山灰扬撒全岛，破坏了15座桥梁，6万公顷农田，致使1600余人丧生，86000人失去家园。

我们太难选择了。我们此行将带着一双刚满三周岁的孩子出游，一旦遇到不测之突发险情，身处异域他乡，成人游客尚且自顾不暇，幼儿尤其缺乏安全保障。我们不断与巴厘岛度假村联系，打探火山最新动态，又协商退订事宜。度假村客服人员一再表示，巴厘岛的北部火山只是处于爆发前期，目前虽然出现了地缝冒出气体和喷出灰沙的现象，但当下状况尚不影响到远处巴厘岛南边的度假村的经营，希望减轻或打消游客们的无限忧虑。度假村又声称，度假村预定后已经无法再次销售，鉴于阿贡火山“突然发作”是不可预测的事件，度假村允许我们可以延改到今后的其他日子再去消费，预定金嘛就不好意思不退了。

我们没有经历过这样严峻的选择，一时举棋不定。

到了9月22日，印度尼西亚国家抗灾署将巴厘岛上阿贡火山的警戒级别提升至最高等级，表示这座火山可能即将爆发。印尼火山和地质灾害抗灾中心提醒人们避免在以阿贡火山火山口为中心的半径6公里区域内活动。

远在万里之外南京的我们一家人面面相觑，更加忐忑不安，鉴于女儿和女婿的工作排期已定，延期前往巴厘岛变得不可行也不现实。但如果横下心来一意孤行，则觉得这趟计划中的巴厘岛度假之行越来越像是一场豪赌，赌的是阿贡火山这次爆发性质是“延发性”还是“突发性”？我们对于火山爆发的程序一窍不通，有关地理知识一片空白，如果径自去往巴厘岛旅游却迎面撞上了阿贡火山穷凶极恶发作歇斯底里大爆发，那我们就是彻头彻尾输了。

唯一的一线希望是赌阿贡火山这次爆发是慢发性质，千万要浅酌慢饮呀，不要一下子撕心裂肺全吐出来。但是，谁知道呢？谁有这个预测能力呢？

北京时间9月28日早上。晨5点钟起床，宝宝们也早早唤醒，六点钟离开家。一辆商务车送我们一家六口人去禄口机场。我们乘坐上午8:05的港龙航空公司飞机前往香港。在香港机场，齐娅夫妇去了一下机场药店给哥哥买了两盒通大便的药品，价格都比较贵，其中有一瓶新加坡产的开塞露是390港元。

中午12时多，我们乘坐另一架港龙航空的飞机直接飞往巴厘岛。空客330飞机在空中大约航行了五个小时，最后于晚上五点钟左右降落在巴厘岛。

阳光明媚的巴厘岛一向是中国游客热门的旅游目的地之一。2015年6月，印度尼西亚正式对中国等30个国家的游客实施免签证政策，此后，中国大陆游客无须签证即可在印尼以游客身份停留不超过30天。而此前中国游客赴印尼必须办理落地签，签证费为35美元。

女儿入关时遇到问题，被海关人员盘问约二十分钟，以辨别她是不是北京的一个什么人。女儿从容应对，后来也就顺利放行了。

巴厘岛，我们虽然犹豫再三，但终于还是来了。

度假村派出的司机手持姓名标牌在机场出口处迎接我们，把我们一路送到了金巴兰肉桂别墅度假村。

巴厘岛金巴兰肉桂别墅是一所顶级奢华的私人度假别墅，于2012年4月建成开业。整所别墅由一大片椰子树园改建而来，迎宾厅就坐落在广阔高耸的椰子林中，洋溢着浓郁的热带岛屿风情。金巴兰肉桂别墅距离度假胜地巴厘岛的黄金海岸金巴兰海滩只有约两百米远，俨然是一处引人入胜的高级度假区。

金巴兰肉桂别墅度假村共有 19 座别墅，都是传统的巴厘岛式建筑风格。别墅设计别出心裁，有助游客体验清新脱俗、“沉淀人心”的岛屿度假生活。每幢别墅都配有私人泳池和厨房等设施，私密性强，着意营造酒店的舒适和家庭的温馨。度假村为每一幢别墅都配有一位专属的私人管家，从抵达机场的那一刻开始，直至搭机离开的最后一分钟，私人管家始终为宾客殷勤招待与细心打理。

我们入住的这幢别墅较大，整体占地大约 600 平方米左右，非常漂亮，花树环绕，鸟飞虫鸣，一派自然风光，令人非常满意。庭院中间是阔大的游泳池和草地，池水蔚蓝，青草碧绿。两边分列两栋宾客入住的房屋，备有三张 2 米以上的大床，很宽敞。

屋顶是传统茅草铺成，从外面看上去亟具当地传统风格，有效遮挡日晒雨淋。

单单一间客厅约有 80 平方米大小。客厅四周无遮拦，除了一根根立柱之外，是全方位、无保留、大敞开式地亲近和接触周围的大自然景色。芭蕉叶摇曳，穿心莲徜徉，一阵阵清风南来北去与客厅里的主人亲密互动，没有任何阻隔和障碍。

度假村送来了下午茶，食物非常丰盛。大家对着户外美景边吃边聊愉快无比。度假村的服务人员态度很好，都会说一些英语，交流不成问题，当然有着浓重的地方口音。金巴兰度假村是 5 星级酒店标准，据说名列全球五十佳度假村之一，是一家非常有品质的酒店。整座度假村被高高的椰树林环抱，装修装饰很有巴厘岛风格。服务品质优异，只要客人提出要求，酒店会尽力想办法满足。早餐和下午茶丰盛，每天免费赠送努沙杜瓦肉桂饼干。酒店免费接送游客到本岛其他著名海滨区域如库塔等，只是需要提前预定。凡酒店工作人员送餐入室一律赤脚行走，把拖鞋置于阶前。

晚上沐浴，我的亲娘唉，才知道——浴缸包括浴室的全套设备全部置于室外，也就是——露天洗浴，完全披露在天地间和星光下。当然我一个大老爷们无所谓了，女性游客们恐怕就不会有我这样稳健的心态了。四周全是树木花草，虽说是遮挡严严实实，但是夜间黑黢黢的啥也看不见啊。时有大型甲虫看见沐浴灯光忽然“扑啦啦”地如直升机一般很响地从夜空飞过来也许就落在你的毛巾上，两根长触须四下乱扫，面目黧黑，足以把我们这些见少识寡的城里人吓一大跳，一时不知所措，方寸大乱。洗一次澡，如同历一次险。心头扑扑乱跳。

当晚在微信上看到了三哥贯之的信息，侄女聪聪今天上午破腹产，得一男婴，八斤半重，谢天谢地。

当晚读到信息，9 月 28 日我们抵达的当天，印尼巴厘岛卡朗阿森县把阿贡火山的警戒级别已提升至最高等级，村民开始转移家禽家畜。媒体估计，处于火山危险区的大约有 3 万头牛。大约 1 万头牛已被居民转移，剩下 2 万头也将被陆续转移出火山“红区”。

我唯有默默祈祷，伟大的阿贡火山的山神啊，保佑我们这些远道而来的游客吧！

9 月 29 日，吃过早饭以后，我们一家人决定先去两百米外的金巴兰海滩报到一下，一来认个路，二来漫步一番。

步出度假村大门，左拐前行，领着孩子们五分多钟就走出街巷来到了金巴兰海滩，目前豁然开朗，美丽的大海一望无际，蔚蓝色的海水碧波荡漾。海滩倾斜入海，布满极其细微的沙粒，赤脚踩上去十分舒适。宝宝们第一次见到大海非常兴奋，在海水中跑来跑去，拍照片很多。

巴厘岛面积约 5630 多平方公里，人口约 300 万左右。巴厘岛在行政上称为巴厘省，是印度尼西亚 34 个省之一，是著名的旅游胜地，距首都雅加达 1000 多公里，而与爪哇岛之间仅有 3.2 公里宽海峡相隔。巴厘岛是印度尼西亚少数信奉印度教的地区之一，庙宇建筑、雕刻、绘画、音乐、纺织、歌舞均体现出浓郁的印度教风格。巴厘人生性爱花，处处用花卉装饰，有“花之岛”之美誉。此岛风景闻名于世，金巴兰、萨努、努萨杜尔和库塔等处的海滩都是名闻遐迩天造地设的世界顶级海滨浴场，这里沙细滩阔，海水湛蓝清澈，每年来此游览的各国游客络绎不绝。

中午十二点半，应我们的要求，酒店派车送我们去附近的海鲜市场参观。

在金巴兰海滩，有一个大型海鲜市场叫“克冬迦南”，也经常被称为“金巴兰鱼市场”。每天有很多大型渔船前来聚集交付渔获。据说，每天早上 6:00，巴厘岛南部酒店、批发鱼档主和零售商们会在此进行一场热闹的特殊的抢鱼大战，游客们也可以大开眼界在此看到难得遇见的海底生物。当地有许多海鲜餐厅，游客慕名前来这里吃饭，藉以体验地道的渔村风情。

据说这里的海鲜价格也相对便宜。海水鱼一般都是 15-25 元人民币/公斤，龙虾是 100-120 元/公斤。游客还可以讨价还价，但对方一般不会说英语，只能敲计算器或比划，沟通也是一次难得的体验。

遗憾的是，我们去的这家海鲜市场，地点对了，时间却不对。午后的海鲜市场内部，简陋，清冷，没有看见任何交易行为发生。原来清晨才是交易高峰，上午是贸易余韵，到了午后，尤其是天气炎热的 9 月午后，鱼尽人散，无踪无影了。

我们并不气馁，看见路边摊销售椰子，这可是当地特产，便在海边凉棚下坐定，一人一个捧起椰子慢慢啜吸汁液，一边悠闲地观赏海湾景致。凉棚下有来自世界各地的游客散坐四方，欧洲旅客不少。

我留意到，面前的一张张长桌两头尖尖地翘起来，做成船的模样，创意可嘉，可惜装饰板有些年久失修，经营者显然并不在意。那位男老板走过来擦拭旁边那张桌子，他老人家就光裸着黑黢黢上半身，腆着大肚子一副不与游客计较的架势。

正当我们坐在海鲜市场门外的凉棚下神闲气定喝椰子汁的时候，音乐声响起来了。一支黝黑皮肤的四人流浪乐队前来献唱，但也许人家并不是什么流浪歌手，说不定就是本凉棚定点的驻唱乐队呢。四名当地男子——分别是歌手一名，吉他手两人，再加上一名大提琴手——统统是墨镜遮面，一派酷姿。歌手和大提琴手的头上缠着当地男子特有的头巾，两名吉他手一人反戴鸭舌帽，一人长发络腮胡子，形象企划很有特色，看似随意，实则精心设计。

这支乐队在前面几桌外国游客面前献唱过欧洲歌曲以后，便折身向我们这张桌子走来。突然，熟悉的乐曲前奏响起，歌手们齐声唱起了古巨基原唱的中文歌曲“好想，好想”，十分逗趣。原来他们一眼就辨识出我们是中国大陆游客，我们大乐，女婿李超即兴立起身来陪他们一起演唱，现场气氛十分美妙。一曲结束后，奉送给歌手们小费印尼币 2 万元，合人民币 10 元。艺人们又转去旁边一桌俄罗斯游客桌旁，唱起了俄文歌曲《三套车》。哈哈，这支乐队似乎走的是国际化路线。

回到别墅后，关上院门在游泳池里畅游。两个宝宝也都下水了。琪海也游了一会儿。私人泳池比较奢侈，安静，私密性也好。在我看来比起公共游泳池来主要是干净和卫生。

下午茶后，傍晚一家人又返回海滩欣赏大海沉日的壮丽景象。金巴兰海滩景色迤逦坐东朝西，因此被誉为是世界最美观察日落的十大海滩之一。这里虽不及萨努海滩和努萨杜瓦海滩广大，也没有库塔海滩的繁华和热闹，却有人们难觅的幽静和每天看不厌的日落景象。

金巴兰海滩确实独具特色，日落时分迎来了最优美的景致——夕阳慢慢下落，逐渐接近海面，一轮金色落日刹那间亲近波涛融入了万丈光芒。落日逐渐从多半化成少半，最后完全沉入海底，西边天际火烧般的余晖徐徐黯淡下来，夜幕缓缓拉开，金巴兰月牙形海滩温柔地将大海抱拥入怀，天地万物安静下来，呢喃低语，柔情万缕，心事平息。由于海面平坦一望无际，观看日落的最佳时间在一个小时左右，尽兴而来，尽兴而归。

9 月 30 日，自己花钱包车一日，先去了附近的库塔海滩，这里商业区密集，现代化程度很高。不像金巴兰海滩那样原生态充满野趣。库塔这边西方游客很多，尤其是澳洲人居多。宝宝们在大人带领下走下海滩在阵阵海浪中穿行，十分开心。

相对而言，金巴兰海滩虽然也有阵阵波涛卷岸，但是显得平和与舒缓，像中年人群一样有所收敛且自矜。而 Kuta beach 是东南亚著名的冲浪圣地，这里的海面热情洋溢，充满青春活力，无时不刻在奔涌，在澎湃，在载歌载舞。来自各国的俊男靓女纷纷展露健美身姿，或登上滑板冲浪，或挥动手臂游泳。许多当地人也来到阳光洒满的海滩上，游泳后躺在长席上，纵情享受大自然赐予他们的恩惠。Kuta 市区是巴厘岛重要的旅游购物和娱乐中心，集中了岛上最主要的 shopping mall。晚上，各式夜店遍布 Kuta 大街，各国游客到了这里多是乐不思蜀。

恋恋不舍离开库塔海滩，包车又载我们去海神庙参观。塔拿罗特的海神庙(Tanah Lot)是巴厘岛最重要的海边庙宇之一，始建于16世纪。该庙坐落在海边一块巨大的岩石上，每逢潮涨之时，岩石被海水包围，整座寺庙与陆地隔绝，孤零零地矗立在海水中，只在落潮时才与陆地相连。据当地人的说法，在16世纪时，东爪哇最后一个祭司避居于此，因爱上这片海岸美景天成，遂主持在巨岩上盖了一座印度婆罗门庙，也就是今日的海神庙。附近的景色十分优美。

参观海神庙的时候需要购买门票进入，每人3万元，约合人民币15元。进去后有很长一段路要走，两边全是商店，天下景点每每不同，但是商业集群傍着景点赚钱的套路是一样的。

走着走着，我忽然眼前一亮，在一家商店大门外面，摆放着一辆自行车，自行车后架上固定着一块大木板，上面高卧着两只被铁链锁住的陌生动物，一睡一醒，此前从来没有见过，外表有点像是果子狸。我停下脚步仔细端详，最后根据后面的一张广告牌上面的Luwak coffee，coffee roastery等字样判断认定，这不就是创作猫屎咖啡的大神本尊——麝香猫吗？

猫屎咖啡是咖啡种类中最贵几种之一，口感独特，产量稀少。印尼的主要种植作物之一是咖啡，当地有一种野生的动物叫做麝香猫，最喜欢吃新鲜的咖啡豆，拉粪便时却又会把咖啡豆原封不动地排出来。咖啡豆在麝香猫的体内经过发酵和消化，产出后另有一番风味，异常芳香和甘甜。有商人对咖啡研究十分深入，闻到味道就察觉出了这些咖啡豆的不一般。于是猫屎咖啡就开始被世人所熟知，畅销世界各国。

麝香猫分布在孟加拉、尼泊尔、克什米尔等地区，均无法产出猫屎咖啡，只有苏门答腊的麝香猫能够产出。不过据说猫屎咖啡产出情况复杂难懂，咖啡农将麝香猫捉回家饲养，人工培育出来的猫屎咖啡口感质量非常差，所以野生的猫屎咖啡的价格十分昂贵。几年前我曾获赠一盒猫屎咖啡在家里冲泡，印象不佳，恐怕就是人工培育的徒有虚名产品吧？

每天涨潮时海神庙如一座水上楼阁漂浮在海平面上，据说海神和传说中的千年海蛇保佑在左右。日落时分的海神庙是观赏的最佳时间，晕黄的日落照射下，海浪凶猛地拍打着海岸，激起千层白浪。

当地居民都很友好，但旅游者必须注意一些风俗习惯以免引起误会，如不要用左手与别人握手，不要用弯曲手指的方式请别人过来，头部神圣千万不要拍别人的头部，即使对方是小孩子。当地人经常把祭品摆放在门口，行走时要仔细留意，不可粗心踩踏。

回家路上，宝宝们在快餐店吃薯条。后去库塔的家乐福商场购买礼品。我给自己家里购买了两只木雕大壁虎。巴厘岛是印尼手工艺术品的盛产地，木雕是其佼佼者。工艺品主题以印度教神话人物及传统居民的生活风貌为主，商品价格与木材的材质和雕工细腻度有关。

今天在户外几次远眺东北方向的阿贡火山，天气晴好，能见度很高，目光所至，一切平静如水。或许是在意象中隐约看见遥远的火山烟云细如蚕丝摇曳，淡淡的若有若无。处于最高警戒状态下的阿贡火山的爆发危险此时此地确实没有对于岛南端的景点及游客形成事实上的影响。一切照旧。我们一颗悬着的心略微放下来一点。

据巴厘神话，诸神以群山为神座，将最高的神座阿贡山置于巴里岛。巴厘人认为这座山是“世界的中心”，巴厘岛上每座神庙中都有一座神龛祭祀阿贡山的山神。居民常把向神庙献祭的祭品做成阿贡山的形状以示对此山的尊崇。我高举起双手遥拜阿贡火山。

10 月 1 日，上午时雨时晴，就在别墅里等候天气转好。三名送餐服务员手托着丰盛的早餐，路远迢迢从百米开外的餐厅一路步行走来送到别墅的客厅里摆好，各付给一万印尼盾小费，合人民币 5 元，三人共 15 元。每天送餐均需支付小费 ，这是当地风俗。

巴厘岛度假村的饮食，应该是当地饮食文化特色的代表了。头一天晚上就会发给你一份很长的菜单，让你任意挑选不限量。和传统的自助式早餐相比，这种管家定制式的早餐实在很震撼。餐桌上摆放六个人的早餐足有几十个碗盘，碗盘里面各摆放着一道点心或一份蔬菜或些许肉食，分餐而食，有点像是“过家家”一样。煮熟的鸡蛋安放在蛋杯上整整齐齐很有仪式感，大盘中的煎蛋周围排列四五种精巧的小点心，每杯果汁的杯口上竖着夹放一片水果。

酒店提供免费的自行车服务，可以观赏周边风景。我们携老挈幼多数倾向于选择包车服务，酒店提供的有偿包车每 5 小时收费 9.6 万印尼盾，约合人民币 50 元。巴厘岛的出租车很多，BALI TAXI 公司全部是淡蓝色车身的出租车，这家公司服务比较正规，5000 印尼盾起步价。游客在巴厘岛吃饭需付税，五星级酒店和饭店是 21%的税，普通饭店是 15%的税。巴厘岛紫外线甚强，游客外出需准备帽子或阳伞、太阳眼镜、防晒乳液，应该多饮水。

巴厘岛目前大面积提供的自来水都是由海水淡化而来，所以不能喝，即使烧开了也不行。在巴厘岛饮水必须要喝矿泉水才行。那么，在海水淡化技术诞生之前，这里的淡水资源来自哪里呢？

巴厘岛约有 400 条河流，淡水资源来自于降水。海水通过蒸腾作用进入到空气中的小水滴就是淡水，巴厘岛处于热带，全年的平均温度在 24℃以上，炎热的天气加上海洋气候，这里的海水蒸腾量非常大，这使得巴厘岛的年降雨量超过了 1200 毫米。如此多的降雨都是天赐淡水，这些珍贵淡水汇集形成河流和池塘。降雨渗透进地下后，由于淡水密度比海水密度小，所以淡水层会聚集在海水层的上方，淡水层与海水层中间形成了一层海淡混合层，将二者分离开来。海岛居民打井时，只要控制深度不打过头，避免深入到混合层和海水层，就能稳稳地获取淡水资源了。

午后，酒店的车送我们去努沙杜瓦富人区，那里有这家酒店的姊妹店。富人区的环境果然完全不一样。有很大范围的购物区域，现代化程度很高。完全不像金巴兰世外桃源幽静淡泊的环境。

从停车场往里走，照例是很长一段路，周围有景致也有商业设施。进去后街口中心有一棵参天大树，像是榕树一样，主干直径约有四、五米，气根密集飘垂下来，树荫范围至少占据几亩地。

一路前行，来到了著名的努沙杜瓦海滩。努沙杜瓦(NUSA DUA)以洁净宁静的海滩及清澈见底的海水而闻名。这是一片经过完整规划与建设的观光休息地区，努沙杜瓦坐西朝东亦是欣赏日出的绝佳地区。这里的海滩平常风平浪静，非常适合一般水上活动。而南湾就是努沙杜瓦的水上活动中心。

这里海滩风景秀丽漂亮，属于典型的富人度假区。相比较库塔（KUTA）洋人区，努沙杜瓦安静了许多，这个伸出海的岬角在自成一统的天地里集中了很多豪华酒店，是修身养性，度假休闲的好去处。除南湾之外，这里还有国际会议中心(BNDCC)，有全岛唯一露天高级购物商城（BALI COLLECTION）及日前 MISS WORLD 世界小姐莅临的海景美食广场(THE BAY BALI)等，还有威斯丁饭店、美乐居度假村、香格里拉度假村等一批豪华酒店及高尔夫球场。

宝宝们在大人带领下又下大海去戏耍。一道道海浪卷来，在游客们的腿上冲刷和荡涤，仿佛是不知道疲倦的宠物讨人喜欢，去了又来，来了又去。海沙细腻洁白，踩在脚下仿佛有按摩的效果。

上岸后一路往回走，四处都是商业网点吸引游客眼光。宝宝们先吃了一通冰淇淋。后来在半路上看见有西餐牛排供应，大家一致同意改变一下饮食风格，便在室外坐下，美美地享受西餐美食。此时出现一个小插曲，相当于是临时凑趣的餐厅表演，露天餐桌周围绿树成荫，一眼便看见屋顶上有一只大猴子来回走动，它若有所思，不停地从屋檐伸下爪子来拨弄饭店大筐里的大西瓜，如此再三。厨师乐了，便出手切下一大块西瓜递给那只大猴，此后人猴两安。

车辆每次回到度假村，都会被门卫拦截，用反射镜仔细探看车辆前后底盘，实行严格的车检制度，不敢懈怠。我想，这或许是十来年前巴厘岛大爆炸案留下来的后遗症。

印尼是全球信仰伊斯兰教人口最多的国家，但巴厘岛却是境内少数以印度教为主要信仰的地区之一。巴厘岛素来以安静平和的民风著称，广受外国游客欢迎，岛上的平静状态却在 2002 年被恐怖组织发动的爆炸攻击打破。当年 10 月 12 日晚上，发生了该国有史以来最严重的恐怖袭击事件，一连串三起爆炸案造成一百八十多人死亡，三百多人受伤，印尼顿时陷入浓烈的恐怖气氛中。

据印尼国营新闻社安塔拉报导，其中 2 起爆炸袭击了外国游客云集的位于库塔海岸的沙莉夜总会，另外 1 起发生在巴厘首府登巴萨市中心，距离美国领事馆约 100 米。自那以后，当地酒店和度假村便提高了安全戒备水平。

傍晚回到度假村，恰逢度假村实施大规模灭蚊行动，到处对着空中喷烟雾。一时间云烟缭绕，恍若仙境。

带上孩子们在度假村门口的餐厅用餐。餐厅灯光昏暗，以打击乐为主的甘美兰合奏音乐轻柔地盘旋在身旁。点了几道当地特色菜肴，品尝之后我必须说实话，其口味实在是与中国美食相去甚远，但这绝对不是说不好吃，只是自惭不识此处的人间瑰宝。

晚上，酒店提供每位客人半小时的免费按摩，好像这是我第一次接受按摩。我选择了腿足按摩，过后腿脚感到很轻松。宝宝们入睡后，大人们坐在开放式的大客厅里连续第三晚玩掼蛋牌戏，我和琪海是对家，齐娅夫妇是对家。月明风轻，神清气爽，我感到很放松，也很愉快。

10 月 2 日，起身后在泳池里下水游泳。早饭后散步走出度假村在附近转转。瞧见几处深宅大院，里面还有石头雕像。似乎是什么寺庙，一律是空无一人，荒凉而且神秘。

大约在 10 世纪时，印度文明开始影响全东南亚，经过爪哇岛传入巴厘岛，有助巴厘文学、艺术、社会组织和政治形成了雏形。13 世纪时，信奉印度教的爪哇人开始统治巴厘岛。公元 1515 年伊斯兰教传入爪哇，促使大批印度教僧侣、贵族、军人、工匠和艺术家逃亡巴厘岛，成就了 16 世纪巴厘岛的黄金时代。

一直到 20 世纪初，荷兰人决定征服该岛。巴厘岛土著的高层在抗争无效之后，决定以死明志，选择大规模集体自杀——读到这则信息令我惊讶得一时说不出话来——在 1906 年登巴萨王室贵族几乎全部自杀于荷兰军队面前（登巴萨市政广场的纪念碑即是纪念此事件），王室成员几乎一夜之间全部去了极乐世界。自杀事件经新闻界传布到欧洲后引发震动，在当时舆论的压力下，荷兰殖民者被迫开始实行较人道的统治，巴厘岛的传统文化特色也由此能够保持下来。

回到别墅后第二次下水游泳。碧波荡漾，亲近肌肤。前几晚曾经有泳池夜游，别有一番巴厘岛特色，庭院里路灯柔和，音乐低迷。时有夜行性大甲虫噼里啪啦飞过来歇在某处，耐人寻觅。每天有专人前来用网兜打捞池水里的落叶和缤纷落英，也清除落水的蝴蝶和昆虫。

下午四时，酒店的车送我们去机场。乘坐晚上六点的港龙航班，于十一点多到达香港。

乘坐两辆出租车，住进位于尖沙咀金巴利街上的蒂乐文娜公馆 14 楼。香港帝乐文娜公馆 The Luxe Manor 是九龙区首间大师级设计并领导潮流的精品酒店，糅合欧洲建筑特色，提供装潢瑰丽的标准客房和各具特色的主题套房，餐饮设施一应俱全。酒店坐落于尖沙嘴的黄金地段，毗邻大型购物商场娱乐中心，紧靠著名的诺士佛台，汇聚中西美食和各式各样酒吧。徒步往尖沙嘴地铁站只需数分钟。酒店室内装潢充满欧洲特色大宅的摩登建筑风格，装饰华丽，缀以神秘的色彩，酒店虽然位居东方，令人恍若身在欧洲。

10 月 3 日，上午一家六口人沿着香港大街漫步游览，边走边逛，一路前行，去往离酒店不远处的维多利亚港。天气很热，一路上游人如织。

走过一幢幢高楼大厦的拐角，当万顷碧波的维多利亚港突然出现在面前时，大家不禁哇地一声惊叫起来，太美啦！

维多利亚港地处香港岛与九龙半岛之间，平均水深 12.2 米，最大水深 42 米。港阔水深，自然条件得天独厚，可以停泊远洋巨轮，是世界三大天然良港之一，另两个分别是巴西的里约热内卢港和美国的旧金山湾。

早期维多利亚港即被视为重要商港。直至上个世纪七十年代维多利亚港西部的葵涌货柜码头兴建，香港的海运业务才逐渐离开维多利亚港的中心地带，此地转而以旅游和交通为主，但仍有不少货船频繁来往。2004 年之前，香港的葵涌货柜码头是全球最繁忙也是吞吐量最大的货柜港口，该年被新加坡超前，于 2007 年又被上海超前，现在居于深圳之后排名世界第四。

维多利亚港有三个主要出入水道，是进入香港的重要门户。港内有72个供远洋轮船停靠的泊位，其中有43个可供长达183米的巨轮停泊。港区码头和货物装卸区总长度近7公里，进出港的轮船停泊时间平均只需十小时左右，效率之高为世界各大港口之冠。

维多利亚港湾海底多为岩石星底，泥沙少，航道无淤积，港区水域辽阔，足够宽深，万吨级的远洋巨轮可以全天候进出港口，是一处难得的优良港口，每年到港的船艇达22万艘左右，海上运输相当发达。

我们一家人站在港湾北面九龙半岛这一侧，眺望对面湾仔地区连绵不断的高楼大厦，高低错落，造型独特，景致十分壮观。造物主钟情这片美丽的山水，用最好的天然条件赋予这里的人们。而聪明智慧的香港人民把港湾两侧建设得花团锦簇一般。

坐在花坛边拍照和小憩，两名教会的志愿者前来宣传。这是两位言语谦恭的女士，问候与解答透露出礼貌和优雅。知道我们是远道而来的游客后，便简要地介绍一下教义希望引起关注。诚挚感谢这两位姐妹的温馨访问。

又乘渡轮前往湾仔铜锣湾。渡轮上乘客虽多但不算拥挤，每人都有座位而且有所空余。此时遇到一件意想不到的事情。

两名三岁的宝宝受到舷窗外的壮丽景致吸引，为了更好地满足观赏愿望，便不禁从座位上立起，向窗边的空座位奔去。我跟着立起身来，尾随而去。

从原先的座位到窗边之间的一排椅子上有人在座，其中有名青年明明是眼看着娃娃走过来了，他伸直双腿交叉着，挡在过道上不动。宝宝们停下来了，等了一会，又跨过去了，倒是没有被绊倒。轮到我一名大人站在那青年面前停下来，这意思不言而喻是十分明显了：请君让出道来。

那年轻人衣着整齐，不是没受过教育的落魄社会青年，他也不在看书或看手机无暇顾及，他目光平视向前，脸上刻板没有表情，但是他挡在路上的双腿一动不动，完全没有礼让的意思。

我与此公素不相识，而这位香港青年对于大陆游客的强烈敌意，此时昭然若揭，既不悯幼，更不敬老。我又等了一下，随后咽下一口唾沫，跨过了这道人为的障碍，去到了宝宝们身边。我敬重香港人民争取自己权利和生活方式的主张，但是把敌意恣肆发泄棒扫一片伤及无辜的这种方式，我不赞成。如果你的对手下三滥，你不一定要与对方比谁更差和谁更令人不齿。

在湾仔匆匆浏览。饮咖啡，吃汉堡包。下午回到酒店。乘上机场快线的摆渡巴士去香港机场，十分方便。搭乘晚上八点多的航班，于晚上十点多到达南京禄口机场。雨渐止，气温很低，只有十多度。与香港相比温差极大。

巴厘岛一行完满结束。谢谢印度教各路大神，阿贡火山终于没有爆发，让我们一家人度过了一段十分愉快的假日时光。

后记：关于巴厘岛阿贡火山爆发的后续新闻

我一家人离开巴厘岛的 50 天以后，也就是 2017 年 11 月 21 日，阿贡火山开始喷发，火山灰直逼 700 米高，当地超过 14 万民众撤离。当局呼吁民众暂勿惊慌，与火山保持 5 至 6 公里的距离，并随时注意当局发布的最新消息。

官方称，火山仍未达到完全喷发状态，正在密切关注火山动态。发布安全警示，并警告火山仍在继续喷发，将会不断增强喷发力度。

11 月 25 日下午 5 点 30 分，阿贡火山猛烈喷发，大量灰黑色火山灰喷发到 1500 米高空，之后火山灰上升至 4000 米，并开始扩散至龙目岛，航空警戒级别升至最高级别，中国驻登巴萨总领馆提醒国民注意安全。火山灰后升至 8000 米以上，并伴随岩浆喷发，随时可能重演 1963 年火山大爆发。火山警戒级别升至最高级别，10 公里范围所有居民撤离家园。

11 月 30 日，火山持续喷发火山灰和熔岩，高达 2000 米。

12 月 13 日，阿贡火山持续猛烈喷发，爆发指数已达 4 级，火山灰稳定在 1000 至 2500 米高空。

12 月 25 日，火山再次喷发，火山灰高达 2500 米。

2018 年 1 月 1 日，阿贡火山再次喷发，火山灰高达 1800 米。

2018 年 1 月 15 日，火山再度喷发，浓烟升至 2500 米。

2018 年 6 月 27 日夜间，阿贡火山再次喷发 ，并仍在持续活动，火山灰高达 2000 米，警戒级别也升至三级，附近居民逃离家园，导致巴厘岛国际机场从 29 日凌晨 3 点起关闭。

2018 年 7 月 3 日，阿贡火山发生剧烈喷发，大量岩浆从火山口喷出，岩浆所到之处引发山体森林燃烧，火山口上空浓黑火山灰柱高达 2000 米。

2019 年 5 月 24 日夜间，阿贡火山再次喷发，火山灰柱高达 5000 米。出于安全考虑，多家航空运营商取消往返巴厘岛的航班。

再后来，三年新冠疫情的出现给予全球经济巨大杀伤，旅游业首当其冲。

到了 2022 年初，我看到媒体报道巴厘岛海滩垃圾无人清除，一片荒凉。由于旅游业受到重创，负责清理避暑胜地的垃圾支出费用没有着落，黄金海滩面目全非。

祈祷造物主保佑地球，让巴厘岛重新恢复昔日的美丽，让地球居民的生活越来越好。

悉尼歌剧院的建设历经 14 年，过程一波三折，充分演绎好事多磨。

悉尼歌剧院创下建筑物在最短时间内列入世界遗产的记录。

标新立异和特立独行受到欢迎，不仅是孩子视角。

建于 1932 年的绰号为“大衣架”的悉尼港大桥对游客攀爬开放并颁发攀登证书。

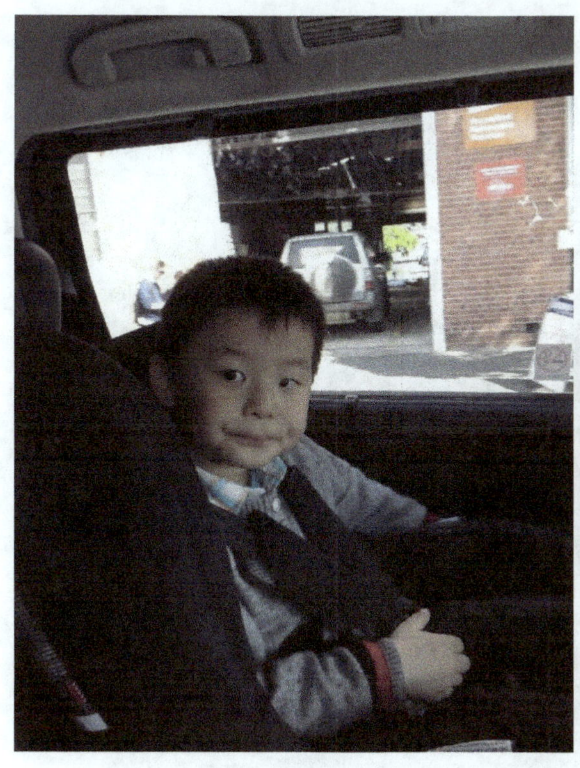

小宝时不时在车上喊一嗓子约德尔民歌，为家人们助兴。

大宝座椅原先安装在第三排有问题，乘坐不舒适。第二天移到第二排来，一切 OK。

大英帝国当年用这样一方宝地作为流放场所，是不是奢侈无边啦？

罪魁祸首就是我手中的面包片。三只葵花鹦鹉很不见外地落在双肩及头顶上。

“面包会有的……面包现在没有了……”中英文重复多次，哼哈二将意犹未尽

经典的十二门徒岩景点，海风浩荡，女士们无不是长发飘飘或帽子与美发恣肆飞扬

在外甥陈士力家里做客。一进门就是乒乓球台，引起一阵欢呼。

澳大利亚之行

2019年3月15日，周五

今日我负责编辑的那本刊物截稿，上午坐在电脑前面忙碌不停，接收来自各地投稿的电子邮件和初步验看一下内容及照片是否符合要求，如发现有问题立刻告知投稿方的组稿人或直接反馈作者本人。

中午骑摩托车从六一幼儿园接回宝宝们，孩子们上幼儿园中班，还只有四岁半。大宝坐在摩托车后座上有靠背可倚稳当无虞，小宝就直接坐在前面的油箱上。反正幼儿园离家也只有几百米的距离，又都是小街小巷，即使交警发现了一般也是视若不见。

下午三时许，一家六口人乘坐一辆丰田塞纳七座车到达禄口机场，然后乘坐晚七时半的东方航空公司的空客330飞机直飞澳大利亚悉尼。孩子们十分期待这趟国外长途旅行，很听话也很配合。机上有一些空座位，孩子们因此能够平躺下来，一路上获得比较好的休息机会。

3月16日，周六

悉尼时间9:30（南京时间6:30），飞机降落在悉尼国际机场，经过了11个小时的长途飞行，飞机备降又花了很多时间，乘客们会感到有些不舒服，小宝还呕吐了。好在飞机一落地就全没事了。

事先预约了接机服务，直接来到了悉尼市中心利物浦路上的美丽通世界塔公寓酒店，住进6708房间。一打开房门，大家一起哇哇哇叫嚷起来，好开阔的一大套公寓啊，足有200平方米，三大间卧室，超大客厅，还有敞开式厨房配备自动洗碗机，洗衣房里洗衣机和烘干机一应俱全，窗外是美丽的城市景色和海滨，真是奢华享受生活。一进门左手通道是两间客房，都是两米大床，还有客用卫生间。进门直接往前是客厅和餐厅，都是落地大窗户，窗外悉尼市景和远方港湾几十公里景色满满在目。进门对直走到底右拐，则是主卧的阔大区域，包括主卧观景落地阳台，主卧休息小客厅，主卧房和主卧卫生间，绰绰有余。最搞笑的是一张餐桌太长看上去 3 米有余，我进门后误会了脱口叹道，“怎么还有一张会议桌啊？”

最奢华的还是朝北和朝西——在南半球这是房间理想的朝向——的一览无余的无边景致。透过客厅和餐厅整面整面的玻璃落地大窗，悉尼精致优雅的美丽市容无遮无拦地展现在眼前。由于身处于 67 楼的非凡高度，望远似乎可以到了无限。酒店资料显示，达令港就在酒店西北方向 570 米远，维多利亚女王大厦 Queen Victoria Building 只有 530 米远，悉尼海洋生物水族馆 Sea Life Sydney Aquarium 则只有 890 米远。再往正北方向望去，坎贝尔湾和悉尼歌剧院历历在目，而蜚声全球的悉尼歌剧院距酒店仅有 3.7 公里。我们久久停留在窗前不舍转身，眼前的景致确实是十分迷人。

中午在街口的麦当劳快餐店用餐。回公寓前顺便在街口的 Cole 大型超市购买了许多食品，有美食相伴，旅游时更有兴致了。

下午一家六口人散步去了附近的海德公园，美景非常优异。出发前我们从高楼上望去，海德公园就像一面巨大的碧绿地毯铺在酒店脚下，实际上海德公园与酒店也确实同处在一条街上，步行时才知道其实相隔着几个街区。悉尼海德公园（Hyde Park）是澳大利亚最古老的公园，并不太大，面积 16.2 公顷（约合 16.2 万平方米），建成于 1878 年。公园北面还被东西走向的公园街分为了两部分。海德公园的花木维护良好，其中央以一条壮观的无花果树林荫大道著称，另有细叶榕、棕榈树等约 580 种树木。我看见在南京家里栽种于花盆中的龟背竹，在此地成片扎堆地露天栽种而且生长异常旺盛，感叹“有心栽花……无意插柳……”公园北部的核心景观是阿齐保喷泉，是为了纪念一战中法澳联盟而建。雕塑借用希腊神话典故，喷泉中央是太阳神阿波罗，身后扇形的水柱表示太阳四射的光芒。下面围绕三组铜雕：执弓的狩猎女神戴安娜和她的猎犬及牡鹿；管理大自然和农作物的年轻神祇潘的身边围绕着公羊、母羊和小羊；希望英雄提修斯与传说中的异兽激烈搏斗。

公园南部的核心景观则是澳纽军团战争纪念堂，建成于 1934 年，为了纪念一战期间澳大利亚和新西兰组成的联合军队与奥斯曼帝国间的一次战役。主体由白色大理石制成，顶部类似金字塔。地面部分是纪念大厅，中央立着雕塑，地下部分是展室，立在纪念馆前的大水池边可以拍摄壮丽的建筑倒影。旁边草坪边上置有大炮和炮弹雕塑，几枚炮弹足有六米来高，横七竖八以夸张的手法诉说着战争的冰冷。

接着我们又参观了位于公园东面的圣玛丽亚大教堂。圣玛丽亚大教堂(St Mary's Cathedral)是悉尼天主教社区的精神家园。它是悉尼大主教的所在地，是建于悉尼的第一个天主教堂的旧址，属于澳大利亚规模最大、最古老的宗教建筑，位于学院街与阿尔伯特王子路的街角处，处在海德公园的对面。大教堂由当地的砂岩建成，“哥特式”的建筑风格是欧洲中世纪大教堂的建筑遗风。它始建于 1821 年，而天主教神父正式来到澳大利亚是在 1820 年，因此圣玛丽亚大教堂又被称为澳大利亚天主教堂之母(Mother Church of Australian Catholicism)。大教堂长 107 米，中殿 24.3 米宽，天花板高 22.5 米，中心塔高 46.3 米，前塔和尖塔的高度为 74.6 米。圣玛丽教堂气势雄伟恢宏，内部庄严肃穆。教堂地下墓穴的马洛哥神父地板图案，以创世纪为主题由彩色的碎石镶嵌而成，因手工十分精巧而闻名世界。人们一进入教堂，立刻就会被一种庄严肃穆的气氛所感染，我们领着孩子们屏声息气，默默参观和穿行，感受宗教殿堂的神圣和奥秘。

我们居住的酒店公寓背后的一条街据说就是悉尼最大的唐人街，但是我们没有去参观。我们自己就来自于全球最大的唐人国，所以来到了异国他乡还是抓紧时间多看看异域风情吧。

晚餐用在 Coles 超市买到的牛尾骨熬汤，发挥出了公寓酒店的独特优势，还有丰富的菜食，一家六口人大快朵颐。

3 月 17 日，周日

昨天一天是多云转阴，适宜游览。昨晚开始落雨，一直哗哗哗地落到今日下午。

中午一家人分乘两辆出租车去达令港的水族馆和野生动物园。悉尼水族馆近在眼前，离酒店不到九百米远，平时步行即可，即使是幼小的孩子也在足力可及的范围内。但是天降大雨，奈之若何。太太和我领着小宝上了第一辆出租车。司机是华人，沟通没有语言障碍，互相交换了一些信息，就到了目的地。问题来了，司机说不好意思，光顾着讲话忘记打表了。我问他收费几何？他说澳币 20 元。我知道碰上老江湖了，没有办法。下车后率先安排好太太与小宝入室躲雨，出来在雨中迎接第二辆出租车，却是左等不来，右等也不来。第一次试用国际长途联系女儿和女婿，信号不好，断断续续，也不清楚那边发生了什么情况。半个小时后，终于看见他们仨远远在大雨中匆匆走来，一问原因叫人哭笑不得，原来他们碰上一位印度佬司机，一直把他们拉到达令港皮尔蒙特大桥西面的国家航海博物馆去了，那位阿三声称，你们要去的地方走过大桥就到了。可说得轻巧，瓢泼大雨中走百米大桥，你是在开国际玩笑吗？你不会直接把出租车停在顾客指定的目的地是因为这里有你恐惧的巨鳄吗？心中有一千头草泥马奔过。

人到齐了，开始参观，可后续问题又来了。大宝在大雨中跟着爸爸妈妈跋涉大桥“水路”后，运动鞋湿透了，里面全是水，他开始不愿意了，非要脱掉湿鞋湿袜不可。这是一个难题，只好把赤足的大宝抱在怀里，可任性的大宝不肯随意投怀送抱，他偏偏只要我一个人抱他。这可不是一个好差事，四岁半的孩子抱在手上沉甸甸的直往下坠。我左手换右手，右手换左手，恨不能抽空子放生一条 5 米大鳄去寻找那个不负责任敷衍顾客的阿三司机追责。过了大约二十多分钟，大宝觉察出承重的我气喘吁吁接近声嘶力竭，便同意重新穿上湿鞋自己走路，这事才完。

悉尼海洋生物水族馆于 1988 年澳大利亚建国二百周年纪念时开幕，是世界上最大的水族馆之一。该馆是悉尼重要的旅游景点，每年来到悉尼的海外游客超过 55%会造访这里。水族馆展出超过 650 个物种、合计超过 6000 条来自澳大利亚水域的鱼类和各种水生生物。展览馆主体是一系列置于水中的透明丙烯酸玻璃隧道，鲨鱼、儒艮、海鳗、海狮、鲨鱼等千奇百怪的各种鱼类隔着玻璃在参观者头顶游动，便于游客近距离和高保真地观赏。此外还有一个再造的大堡礁珊瑚环境，组成一个完整的海洋世界。

水族馆的主体建筑在达令港的海面下，养殖用水直接从港口输入，海洋生物的生活环境在这里与在大海里基本上没有差别。小宝喜欢魔鬼鱼，也就是蝠鲼，在幼儿园表演时他就叫妈妈给他买了一套魔鬼鱼套装。今天在悉尼水族馆，许多条巨大的魔鬼鱼拖曳着长长的尾巴在头顶上游来游去，美美地看了个够。

野生动物园的入口与水族馆紧挨在一起。据说悉尼野生动物园是世界上最好的野生动物园之一，也是世界上唯一的室内动物园，入口与水族馆一起依偎着世界上最美丽的海港，呈现出一种纯野生的天然风情。园内共分为九个不同的展馆，如彩蝶飞舞、澳洲宝贝、袋鼠悬崖、热带雨林、爬行异族、无脊天下、午夜密踪、峡谷飞行、骄阳似火等，涵盖了大约一百三十种总数达六千多只的澳洲本土野生动物。小袋鼠促膝环绕；考拉近距离接触；卡卡杜峡谷(Kakadu Gorge)的鳄鱼淡水鳄，体长 5 米，是全球体型最大的鳄鱼之一；沙袋鼠岩(Wallaby Cliffs)的袋熊和黄足岩沙袋鼠一同居住在沙袋鼠岩，顾名思义，黄足岩沙袋鼠喜欢在岩石攀爬……

这世界有许多不同，极少数的相同之一是旅游观光景点的出口处都会设置长长的购物区，这里也不例外。大宝选择买了一只绿色的小鳄鱼 baby，很讨人喜欢。小宝则抱住一只小袋鼠 baby 爱不释手。

回家之前，我又回顾了一下皮尔蒙特大桥。皮尔蒙特桥(Permont Bridge) 是世界上第一座电动旋转桥，在大桥中部有可根据需要转动的大桥墩，当超高的船舶经过桥下时，桥上机关启动，桥墩滑轮使大桥从中间分开完成变形。据说 1954 年英女王访问悉尼的船队便是这样进入达令港。站在桥上，可以俯瞰整片达令港美景。

回家路上，雨已经停了，我们一家三代人信马由缰散步返回。途中走到乔治街(George Street)与约克街(York Street)的连接处，目睹宏伟壮丽的维多利亚女王大厦如同云间仙阁般出现在面前，目光久久不能离开，简直是太美啦。

维多利亚女王大厦（Queen Victoria Building）紧邻悉尼市政厅和圣・安德鲁教堂，是悉尼最大的购物中心，著名时装设计大师皮尔・卡丹赞美它是“世界上最美丽的购物中心”。大厦完成于 1898 年，建筑本身是圆顶的罗马风格结构，内部有着多部被木质旋转楼梯包围的老式电梯。如今游客们欣赏到的维多利亚女王大厦，无论是玻璃圆顶、彩色玻璃窗户或是螺旋式楼梯，还是拱门、柱子、栏杆以及图案复杂的地砖，统统都保持了之前的原貌。大厦的两座大钟极具特色。南侧的一座钟由专门为英国皇室设计钟表的工匠于 1986 年打造，外形模仿苏格兰的贝尔莫勒城堡，而这座城堡正是维多利亚女王和阿尔伯特王子最喜爱的度假地。时钟正点会播放音乐玩偶剧。另一座巨钟则是由悉尼本地的能工巧匠于 2000 年制作的南半球最大的吊钟，每半点报时。

维多利亚女王大厦建筑顶端中央耸立着精致的大圆型拱顶，直径为 20 米，周围还有 20 个小的圆顶。大厦中心圆顶的外层是铜架，内层以及建筑侧面都是华丽的彩色雕花玻璃，还有细密的木头镶板。购物中心长 190 米，宽 30 米，几乎占据了乔治街整个街区。大厦内有超过 180 家商店、咖啡馆和餐厅，是悉尼高档购物中心的象征。地下的美食中心和一楼的商铺比较具有地方特色，可以买到众多当地的品牌；较上层则是国际名品店。游客在二楼还能欣赏到一些历史文物收藏，如英国皇家珠宝展示、极端华丽的中国玉制新娘花轿以及钟表和一株玉树等。建筑内部还收藏了众多的皇家画作。

我们在大厦里停留许久，眼睛看不过来，处处是精致优雅的经典场景，美不胜收，拍照无数。

晚餐在公寓房间里动手烹调，尽情享受澳洲牛尾汤，煎澳洲牛排，原汁原味，十分美妙。我留意到厨房的排油烟机上贴着一份中文告示——针对性十分明显——大意是提醒来自美食国度的游客住户不得烹调油烟太大的食品，如果一旦触发了消防警报，消防队出动的费用将由该住户来承担云云。

3 月 18 日，周一。

一日无雨，也没有大太阳，是旅游者心目中的最佳天气。

今天的观光计划是一家人步行浏览悉尼市容，一路往北，目标是向距离 3.7 公里远的悉尼歌剧院进发。我们此前已经在公寓 67 层高楼上多次眺望美丽的坎贝尔湾，那里云雾缭绕，山水如画，深深吸引我们的目光。

照例是穿过绿荫似海优雅浪漫的海德公园，沿着公园南北走向的一条林荫大道向北漫步走去。步出海德公园后，就顺着 Macquarie Street 大街继续北行。

麦克奎因大街（Macquarie Street）是悉尼中心区一条很有历史特色的道路，街道始建于 1818 年，路两边集中了很多欧式的历史建筑，多是早期殖民地高级管理人员居住区。街道很宽阔，也很整洁。

出了海德公园后，大街两边的历史遗迹扎堆，我们连续走过了海德公园军营博物馆，悉尼铸币厂，悉尼医院，国会大厦，州立图书馆等旧址。目光所及，眼花缭乱。古老建筑风格的悉尼医院门前有一尊坐姿慵懒的铜铸野猪雕像，据说摸一下野猪鼻子可以有好运，鼻头便被人手摩挲得锃亮闪光。我同时看见野猪的小鸡鸡也被人手摸得光亮灼人，这可能是人们潜意识中无比崇尚野猪旺盛的生殖能力吧。

在一个路口，一名身穿黑色法袍的年轻女士疾步穿过十字街口，好像是在拍电影。四顾一下，发现并不是演戏，这种过去只出现在镜头中的情节千真万确地展现在现实生活中。

一路北行。路右面出现了一座无比阔大的美丽绿色仙境，这就是大名鼎鼎的悉尼皇家植物园。隔不多远就出现了一道侧门，我们索性进到植物园里去与麦克奎因大道平行前进。悉尼皇家植物园于 1816 年建立，占地 30 公顷，全部是绿草如茵，树木遍野，成为了喧闹都市中的宁静绿洲。据说这片土地曾是原住民部落卡地哥的领地，后来成为了澳大利亚第一农场，经过 200 多年的不断发展，园区内现种植着数万棵植物，成为很多鸟类的家园，现在是澳大利亚重要的历史文化遗产。

一路走一路看，越接近悉尼歌剧院，大道上驶来的大巴车就越多起来。这些旅游大巴就沿路边停下，排成长长的车列。来自世界各地的游客兴致勃勃走下来，一并向前走去。下了一个小坡，面前出现海湾，眼前豁然开朗。

悉尼歌剧院的外型犹如是即将乘风出海的白色风帆，由 10 块大“海贝”组成为三组巨大的壳片，与周围景色相互呼应，最高的那一块高达 67 米。 悉尼歌剧院这一闻名遐迩建筑的设计师是丹麦建筑师约恩·乌松（Jorn Utzon）。悉尼歌剧院的建设自 1959 年开始，于 1973 年完工，其中过程也是一波三折。1965 年，支持歌剧院工程的工党政府在大选中失利下台，新上台的自由党政府指责前任政府“不惜巨额财力建一个世界上最大的歌剧院是奢侈和浪费”，拒绝为工程追加新的预算，并终止了与约恩·乌特松的合同。1966 年，设计师约恩·乌松辞职。1972 年，工党在惠特拉姆的带领下获得选举胜利。悉尼歌剧院于 1973 年 10 月 20 日正式建成并投入使用，成为了澳大利亚地标式建筑。

悉尼歌剧院的开幕式邀请了英国女王亲临现场。在英国女皇伊丽莎白二世的亲自主持下，悉尼歌剧院举行了隆重的落成典礼。悉尼歌剧院的落成完全按照 14 年前乌特松的设计方案，没有加以任何改动。澳大利亚政府事先多次邀请乌特松光临落成典礼，但是建筑师一概拒绝了，应该是余怒未消。

悉尼歌剧院于 2007 年被联合国教科文组织评为世界文化遗产，此时距离其建成仅间隔了 34 年，开创了 20 世纪落成建筑物在最短时间内列入世界遗产的先河。我近距离端详着美到不可方物的悉尼歌剧院，心想自由党政府反对建设歌剧院的方案无疑是党争的工具之一，私下里地球人谁不会为如此出类拔萃的建筑精品击掌叫好呢？再说建成后仅三十多年就列入世界文化遗产，吸引每年数百万游客前来观光，这可是睡梦中也会笑醒的美事啊。对于某些基建大国来说，盖房万万千，效益不如一间歌剧院，是不是应该深思一下差距呢？

我们在相机快门揿下的次数足够于琴键上演奏一支狂欢曲之后，拔腿登上歌剧院高高的台阶。悉尼歌剧院建筑群的入口在南端，有扇面般铺展开来足足宽 97 米的阔大台阶，约有八、九十级台阶，桃红色花岗石铺面，据说是当今世界最大的室外台阶。

歌剧院白色屋顶外表覆盖着 105 万块白色或奶油色的瑞典瓷砖，经过特殊处理，因此不怕海风的侵袭。内有一座 2700 座的音乐厅，一座 1550

座的歌剧院和一座 420 座的小剧场，还有展览、录音、酒吧、餐厅等大小 900 所房间。

悉尼歌剧院入选世界文化遗产遴选依据标准是：悉尼歌剧院是 20 世纪重要的建筑作品。它代表了建筑形式和结构设计的多重创造力，一个设置在水景和世界标志性建筑中的伟大城市雕塑。

立在悉尼坎贝尔湾，另一个壮观的景致就是连接悉尼市区与北岸郊区的悉尼港大桥（Sydney Harbour Bridge），这座单孔钢铁拱桥曾号称是世界第一，是悉尼早期的代表性建筑。在近百年以前，能在大海上凌空架设距水面 134 米高的钢铁大桥，实为罕见。

这座大桥从 1857 年开始设计，深谋而远计。1924 年破土建造桥基，1932 年 3 月 19 日竣工通车，施工历时 8 年多。桥长 1149 米，从海面到桥面高 58.5 米，从海面到桥顶高达 134 米，万吨巨轮可以从桥下通过。悉尼大桥的最大特点是拱架，其拱架跨度为 503 米，而且是单孔拱形，世上少见。大桥的钢架头搭在两个巨大的钢筋水泥桥墩上，桥墩高 12 米。两个桥墩上还各建有一座塔，塔高 95 米，全部用花岗岩建造。

这座桥建成后，流露出一组惊人的数据：大桥全部用钢量 5.28 万吨，铆钉数 600 万个，最大铆钉重量 3.5 公斤，用水泥 9.5 万立方米，桥塔和桥墩用花岗石 1.7 万立方米，建桥用油漆 27.2 万升，从这些数字足可窥见铁桥工程的雄伟宏大。桥面宽 49 米，中间铺设有双轨铁路，两侧人行道各宽 3 米。原来还铺设电车车轨两条，后因交通拥挤而拆除，划出 8 条汽车道。

我们远远望去，惊讶地发现竟然有人在攀爬悉尼大桥。一查才知道，从 1998 年开始，悉尼大桥对公众攀爬开放了，允许人们登临这座绰号为“大衣架”的世界上最大的拱桥，这恐怕也是世界上唯一一座允许游客手足并用爬上拱桥顶端的大桥吧。登桥前，游客须通过肺活量和酒精测试，还要在健康状况证明和合约表上签名及通过金属探测器检查才可以获准攀爬。攀爬侠会领到一套攀登服，晚间攀登还备有轻型攀桥专用灯。攀桥旅程一般历时 3 小时。攀爬侠会收到一份纪念照片以及成功攀登大桥的证书。

左望右顾，我们目不暇接。港湾区相当热闹，游客络绎不绝前来观赏世界驰名的建筑群体。我们拍了很多照片，并在海湾边欣然落座，吃了一顿海鲜快餐。鸽子在身边飞来飞去，分享一些薯条薯片给这些长翅膀的使者们，人鸽共乐。

回来的路上，我们在麦考瑞夫人角沿着农场湾的西边圩堤往南走，古树名木，琪花瑶草，珍奇异常。

最先经过的是总督府，一片古色古香的建筑群，掩映在绿树和围墙中间。周围环绕着大片大片绿茵茵的草地，在悉尼，草地就跟沙漠国家随处可见的黄沙一样普遍，仿佛是造物主偏心眼，私下里把绿色植物多分给了这块土地。

在草地上，一只黑色的鸟儿快速向我走来，喙色红艳，大概是紫水鸡吧。在悉尼看到最多的鸟类除了鸽子就是澳洲白鹮了。这种鸟个头挺大，头颈黢黑，又长又弯的喙也是黑色，飞起来优雅动人。澳洲白鹮不怕人，在游客们身边走来走去，顾盼自得，不把人类惊异的注视当一回事，一副目中无人的老大架势。澳洲白鹮与濒临灭绝的朱鹮同属于鹮科，但澳洲白鹮的家族人丁兴旺，资料显示如今仅在悉尼就有超过 7000 只澳洲白鹮，而这一数字还在进一步激增。由于内陆湿地退化，野外的栖息地逐渐消失，澳洲白鹮的饮食结构也发生变化，这些鸟儿不再寻找昆虫、蚯蚓、甲壳类动物等富含高蛋白的食物，而是迷上了薯条、米饭等高碳水化合物的食物。数据显示，目前澳洲有多达 40%的澳洲白鹮在城市的垃圾桶中以捡拾垃圾为生。

重点是参观悉尼皇家植物园。植物园全年免费对公众开放。园内植物的种类超过 7000 种，并饲养着一些罕见的动物和昆虫，一块块植物标牌向游客们提供植物收集的历史信息。植物园内划分了 21 个区域，分别是海堂园，原住民第一农场，政府院落，香草园，雨林路，灌木路，绿色梯田，棕榈林，先锋园，珍稀植物园，假山园，玫瑰园，多浆植物园，蕨类植物区，展览温室，瓦勒迈松园，茶花园式，殖民时期第一农场，低地园以及国家标本馆。单从这些区域的名称，游客们大体上可以想见植物园的规模和内容了。此地有手掌大的果园蝴蝶、宝石般的细尾鹩莺、两米高的泰坦魔芋花、与恐龙同时代的植物界活化石瓦勒迈松等，还可以见到两米长的鳗鱼、长着蓝色舌头的蜥蜴、栽于1816年的沼泽橡树、澳大利亚赤桉，以及莫顿湾无花果等。瓦勒迈松超级古老树种是世界上最罕见的植物之一，现只在澳大利亚新南威尔士州发现3棵成年树，举世无双，独存此域。

植物园内，景色怡人，鸟语花香。偶见市民在园内跑步或散步或在树下及草地上看书晒太阳。由于植物园面积太大，植物种类繁多，以至于我们只能是走马观花，领略了植物园的一点皮毛。尽管各个路口都设有指示牌，乱花渐欲迷人眼，初来乍到没有在里面迷路就是大幸了。

一天步行下来，路程超过10多公里，大人也觉得疲倦不堪，两名4岁多的孩子坚持一路跟随下来，真是很不容易。

3月19日，周二。

今天是个阳光灿烂的好天气，南半球此时正是秋高气爽季节。一家人步行到达令港去。路近步轻，一会儿就到达了目的地。

上午的旅游计划是搭乘水上快速巴士，通过水路周游悉尼港周边的各处海上美景，出入美丽的海港享受轻松惬意的观光游玩之旅。达令港，海港大桥和歌剧院是悉尼最重要的三个网红打卡地，而搭乘水上巴士从达令港码头穿过海港大桥，最后到达环形码头CircularQuay，一路欣赏沿途的多处著名景点，是一条省力又养眼的旅行线路。一次购票，一路可以随上随下，乘坐游船游览悉尼港从来是最方便舒适的方式之一。

巴士游船每45分钟从达令港出发，开始悉尼港环线的水上交通路线，历时90分钟。途中游客可以凭票在8个港口站点随上随下，站点包括：达令港、环形码头、丹尼森堡、泰朗嘉动物园、鲨鱼岛、华生湾、曼利、月神公园等。巴士游船上播放导游录音，按时向乘客进行悉尼港景点的现场讲解。

在等游船的时候，我们静静坐在达令港海湾边的木椅上，任清爽舒适的海风吹拂脸庞与思绪。游船来了，上船后一看，我们乘坐的这条巴士游船上游客不多，一眼望去尽是空座位。我们一家六口人隔三差五坐在船舱里，还是宽宽绰绰。游船一路北上，蓝天白云，达令港两岸风景秀丽，有很多高档西餐厅、酒吧和甜品店，是一个非常棒的休闲娱乐的去处。资料显示每年有130多万外国游客来到这里观光。

沿岸泊有各式渡船帆船古董船，还有美丽的白色灯塔。岸上密密麻麻排列着无数餐厅、酒吧，高楼大厦栉次鳞比。

渡轮驶出达令港，向东转过大大的弯来，前面远远地出现了世界上最大的单体拱桥——悉尼海港大桥。一眼望去，海面上全无遮拦，可以从容地把海港大桥和悉尼歌剧院的雄伟壮观的身影尽收眼底，一时风景如画。

游船疾驰从悉尼海港大桥下面穿越过去，这绝对是一次令人震撼的视觉冲击，眼望着巨大铁桥顶天立地慢慢地从头顶掠过，充分显示出人类这一宏伟工程的无比魅力。

穿过大桥就望见了著名的悉尼歌剧院倩影。水上看悉尼歌剧院是最美的角度，扇贝外观移步换形，一览无余。

前面游船停靠点就在环形码头，从这里下船步行200米即可到达歌剧院。环形码头是悉尼主要的交通枢纽。这里设有一个大型的渡轮、巴士和铁路转线站。每逢除夕和澳大利亚日，这里会举办烟火汇演，环形码头从来都是市民聚集的主要地点之一。周边景点包括岩石区、悉尼歌剧院、皇家植物园、海港大桥等地标建筑。

游船下一个站点停靠在泰朗嘉动物园（Taronga Zoo），这里是悉尼最大最出名的动物园，澳大利亚特有的令人称奇的野生动物如考拉、鸭嘴兽、袋鼠和企鹅等，这里一应俱全。

游船一站站停靠，游客——有些看来是当地的市民——陆续上上下下。不久来到了曼丽海滩（Manly Beach），下船后步行几分钟便会来到风情万种的曼丽海滩。这里是一片纯净透明的海面，海水清澈见底，风景十分壮丽，最适宜游泳及冲浪。海滩长度约为1500米，沙滩上还有免费的沙滩网球场。这辈子从未见过如此透明的大海，既慰问了我们见惯尘埃的眼睛，更安慰了我们躁动不安的心灵。

游船还路过了屈臣氏湾（Watsons Bay），这是一个著名的海湾，海水蔚蓝，悬崖陡峭，太平洋景色如画。

下午一家人去参观澳大利亚博物馆（AUSTRALIAN MUSEUM）， 这座博物馆离我们住处不远，位于海德公园附近 College 街口，是世界公认的十家顶级展馆之一，也是澳大利亚最大的一座自然历史博物馆。博物馆收费，每人 15 澳元，但是值得，走马观花只能看见这块土地的平面，参观博物馆则可以看到它的切面，入眼不再只是浮光掠影，而是有深度有厚度更有强度。

澳大利亚博物馆一共三层，共十个永久性陈列展厅和一个临时展厅。这家博物馆始建于 1827 年，是全澳大利亚的第一家博物馆，博物馆原名为“殖民地开拓者博物馆”，1929 年改称现名。藏品极为丰富，很多藏品具有独一无二的珍贵价值。

博物馆的展示区共有三层。第一层以介绍澳大利亚土著人历史文明和澳大利亚历史为主，常年展出有代表性的原住民区、原产鸟类、昆虫、哺乳类各种动植物标本，在其他展示区游客可以发现更多人类的演化、恐龙、太平洋和印度尼西亚人及他们的风俗。一层的展品包括澳大利亚原住民族的历史、文化与工艺陈列，澳大利亚特有的飞鸟、鱼类、昆虫和贝壳化石等。我们看见原住民各式各样的头饰，造型独特，颜色鲜艳。有些骨雕石雕人物造型有着鸟一样的长喙，想必是凌空翱翔的鸟类深深吸引古代原住民的目光，心灵深处向往自己有朝一日展翅飞翔吧？博物馆商店和特展区等也设在第一层。

第二层以展出矿物标本为主，展出 5000 种以上矿石标本，其中有珍贵的猫眼石等。这一层主要是关于宝石，化石，矿石的教育性展示区。

第三层有大型古生物以及哺乳类动物标本，包括专门的恐龙区、鸟类昆虫区等。十分有趣的是还有一个骨架室，可以看到不同生物的内部结构展示。对于我们这样的家庭亲子团队来说，第三层的探索区、儿童区和教育室，很适合开展亲子活动，颇受家长和小朋友们欢迎，我们长时间流连忘返，让孩子们尽情玩耍。

边走边看，这是一家着重自然历史和土著居民研究的享有国际声誉的博物馆，收藏标本约 875 万件，分属人类学、动物学、古生物学、环境科学和矿物学。陈列内容遍及澳大利亚特殊的自然景观和动物、澳大利亚土著以及大洋洲太平洋诸岛自然与人文资料等。展室八座，包括一座“灵屋”。如大洋洲艺术展室的展品有史前石器、陶器、祭器、原始雕刻造型和原始装饰工艺品。澳大利亚沙漠展室的陈列品反映出沙漠自然景观、动物和土著及移民在干旱环境中的生活。哺乳动物展室则展示澳大利亚特有的有袋类动物如树袋熊、袋鼠以及跳鼠等。海洋动物展室主要展出澳大利亚大堡礁的热带海洋动物。此外还有一具 1 亿 1 千万年前的名为“艾瑞克”的蛇颈龙骨架，这一巨型海洋爬行类生物是从南澳一个工地上挖掘出来的。

3 月 20 日，周三。

今日好天气，久久站立在落地窗前，把悉尼城市美景悉收眼底。就宜居城市而言，悉尼被誉为南半球的“纽约”，已连续多年被联合国人居署评为全球最宜居的城市之一，在 2018 年刚刚发布的“世界一线城市”中悉尼排名第七。2019 年全球宜居城市排名在参加总参评的 140 座城市中，根据医疗保健、文化、环境、教育、基础设施建设等评估项目，维也纳雄居第一名，分列第二名和第三名的是墨尔本和悉尼，大阪名列第四。

一座城市宜居还是不宜居，自己说了不算，自我标榜和宣传上了天也没用。一系列指标必须过硬，主要是生态环境，经济富裕，社会文明，资源承载，公共安全等。也就是说，一座宜居的城市，衣要暖，食要安，住有屋，行须畅，这是城市基本的民生保障。城市建设是一项综合型的工程，光是靠大量拆旧盖新是远远不够的。话说回来，旧宅院拆多了，不着调的新高楼大厦盖多了，有可能更不宜居。

上午十点钟退房，网约车是一辆奔驰面包车，女司机是华人，交流顺畅。送一家人去悉尼机场，收费 70 澳元。

起飞前，虎航还要秤旅客的随身行李，每人限制不超过 7 公斤。飞机晚点两个小时，两时半才起飞，四时到达墨尔本机场。

在墨尔本，网约车也是一辆奔驰面包车，来接机的男司机是苏州人，收费 90 澳元。我们一家六口人住进了市中心伊丽莎白大街旁边的安凡尼公寓式酒店，太太和我带着两名幼童住进 4605，齐娅夫妇住 4905。相比起悉尼美丽通世界塔公寓酒店来说，这里的面积就“经济”多了，不过设施一应俱全，厨房也有洗碗机之类。

墨尔本中央安凡尼公寓酒店（Avani Melbourne Central Residences）是一栋 55 层高的壮观大楼，外立面呈现出有色的编织效果，酒店的地理位置绝佳，步出酒店大堂右拐，不足百米即可走到繁华热闹的伊丽莎白大街上，方便游客探索这座充满艺术和文化气息的繁华前卫城市。

令人惊喜的是，前台的一位服务女生是亚裔，后来在交谈中得知，居然是一位来自台湾的同胞，可能是研究生兼职也不一定，不便深究与打听。她服务态度和蔼，对于华人游客一概是有问必答，有求必应，令人只把他乡当故乡。

安顿好行李后，一家人外出沿着伊丽莎白大街散步。酒店的地址是墨尔本市 60 A'Beckett St，地处闹市中心，距离柏克街购物中心和标志性的维多利亚女王市场仅数分钟路程。伊丽莎白大街是一条南北走向的大街，北行可以直达墨尔本大学，南行则通往雅拉河（Yarra River），雅拉河被誉为是墨尔本的母亲河。大街上商场，餐厅和时尚店一望无际看不到头，街上行人熙熙攘攘，热闹和繁华可以媲美纽约五大道。我们一家人穿行在密集的人流中，尽情领略这座城市的美好环境，享受咖啡、时尚和美食带来的非凡体验。

傍晚在附近的 Shopping Mall 里的 Friday 餐馆吃西餐，价格较贵，重要的是还不好吃。

3 月 21 日，周四。

上午一家人乘坐市中心免费电车 59/19 路，三站路到达弗林德斯大街车站（Flinders Street Railway Station）。

弗林德斯大街车站是墨尔本的地标性建筑之一，经常出现在各类海报和宣传片中。其位于墨尔本市中心，坐落在联邦广场（Federation Square）的正对面。这座维多利亚时期建设的墨尔本的第一个火车站，是当地火车线路的总站，从一百多年前至今，弗林德斯大街火车站一直是墨尔本市火车交通的枢纽，游客和旅客人来人往。附近美术馆、咖啡馆。电影院鳞次栉比。火车站是人们心中的墨尔本的象征，串起了这座城市的过去、现在和将来。

火车站是一幢历经百年风雨的米黄色文艺复兴式建筑，始建于 1901 年，见证了自从 1851 年在维多利亚内陆发现金矿后掀起一阵淘金热有大批淘金客、投机商和移民蜂拥而至来到墨尔本城的高光历程。火车站高峙的圆形拱顶酷似伦敦圣保罗大教堂，充满了精致又充满欧式风情的古老魅力。

十九世纪八十年代，澳大利亚墨尔本空前繁荣。1880 年，墨尔本举行了国际博览会。这一年市区建立了电话交换机，同年奠定了圣保罗大教堂的基础。1881 年，首次在东部市场安装了电灯，并于次年运行了能够提供 2,000 盏白炽灯能源的发电站。1885 年，墨尔本电缆车系统的第一条线建成，到 1890 年，它已成为世界上使用最广泛的系统之一。在繁荣时期，墨尔本据称已成为世界上最富有的城市之一，并且是大英帝国版图之内仅次于伦敦的最大城市。我不禁为之动容，十九世纪八十年代，南京轰轰烈烈、异招百出的太平天国政权刚刚被凶悍的湘军洪流拼死击垮，苦难深重的南京市民们尚在惊慌和窘迫中逐渐恢复生活常态。相较而言，那时的澳大利亚不太像是英国流放罪犯的一片荒野漠原，而当时大清王朝的统治下的江南也不太像是号称有数千年文明的开化之地。

火车站对面是一座哥特式建筑风格的墨尔本圣保罗大教堂。圣保罗大教堂是澳大利亚圣公会墨尔本教区的主教座堂，也是墨尔本的重要地标，于 1891 年竣工。进入教堂，观光客们会被教堂的壮丽和恢弘震撼，高达三十多米的全圆形穹顶，彩绘秀丽图案，金碧辉煌映照着整座长方形的大厅，粗大的大理石柱子支撑着穹顶。彩色玻璃窗，彩釉地砖，雕花的木窗木门和木桌木椅，映衬出圣保罗大教堂的高雅华贵和端庄肃穆。室外鸽群盘桓，草地上竖立着一座高大塑像，以纪念澳洲早期移民时期的杰出探险家马修·弗林德斯。

“能把你带到不同的地方，创意则可以改变你自己。”一句杰出的广告词引领我们一家走出圣保罗大教堂后，直接穿越马路到对面去参观澳大利亚活动影像中心（Australian Centre for the Moving Image），即 ACMI。ACMI 前身为澳大利亚移动影像中心，其历史可追溯到 1946 年，其前身是维多利亚州国家电影中心。2002 年澳大利亚 LAB 建筑师事务所设计的 ACMI 重新开放。

ACMI 总面积七千平方米，收藏了 20 多万部/幅运动图像作品，包括电影，磁带和光盘材料。展品包含澳大利亚国家电影，视频和游戏，数字文化和传统艺术。这无疑是一座艺术的宝库，事实上也的确如此。ACMI 的外部设计分布着大面积的不规则色块，蓝黑，浅灰，粉白……色块的分布、走向和面积没有一定的规制可循，蕴意着艺术创造具有最大限度的可能性，也意味着个性强烈独立，标新立异和不可预知。

ACMI 是一座集科技、文化、艺术等为一体的活动中心，我们甫一进入馆内，就感受到交互式的强烈感官体验。ACMI 的宗旨是负责澳洲境内以及全球环境下在展览、视觉、教育等各方面活动影像的促进活动。其设施拥有网络投放工作室，制作工作室，电子教室，互动媒体研究图书馆和展示区域等，并拥有世界上最大的此类设施之一即 1700 平方米的动态展示画廊，此设施集成了最新屏幕媒体与展示方式，成为视觉艺术在不断扩展领域中进行创新实验和积累经验的绝佳场所。中心还拥有大小型电影院各一所，分别是 200 座与 400 座。还有零售店铺和咖啡馆。

观光客们在这里将自己沉浸在电影、电视和数码文化的世界中。ACMI 充满活力的展览、放映和教育项目，探索创造彼此共同的屏幕文化的故事、技术和艺术成果，让任何前来观展的人都可以在此留下专属的印记。难怪 ACMI 是澳大利亚所有美术馆或博物馆中参观人数第二高的博物馆，也是世界上参观人数最多的运动图像博物馆。屏幕在连接不同的社会和社区方面发挥出了卓越作用。

ACMI 还有许多助教娱乐的活动。其中不乏面向社会各个年龄段的学生、年轻人、亲子可以共同体验的项目活动，通过 ACMI 丰富有趣和有吸引力的工作坊项目，让孩子们的手和脑都忙起来，同时也教授重要的 STEAM 技能。譬如孩子们可以学习创建一个成功的 YouTube 视频并切实掌握背后的技能，或者学习诱人的 TikTok 视频的特效秘诀，或者探索如何制作一部电影杰作。

经验丰富的工作人员会指导孩子们使用平板电脑来计划和创作一部短片。从计划故事到拍摄和编辑，孩子们将参与电影创作的所有方面，同时沿途结交新朋友。在一块展板上我意外地看见香港电影人王家卫的一段话，“电影之所以如此有吸引力，如此迷人，是因为它不仅仅是一个一加一的过程，它是声音、文字、思想和图像之间的化学反应。”

我们看见一批批不同年龄段的中小学生在教师的组织下参观中心并积极投入各项互动活动，脸上绽露出开心笑容。他们欢乐的笑脸给人以无限的期待和希望。

走出 ACMI，回望街对面的雄伟圣保罗大教堂，我想，宗教保障人的心灵纯洁和思维正常，而科技则提升人的生活质量和认知水平，两者缺一不可，任何一方面的疏漏和偏废，都有可能酿成文明史的莫大祸衅。

我们穿过古老的王子桥向南面走去，这座桥建立于 1888 年，是墨尔本一条很重要的拱形铁桥，横跨雅拉河，被列为维多利亚遗产名录。桥下即是墨尔本最古老的渡口所在地。目前的王子桥是在同一地点建立的第三座桥，1844 年在此建立了一座木桥，1850 年翻建造了一座石桥，目前的这座铁桥已经有 130 多年的历史了。王子桥长 120 米，宽 30 米，连接雅拉河北岸的斯旺斯顿街和南岸的圣基尔达路。桥有 3 拱，拱由青色的石墩支撑，这使得大桥坚固无比，为交通提供了便利。在每一个桥墩的两侧，都矗立有王子桥的标志性建筑，上面雕有皇冠、袋鼠、绵羊、帆船、鲸鱼等澳大利亚的代表性的 Logo。

过桥之后，两边是一系列公园。墨尔本被称作是“花园之城”，这里有 400 多座公园。听当地人说，在墨尔本每走 10 分钟就能进入一座公园，走下桥后，向左转弯，我们首先进入了位于雅拉河南岸亚历山德拉花园（Alexandra Gardens）。

这座花园与维多利亚女王花园相邻，一直延伸到著名的皇家植物园。公园开放于 1901 年， 至今有一百多年的历史。由于它有着重要的历史和考古意义，也被列入维多利亚遗产登记册。

这里是繁华现代城市与大自然田园风光的衔接地带，绿树成荫，万顷翠坪。3 月正是南半球的秋季，姹紫嫣红，美不胜收。一大排高大的椰子树依次排开，足有二十多米高度，游客来到树下，就像小人国里的偶像，高矮对比实在是过于悬殊。草地上有两拨成年人在踢足球，各边自设大约只有一米来宽的一座球门，要想射门入网可不是轻易之举。也有青年女子涉入球赛之中，抢球断球，英武不让须眉。

旁边的维多利亚女王花园也有大片草地，连排的巨树成荫，还有跑步专用道。据说这座花园的兴建当初是为女王的新雕像设立一个好背景。花园建于 1905 年，当时女王已逝世 4 年了。雕像四周环绕着绚丽的玫瑰花。近圣基尔达路边有座植物钟，是 1966 年瑞士赠送给墨尔本的礼物，据称当时里面镶嵌有 7000 种盛开的植物。

向东走到底，雅拉河横亘在面前。放眼望去，河东岸即是墨尔本公园、奥林匹克公园和雅拉公园连成一片的绿色仙境，无边翠茵，恍若世外桃源。我由衷羡慕生活在这片土地上的人们，他们的环境空间之辽阔，环境质量之上乘，环境意识之强烈，非我等可以相比焉。

在圣保罗大教堂身后，ACMI 的对面，藏着一条不起眼的窄街霍西尔巷（Hosier Lane），论规模论历史论格局，这条小街皆远远不如两位“阔邻居”那样张扬和排场，可是论艺术论文化论个性，却又在气势和创意上不输一分，这就是墨尔本著名的涂鸦街。

我们怀着好奇的念头走进涂鸦街，四下张望。小街不长，大约百米左右，有点儿坡度。两边墙上全部涂满夸张的色彩，抽象的风格，扭曲的画面，膨胀的字体，构成了这里独一无二的艺术品味，连街边的几个垃圾桶在这里全成为创作的载体，墨尔本的街头艺术在这一笔一划的涂鸦中走向世界。

这座城市多元素文化容得下街头艺术与自己为伍。在以城市房屋为画布的涂鸦街走一走，才明白各抒己见百花盛放这座城市因此多姿多彩。从这种意义来说，涂鸦街足以与大教堂、ACMI 形成“三足鼎立”的结构，共同为墨尔本的文化繁荣做出了杰出贡献。

在涂鸦街上，没有作品可以永恒存在，无论多么负有盛名的涂鸦不久就会被新的涂鸦作品覆盖。“各领风骚几个月”吧，我存在，我来过，我消失，这就足够了。值得追求的永远只有卓越和创新。

下午齐娅的眼镜架突然坏了，李超陪齐娅上街去配眼镜架。我和琪海陪宝宝们在酒店室内游泳池游泳，又去室外按摩池里玩耍，身心十分放松。

晚上，小力与翠西夫妇来公寓看望我们，大家谈笑风生，十分愉快。小力是我大姐齐萍之的儿子，上个世纪末来澳大利亚留学并且在这块土地上定居下来。翠西是柬埔寨华裔，祖籍广东潮州，不过她本人出生在澳大利亚，已经不会说中文了。翠西带来一盒手制点心送给我们品尝。

几天前，刚到悉尼时曾与接机的司机在途中有过一段对话。当司机听说我们到了墨尔本后要租车自驾游，脱口而出曰，“墨尔本的道路最难开，有些个路口，老司机都常常被罚。你得留意。”我把这句提醒话放在了心上。

澳大利亚是英联邦国家，驾驶员是右舵，上街后左行，这点与中国不同。那位悉尼司机声称的“最难开”，乃是指外地司机对于在墨尔本市的十字路口右拐时遇到有“Hook Turn”指示牌时，究竟该怎样正确操作，心里没有把握。

当天下午我们步行回酒店的时候，就需要在十字路口右拐。我特地单独留在那里，多观察了二十分钟，摸清楚右拐车辆的实际操作情况。晚上小力夫妇来访时，我又提起这个话题。小力夫妇告辞时，特地约我一起跟下去，到了大街上的十字路口，小力对于我的理解和描述表示肯定后，我这才彻底放心。

墨尔本市交通的勾形转弯（Hook Turn）到底是怎么一回事呢？外地车刚来墨尔本，往往一进 CBD 就发现手足无措完全找不到北。这是因为墨尔本市区内电车、马车遍布，交通当局专门研究出了 Hook turn 这种特殊的转弯方式。以缓解拥挤的路况。

Hook Turn 的区域主要分布在市区内或市区周围。若是行驶道路上有电车经过，绝大部分路口在右转时车辆都需要 Hook turn。这样设计的目的主要是为了帮助电车顺利通行，不被右转车辆挡住去路。

Hook Turn 到底应该怎么操作呢？首先，如果你开车的时候在十字路口看到勾型转弯标志，就牢记一定不能直接右转。你的正确驾驶方式是：先偏向左边一点向前方移动——居然是右拐车辆要先向左边靠边——目的是礼让你后面的直行车辆顺利通过路口。然后，你会发现，此时你的车辆已经停在了十字路口横向的等候红绿灯的直行车辆前面了，堵住了横向车队的去向。是的，这时你操作完全正确，一点错误没有，就停在那里静等红绿灯变化吧。

一直等到横向路口的交通灯变绿，你的车辆才获准拐弯朝向右边的路口对直开去。横向直行的车辆必须等待你的车辆离开路口后，才可以直行。

如果你开车来到了墨尔本，请阁下务必记得这个像勾子一样的交通标志哦。

由于是右舵车，又由于是靠左前行。此行我们一家六口人虽然有三本国际驾照，但是后来只有我一个人享受（体验）开车的乐趣（惊险），这是后话。

3 月 22 日，周五，

上午与齐娅一起乘有轨电车去奥克兰取我们预定的君爵七座车，当然也是右舵车。原先说好是十点钟取车，交车一方拖拉很久，似乎是兼职的华裔学生临时走不出来，安排别人又不凑巧，直到十二点钟以后我们才看见这辆车从停车场开出来停在面前，安装两只儿童座椅又花费了很多时间。

交车的年轻人对我说，先开一段路试一下吧。我上街开了大约两百米，他就说，行了，我要下车了。我感觉我很快就适应了右舵左行的英式交通规则，对于我这样左舵右行几十年的驾驶员来说，改变好像并不困难。后来的实践证明，我的改变可以打 95 分但是不能打满分，在一些车道不宽的路段，有时候我会听见车辆左后轮压到道边的铸铝反光路钉上，说明我下意识地偏离中心线行驶，而在国内左驾右行概无此举。

我又重新打量一番君爵车的仪表盘，发现显示屏上全是清一色日文词汇，日本也是右舵左行，所以日本车下了流水线后不需要任何改动就可以直接在澳大利亚畅行无阻。当初之所以在南京时就选定这款车，主要因为它是“日产”系列的日本车，与我在南京开的日产天籁 V6-250 是近亲，很多操作几乎一模一样。后来几天的事实证明，我们的这种选择非常明智，在大洋路这样崎岖难开的道路上，手边是一款性能十分熟悉的车辆，对于安全来说简直是太重要了。

回到车水马龙的伊丽莎白大街，在十字路口右转弯返还酒店时，遇到过第一个勾形转弯（Hook Turn）标志。由于我胸有成竹，一次顺利通过了，以后也是如此这般操作。

中午离开墨尔本，一家六口人自驾游出发去大洋路（Great Ocean Road），这里是我们此行澳大利亚的重要观光目标之一。在这个世界上，把美丽卓绝的海景观光景点一路恣意铺张延长到几百公里，这种超级奢华的浪漫铺陈，也只有澳大利亚拿得出手来。

大洋路位于澳大利亚维多利亚省墨尔本的西南部，是一条建在悬崖峭壁和蔚蓝大海之间的行车公路，时隐时现，忽高忽低，蜿蜒于海边。这条公路的出现是一个世纪以前的事情了。当时第一次世界大战结束，从欧洲归来了数万名澳洲士兵。维多利亚州退役服务联盟（The Returned & Service League RSL）和当地其它社会组织积极为他们提供各种工作机会，大洋路修建工程就是其中之一。修路工程为三千多名退役士兵提供了工作机会以及一些社会福利和待遇。也正因如此，大洋路上的纪念碑除了纪念大洋路的修筑，也同时纪念一战中的士兵们为了保卫祖国而做出的牺牲。第一次世界大战在英语世界中通常称为“Great War”，这条路又是参加过第一次世界大战的士兵参与修建，所以被正式命名为“ Great Ocean Road”。这条路于 1919 年开始动工，1932 年从吉朗到坎贝尔港长达 180 公里的海滨公路正式建成开通，全线即告贯通。

大洋路全长大约 276 公里，沿途高低起伏，弯曲绵长，经过了原始海滩、风景如画的小镇、史上著名的金矿区、瑰丽的山脉、茂密雨林和国家公园。大洋路拥有“世界上最美的海滨公路”之美誉，一路上雄伟壮观的海岸风光，被观光客们推崇是全球最佳观景公路之一。

大洋路的正式起点从托尔坎（Torquay）算起，终点是亚伦斯福特（Allansford），沿途奇景迭出，澳洲佬放言说世界上没有第二条路可以媲美，这还真不是夸下海口。我们驾车奔驰在大洋路上，一路上目不暇接，可说是移步换景惊奇之旅的超级组合，每一公里自成一道绝景，大海澎湃，波涛万顷，夕阳斜照，群鸟飞舞，在短短的几天内我们欣赏到了许多人可能一辈子都见不到的海上美景。大洋路沿岸的壮观波澜和陡峭绝壁皆是来自于上帝的鬼斧神工。

大洋路的东段蜿蜒着奥特威山脉（Otway range）。从南洋吹来的西南风带着丰富的水气受到奥特威山脉阻隔降下地形雨，形成相当湿凉的气候，孕育着繁茂的树林和草地田原。真是天造地设大洋路啊！

我们的第一个停车地点安排在吉朗。路边停车时有个小插曲，我和李超在停车自动售票机前正琢磨一条条英文说明研究如何付款的时候，一对刚上自己车的白人老夫妇摇下车窗来招呼我们，原来他们买了三个小时的停车券，现在还剩下一个多小时，要赠送给我们，嘱咐我们把停车券放在自己车窗前面即可。我们感受到这两位当地老夫妇的善意和友好，受人惠赐，心里暖暖。

吉朗（Geelong）是澳大利亚维多利亚州仅次于首府墨尔本的第二大城，位于墨尔本西南 70 多公里，人口 28 万左右。吉朗始建于于 1849 年，是毛纺织工业、肉类加工工业中心和全国最大的羊毛集散地，也是羊毛、小麦、油脂和肉类出口港。

海边滨水区周边一带有很多木头人，这些木雕本来是用来系船缆用的木柱子（Bollards），后来被艺术家 Jan Mitchell 涂画成可爱的人物图案雕像，有男有女，色彩明媚强烈，给人留下深刻的印象。每一根木雕都反映吉朗的重要事件或名人，总共有 48 个主题，成为吉朗一道亮丽的风景。

吉朗地势优越，三面朝海，风景秀丽，安静祥和。吉朗的海水非常清澈，站在岸边可以清楚地看到海底深处的水草浮动。我想，即使把纯净水灌入海里，其澄澈的程度也不过如此吧。碧蓝的海面平静，没有波浪，微风吹在脸上，很舒服。海鸥悄悄观察我们，悠闲地走来走去，对我们投出薯片的友善举动表示欢迎，并不介意我们出现在它们的海边领地，显示出大度和自信。吉朗吉朗，拥有非凡的海滨、迷人的历史建筑和充满魅力的美食文化。

在吉朗向三面看海，已经美不胜收了，而此时美丽绝伦的大洋路其实还没有展现在我们面前——澳洲游竟安排有如此豪华的开幕式，墨尔本可真是一副风景界的纨绔子弟做派——因为大洋路要从托尔坎（Torquay）才算起，全长 276 公里的大洋路还远在数十公里外才开始绽露寸土寸金大美无言的天赐芳容。

托尔坎是大洋路的起始点，有拱门和雕像供游客拍照留念。托尔坎靠近世界闻名的贝尔斯海滩(Bells Beach)，如今冲浪运动得到普及，当地及时抓住了这一巨大的全球性商机，天时地利人和，一举成为澳大利亚的冲浪之都。据说附近的贝尔斯海滩高尔夫球场上有很多野生袋鼠与打高尔夫的人和睦相处，可惜我们没时间去看，一踩油门，急驶而过。

当天下午的第二个停车地点是洛恩(Lorne)。洛恩离墨尔本约 145 公里，位于艾瑞斯河口，据说是大洋路上最繁华的一处集散地，旅馆林立。公路就在海滩边上。没想到的是，在这里停好车后，甫一下车，我本人就遭遇到一场意想不到的“空中袭击”。

下车后，我一眼就看到了一群白颜色的葵花凤头鹦鹉——附近至少有 20 只以上，远处更多——在海滩上自顾自忙活着，这是一种主要生活在澳大利亚的大型鹦鹉，长着一个半月形的喙，蠕虫状的舌头。头顶有黄色冠羽，愤怒时头冠呈扇状竖立起来，就像一朵盛开的葵花。

这些看上去人畜无害的大型鸟儿，美好如同白色小天使一般，当时正用镰刀般坚实的双足以及可以啄碎硬果壳还能挖出树根的利喙在海滩上挖掘着，不断用双足的利爪帮助划拉着，以寻找它们感兴趣的昆虫、草根、坚果之类的东西。

我一时开心——根据后来事态的发展，随时更正为一时糊涂或一时犯浑——对两名 4 岁多的男童讲，“来，姥爷把面包拿出来，给你们喂鹦鹉。”男童们顿时欢呼雀跃。

说时迟，那时快。我方才取出面包，刚刚把车辆的后背箱门关上。鹦鹉们似乎是听懂了中国话一般——其实是它们的视觉和反应超级敏锐——立刻展翅腾空迅速向我飞来，“一班封住去路……”“二班迂回包抄……”“三班正面强攻……”

我还来不及把面包分发给男童们——幸亏如此，感谢上苍——就被黑压压一片从天飞降的鸟类空军降伏了。一只鹦鹉很不见外地大大咧咧落在左肩，另一只鹦鹉落在右肩，第三只盘旋一圈后，干脆直接降落在我头顶上，利爪抓紧我的头发。

我尴尬万分，不知该如何应付这种场面才好。现场所有人大笑，只有我自己哭笑不得。这么多游客安然无恙，偏偏只冲我一个人来，明显是因为我手中预备施舍的面包吸引了鹦鹉们的目光：我看见，我来取，你别动。

我一时真是动弹不得。一方面是不知道这种罕见的鹦鹉在澳大利亚属于什么保护范围，但是我知道：一不能打，二不能骂。另一方面鹦鹉们按照“鹦鹉标准行为规则”中的“站如松”要求在我身上一再调整立姿把我抓得很紧，那些在海滩沙石中磨砺得无比锋利的爪子直入皮肉，我顿时伤痕累累。我当天穿着短袖 T 恤，有些后来居上的鹦鹉扩大战果企图进一步占领我的小臂，小臂上顿时鲜血淋漓。我不谙葵花鹦鹉习性不敢伸手撣去这些空降战士，生怕驱神不成对方恼羞成怒对我又啗又抓搞得我满脸开花。

我讨好地把面包片首先分发给肩膀上的哼哈二将和泰山压顶大王，大王吃到面包后似乎明白不宜欺人太甚从头顶上飞走了，哼哈二将却丝毫没有动弹的意思。我醒悟了必须调整应对策略，便将手中剩余的面包片向远处扔去。葵花凤头鹦鹉们蜂拥而上抢食。哼哈二将又逗留片刻，仔细端详了一会儿，见我空摊双手再也没有油水可榨，遂也相继离去。

只剩下我呆若木鸡立在原地不动，肩膀上和手臂上的伤口一阵阵生疼。我后怕地想到，幸亏没有来得及把面包片分发给幼童们，否则后果不堪设想。

葵花鹦鹉在中国属于二级保护动物，那么问题来了，现在一个人光天化日之下受到了二级保护动物的袭击，谁来保护人类呢？无论如何，我想，人类的安全等级应该高于——至少是等于——最高级别的动物吧？可是我对于自己的这个想法，为什么如此没有信心呢？

洛恩位于澳大利亚维多利亚州西南岸，是大洋路上著名的旅游小镇之一，绿茵环抱，平静安逸，是备受游客青睐的度假胜地。海滩平坦宽阔，很多人在游泳、冲浪或是钓鱼。洛恩的另一大景观是厄斯金森林瀑布（Erskine Falls），这里还会举办一年一度的瀑布音乐节，吸引国内外游客前来观赏。

海滩左边有一大片儿童活动区域，有秋千，滑梯等设施。滑梯的设计较有特点，二层木制平台大约有一百平方米左右，面朝不同方向各设直梯或盘旋梯。地面上这里或者那里有巨木雕刻成的海洋动物如大乌贼，供孩子们骑玩。

离开洛恩后，驱车近50公里到达今晚的住宿地阿波罗湾(Apollo Bay)。阿波罗湾是一个弯月形的海湾，背倚奥特威山脉，前有宽阔的白沙滩，风景秀丽。

阿波罗湾是座渔港，有些渔船也为游客提供服务，可载游人出海捕鱼或捉龙虾回来当晚餐。

我们约在晚上七时到达预定的住宿地点，此处有近十幢独立小楼，后面还有一幢大楼。接待处房门紧闭，工作人员已经下班了。我们趁着日光尚亮，好奇地打量着院内的景致，只见苹果树果实累累，堕落一地也无人捡拾。后来在正厅的玻璃门上发现了给我们的留言条，告知我们住宿的两幢楼号，房门已经开锁半掩在那里，钥匙就直接放在室内桌上了。

晚餐在马路对面的一家华人餐馆落座，牛排大虾，本地特色。

有一位中国旅者把大洋路称作是“美得令人绝望”，虽然词汇尚可切磋，但是情调无比精准。

3月23日，周六。

此处住宿地点有早餐供应，样式丰富，营养充分。出发前，拆下大宝的儿童座椅并从后排换到中间一排来。昨天交车一方在这张儿童座椅安装方面就存有问题，让孩子跟着受罪半天。今天解决了存在的问题，心里坦然多了。

今天的参观计划是去大洋路上八十多公里外的十二门徒岩风景区。

离开阿波罗湾后，大洋路便稍稍离开海岸线，进入了奥特维国家公园(Otway National Park)的雨林区，直到普林斯镇(Princetown)才重新回到海岸线。这一段路约有 80 公里。这里有连绵不断的原始森林，有开阔的农场，有丰富的地貌和植物种类，我们长长地舒了口气，至少可以暂时调节一下我们已经被无边无际的海洋壮观美景欣赏单向度地压偏压倒压垮的审美意识格局。

这一段路沿途所见，到处是高大的森林，蕨类繁茂的溪谷，气势磅礴的瀑布和宁静的湖泊。行驶在雨林中，触目皆是高耸的白干山梨树、巨大的黑檀木、山毛榉、树蕨等，不少树龄超逾百年。由于大洋路一带林木资源丰富，奥特威山脊地区的伐木业过去曾兴盛一时，为此还曾建立了此地的第一条窄轨铁轨。在雷夫（lavershill）附近，大洋路穿过一段罕见的低温雨林，蕨类植物蓬勃发展，恣肆漫延。厢式车沿着大洋路前进时，阳光从密集的叶间透过，洒下点点金光。据说三千多万年前，澳大利亚尚与南极洲首尾相连，后来才分离脱开。那么这片低温雨林的众多古老植物类型会不会是那时保留下来的呢？不得而知，留下许多秘密。

无边无际的原始森林郁郁葱葱，随着道路弯曲蜿蜒，车辆一路向前。如果没有大洋路的修建，人类的目光可能永远不会深入这片古老的原始森林，人类的足迹更是罕见踏上这块苔藓密布、高树耸天、倒树纵横的蛮荒之地。多谢大洋路，也多谢这片无边无际的原始森林，协助我们目睹到了过去只有探险家才能博得的罕有的旷世精彩视野。也只有这片无限神奇的南方大陆，才能催生出人类瑰丽雄奇的想象力，才能诞生出如《指环王》（新西兰/英/美）和《疯狂的麦克斯》这样魔幻艺术的宏伟史诗作品，才能展现来自大洋洲的至高无上自然魅力、神奇叠出的灿烂景象和无穷无尽的生物活力。

譬如从吉朗到洛恩之间，大洋路上有一个地区叫做安格尔西野地，这里植物种类繁茂，每公顷的土地上生长着多达 162 种当地特有植物。1983 年 2 月此地发生过一场灾情惨重的大火，许多专家都认为安格尔西从此再也无法恢复旧日自然景致。然而，几年后原本一片荒芜焦土上的焦黑残干就冒出了绿叶，野地上逐步恢复了旧日生机，绝迹多年的植物也先后重现人间。事实上，许多澳洲植物经过进化演进都具有火后余生的特异功能，许多种类如山梗菜、紫罗兰等趁大火烧尽竞争者后更是迅速扩张族群数量。真是野火烧不尽，春风吹又生。

车辆行驶至普林斯镇时，公路重新回到了海边，视野顿时无限开阔起来：路的左边是大海，右边是山崖或原野。有人称自这里开始才真正进入大洋路的精华段。每个人对自然界的美景都有自己独特的解读，但来到了大洋路上，许多迥异的审美观点九九归一，惊叹莫名。一侧是悬崖，形态迥异，鬼斧神工；另一侧是海洋，波澜壮阔，万千气象。自驾路上的每一次转弯，都让我们眼前一亮，美景大大超出预期，人人如获至宝。大洋路从托尔坎到阿波罗湾全长 91.6 公里，主要沿海行驶，一侧大海一侧悬崖。从阿波罗湾到普林斯顿全长 78.3 公里，逐渐离开海岸，在内陆行驶，途径奥特威国家公园。从普林斯顿到彼得伯勒全长 30.3 公里，这一段又重回海岸，是大洋路无数景观中最为经典的部分，气势磅礴，波涛汹涌，壮丽海景充满张力，无论是晴天或阴天，心灵受到至美的冲击和震撼。

我们来到了大洋路上最具代表性的景点——经典的十二门徒岩（Twelve Apostles）。这处景点坐落在坎贝尔港国家公园内，公园十分开阔，各国游客很多，肤色和服装迥异，但都是眼神充满期盼，眉笑颜开，如沐春风。海风强劲，吹到身上很舒适。游客们到此观光，拍照是第一要义，由于海风浩荡，女士们照相无不是长发飘飘或帽子与美发在半空恣肆飞扬或者半掩颜面，本人大乐，观者亦大乐。

景观的中心是坐落在海岸线旁经过几百万年风化和海水侵蚀而形成的 12 座断壁岩石，这些矗立在湛蓝海水中的独立礁石，形态各异，犹如人的面孔，被称为“十二使徒岩”。大自然鬼斧神工，塑造了令人惊叹的壮阔雄伟奇景。早期有三座岩石已经倒塌了，只有退潮时才能看到，2013 年中一阵狂风暴雨后又有一座倒塌，只有八座屹立不倒。大自然塑造的景观有一种人工无法描述的神奇。

此日天高云淡，海风吹拂，阳光强烈。沿着海边高崖上修建了长长的步道足有几公里远，路边设有长椅可供游客随时歇足。人到此处，平日生活和工作中的种种烦恼全抛脑后烟消云散，一种彻底放松身心的愉悦感觉非常美好。人在海滨，如灰尘一般渺小无助，但正是人类的思想意识和强大的创新能力，让人类面对大自然并不自惭形秽，而是能以平等的身份成为大自然和谐之友。

南京虽然处于长江之滨，河网密布，不乏水之精华，但毕竟是内陆城市。目光受到局限，思维也有待拓展。居山岭者高远，居江湖者顺畅，居海洋者开阔。生活大环境对于一个人的见识和思维的形成来说，潜移默化的影响确实不可估计和预知。江河之子来到深海大洋面前，沉思，缅想，展望……

回墨尔本的路，决定另辟蹊径。大洋路刚才走过一趟，那么就观光一下内陆好了。我们回头在大洋路上开了几十公里后，便离开海岸线朝北驶去，目的是北上到达科拉克镇（Colac ），然后往东路过温切尔西（ Winchelsea)，最后在吉朗重新叠合来时的路线返还墨尔本市。这样做的好处在于一是观光更多目标，二是避开狭隘大洋路上的游客车流。

科拉克镇有一座皇家植物园，花园成立于 1865 年，位居科拉克湖南岸高处，占地约 16 公顷，遍植橡树，可为游客遮阳避雨，花园和树木颇具特色，开放的草坪区紧傍秀美湖景。科拉克湖是维多利亚州最大的天然淡水湖，湖面积为 2778 公顷，大概是南京玄武湖面积的七倍多大，湖周长 33 公里，每一圈环湖跑的距离就接近于马拉松了。

温切尔西则拥有古老的雨林，可在淘金古镇重拾淘金者的昔日乐趣，或边泡温泉边鸟瞰山下锦绣般的原野。

此处必须要夸奖一下小宝，此前在南京时，一家人凡驾车去汤山或江宁踏青，不过二、三十公里路程，他的表现是容易晕车乃至呕吐。所以此次自驾大洋路前，我们都为他感到担心。谁知道，这一路上七弯八绕，攀高下低，左巅右簸，加速急刹……小宝一直坚持下来，不急不躁，不骄不闹，当然也没有晕车的症状出现，令人喜出望外。不但如此，长途行车，一家人难免会有些困顿和疲乏。此时或彼时，大人们会逗弄一下小宝，“来，贾斯丁那个民歌是怎么唱的呀？给大家喊一嗓子。”小宝也不遑多让，咳嗽一下清清嗓子，便模仿加拿大儿童动画片《贾斯丁时光》中孩子们学唱约德尔民歌那样大声唱诵道，“啊咿呀多嗬矣……”全车人哈哈一乐，疲劳顿时减轻，厢式车载着一车笑声轻松地向前方继续进发。

接近墨尔本市，高速公路正在拓建新路，可能是宏大城建计划把西门高速从 8 车道拓展到 12 车道工程的一部分，并且要在 M80 高速和西门大桥之间修建快速通道以减少交通堵塞。回城方向部分新拓宽道路已经可以通行，感觉可是比起飞机跑道宽畅太多了，驾驶起来十分畅快，一车前行，动如脱兔。

我们进出墨尔本市都经过了西门大桥（West Gate Bridge），这是一座索拉桥，横跨雅拉河，连接市中心和西部郊区，是墨尔本最重要的桥梁之一。西门大桥长 2582.6 米，最大宽度 37.3 米，最大跨度 336 米，距离河面 58 米，是澳大利亚第三大长桥。大桥有 10 车道（而南京最宽的长江二桥只有双向六车道），仅供车辆行驶，禁止自行车和行人通行。

回到墨尔本市，我们预订了另外一家酒店，位于城西雅拉河畔，距离墨尔本市皇冠赌场仅有数百米距离。在快接近酒店的路口遇到红灯停车，此时发生了一件事情，一名骑自行车的男士追上来敲我车窗。

此前在行驶的时候，我确实看见有一段路上地面印有自行车的标识，而前方有一名白人男子正骑着自行车与我同向而行。我瞄了一眼路宽，以南京老驾驶员的思维定势判断，认为绰绰有余，便不予减速超了过去。

不料，那男子加速骑车追了上来，敲车窗。我落车窗。那男子叽里咕噜说了一通，女儿在旁边翻译，说是他在抱怨，因为我开车离他太近了而且速度还快，令他感到不安全。

这时我也听出他的意思了，连忙道歉，sorry，sorry，那男子遂不计较，重新骑车绝尘前去。而我已经到达酒店前方，准备泊车下客。

这是我在大洋洲驾车遇到的唯一一次与开车有关的责任事件。看来我以南京的习惯做法成为行动依据，此地此刻肯定是不合时宜。在南京，只要是没有碰擦的危险，驾车人和骑车人一般不会太计较距离感。而那些蝗虫一般在车前车后没有章法肆意乱飞的电动车，更是常常令驾车者惊出一身冷汗，彼此之间缺乏必要的礼让习惯，可谁也不置一词，也鲜见骑车人向驾车人维权。而我现在身处异国他乡，南京的那一套理念需要更新，我必须尊重骑车人的安全距离要求，这既是为了骑车人好，更是为了自己有所长进。

酒店南面紧挨着雅拉河，晚上一家人步行过桥，桥的对过是木制的宽阔步道，引人入胜。走进去一看，有一处高大的会展中心，占地辽阔。旁边有一片商业网点，晚饭吃日式料理，既贵又少也不好吃。

3 月 24 日，周日。

上午出发去拜访陈士力的家，大约是半个小时的车程，地址是墨尔本市的北区 Kingsbury，陈家是一幢独栋别墅，占地 508 平方米，包括一个约四十多平方米的院落，庭院打理有方，石榴树果实累累，十分漂亮宜人。进门后一眼看见客厅置放着一张标准的乒乓球桌，访客进门一起欢呼，忍不住轮番上场挥拍一番。

根据 2011 年墨尔本人口普查数据来看，Kingsbury 是墨尔本排行第三的中国大陆移民人口所占比例最大的华人区，与墨尔本 Burwood 区一样所占比例为 11.5%，并列第三名。仅次于墨尔本 Box Hill 区中国大陆移民人口所占比例 20.4%，和墨尔本 Clayton 区中国大陆移民人口所占比例 16.8%。

主人车库里停放着两辆车，主人夫妇开一辆车陪我们去附近的商场和药店购买蜂胶、鱼油之类，用于回国赠送亲朋好友。

稍后小力夫妇开车引导我们前往三十多公里外的雅拉河谷（Yarra Valley），此地以生产葡萄酒而闻名于世，从 1838 年就开始种植葡萄酿酒。亚拉河谷的土地与气候条件和法国南部非常相似，产出的葡萄拥有绝佳的风味和酸度。

雅拉河谷景色十分秀丽，我们主要参观了雅拉河谷巧克力工厂(Yarra Valley Chocolate & Ice Creamery)，这是一家著名的巧克力中心。建筑内首先见到的是超大型的陈列室、手工工坊和咖啡馆，主要是展示和销售工厂里生产的巧克力，也同时销售世界各地产的各式各样的巧克力产品。一些容器里盛放着巧克力豆等新鲜产品供游客免费品尝味道。商店里安装了一条制造巧克力的流水线，隔着玻璃可以直观地看到巧克力制作的全过程，让观光客们大开眼界。上百种巧克力产品总是让游客们眼花缭乱，令人欲罢不能。

远眺雅拉河谷，开敞广阔，山清水秀。田园中有些围栏，分别圈养着奶牛，山羊和羊驼等家畜。我们此行中有两位四岁多的小朋友，因此亲近动物是重要的活动主题。动物们个头挺大性格温顺，看见小朋友用小手努力挖来的青草“爱不释嘴”，尤其爱吃极难挖掘的“扒根草”，于是难为了爸爸妈妈和姥姥姥爷四处去挖扒根草，甚至冒着掉落池塘的危险去掘池边的鲜草——因为好摘的草多被捷足先登的游客们采光了——最后由幼稚小手送入牛羊们永不满足的口舌之中，哈哈一乐。

午餐时分，女主人随车带来准备好的旅行快餐十分爽口美味，大家一边吃一边赞不绝口。

当天上午在前往陈士力家小区的时候，快到目的地了，我们的车正在主路上正常快速行驶，侧路上突然开出来一辆小车速度很快，待双方看到对方都是一惊，同时急刹车。好在是有惊无险。侧目望去，是一群深肤色的女青年坐在那辆车里，似乎还在由于急刹车心怀不满手指着我们嚷嚷着什么。这到哪儿说理去？只好苦笑一声拉倒。

在墨尔本开车三天了，在努力适应这边的开车文化，对于澳洲的大路优先交通法则尤其印象深刻，心生敬意。这里的许多路口，不用或者不全用红绿灯来指引交通，而是分清各车道的优先次序，然后车辆按照优先级的高低有序通过路口。墨尔本的大路优先交通法则是给十字或者丁字路口的两条路分别定义主路与从路，主路一概优先。所以遇到交叉路口，如果没有红绿灯，你在主路上开车可以不必多虑直行通过那个路口；如果你在从路上开车到达路口，你则需要等待主路的车都通过了，你才能前行。否则一旦发生交通事故，主路无责，次路全责，规则鲜明，很容易划分责任。

一般来说，路窄就是从路，路宽就是主路，开车者可以凭此做第一预判。到路口后，如果路口有 Give Way 或者 Stop 路牌，就确实证明你在从路上，需要等主路车辆通过了，你才能继续进发。

这边许多路口还会有环岛，环岛外的车要让路权给环岛内的车，这是一条铁律。司机开车来到环岛，只需要留意右边车道有没有车辆过来即可，经常你会看不到车，所以你往往不需等待就可以穿过这个路口。

相比而言，在车流量不大的地区如城郊或边远路段，红绿灯的缺点就比较明显，按灯行驶有时候横向无车属于空等，既浪费时间又浪费道路资源，在等待红灯上白白花费很多时间。

大路优先交通法则确实给司机带来很多方便，但是，所有的驾车者能否都能遵守这一规则呢？我看也不尽然。在前往陈士力家时途遇的这一幕情景，提醒我还是小心谨慎为佳。

当天傍晚，一家人步行前往附近的皇冠赌场(Crown Casino)。这家赌场装潢奢侈豪华，灯光辉煌，是澳洲最大的赌场，也是南半球最大的赌场之一。皇冠赌场位于雅拉河南岸，于 1977 年开业。

皇冠赌场阵容庞大，可与拉斯维加斯赌场相媲美。内有 350 张赌桌，2500 部老虎机，提供 24 小时娱乐，每天入场者达 2.5 万人次。皇冠赌场内设有南半球最多选择的各种博彩项目，包括 21 点、老虎机、轮盘赌、轮盘、牌九及百家乐等。赌场的中心有一个比较大的轮盘赌，四周是吧台，吧台的外面是电子屏幕，玩的人可以手拿酒杯，边喝酒，边按屏幕下注。

赌场对于我来说没有什么吸引力，加上 18 岁以下者免入，我就领着娃娃们在门外浏览一下即可。皇冠赌场的周边区域也非常大，内有几十家经营餐饮的餐厅营业，我们较容易地寻找到了合意又可口的饭菜，饱餐一顿。

3 月 25 日，周一。

晨 5 时起身，6:15 网约车前来送往墨尔本机场。

尽管天还未亮，路灯未熄，一路上交通已经是十分繁忙，车队灯火辉煌，显示出这座城市潜在的庞大经济实力。我暗自感叹道，自己长期属于井底之蛙，认识不到澳大利亚的全方位优势和崛起，没来之前总以为不过耳耳，来后耳闻目睹，完全扭转了自己的态度，为之赞不绝口。

乘坐海南航空公司的空客300回中国。

回忆起在大洋路上行车，一路有惊无险，只有一次出现意外。当时在回墨尔本的路上下陡坡拐急弯，目的是向左小拐弯进入“T”字横路。下陡坡时我就把刹车踏板几乎踩到了底，陡坡快到底后，立马向左急打方向盘。我当时眼角留意到横路上左右都没有来车，脚下便留点情，没有完全踩死刹车踏板，结果厢式车由于巨大惯性直接大拐弯冲到对方行驶车道上去了。这是本车乘客唯一一次受惊。其实要是我看见横路上有车辆来往，我当时也会毫不犹豫把刹车踏板踩到底，只是乘客会更加前仰后合。

大洋路是单车道——呵呵，对于一条百年路龄的著名公路，还是不要太苛求了——所以超车绝对成为了一个问题。我们是一辆厢式车，载重六人，这就决定了一路上肯定是我们让别人车的次数多，别人让我们车的次数少。

为了解决这个让车问题，大洋路的设计者每隔5至10公里——視道路左侧的宽裕程度而定——会在道路左侧安排一小块缓冲路段，让在前面行驶的重车暂停片刻，放过后面像野狼群一样紧紧跟行就差上嘴撕咬两口的轻便轿车群。

如果前车没到让车地点，一般来说后车则万万不能借助逆向车道超车，非不行也，乃极端危险也。道路七弯八曲，高低起伏，在远处你根本看不见前面的来车，一旦看见了就已经出现在鼻子底下了，完全没有避开的时间。谁会拿生命来开这个玩笑呢？

另外，在大洋路上，由于是一路西行，每到下午四点多至七时许，夕阳西下，往往在峰回路转的时候，阳光突然从山崖的缝隙处露出笑脸，万斛金光陡然迎面平射过来，直刺司机的瞳孔，那一刹那真是什么也看不见，那才是最最危险的时候。那时候我忽然一身冷汗，下意识地几乎把刹车踏板踩到底，车辆像一匹快马瞬间变成一只蜗牛在拐弯处慢慢爬行，一怕是我根本看不见前面的路况无法分辨有没有车辆也在前面蜗行，那么我担心自己会不会爬得不够慢而至于车头热情地吻上前车的屁股；二怕是我十分担心身后跟来的快车司机会不会是名莽夫子，他也许不会像我一样慎行而是盲开一气——有很多人掌握键盘盲打技能呢，稍微扩展一点，盲开是完全有可能的——最后一头撞上我的车后身。

一路上这样的惊险刺激场面出现了许多次，如果受惊可以减肥的话，我想这天傍晚的经历自己足以达到骨瘦如柴的级别了。最后到了阿波罗湾，临到目的地还剩几百米，在大道上向右拐一个大弯，迎面送来了当天的一个谢幕大礼包，此时已经是晚上七时，太阳降落到地平线上，刺眼的南半球落日光辉——没有雾霾，没有空中悬浮物，也没有其它污染来稍微冲淡一下强光——贴地迎面平射过来，顿时满眼金光万道。这绝不是调整一下车内的遮阳板就可以解决的事情，除非你的遮阳板足够大能挡住整片前视玻璃——那样一来啥也看不见了——不过反正效果是完全一样的，此时此刻司机是根本什么也看不见。那次我是只好直接把车停在快车道上了，太难了，我只是凡夫俗子，没有办法去完成超能力的事情。

所幸的是，在大洋路上自驾游的时候，有一位十分称职的导航员始终坐在我的身边，十多年驾龄，对于工作十分认真负责，极大地有助于我应付陌生的城市环境和相当具有挑战性的大洋路严酷路线。这位导航员是我的女儿。

往返大洋路以及后来雅拉河谷之行，路线确定，停车居留，左弯右拐，前方路况的特点以及各环岛的驶出路口提醒，导航员均根据 GPS 提前对驾驶员做出预报，以方便我留下合理的反应时间。我只要劳其力，而不必劳其心，工作量大大减轻。

不仅如此，大到此行的旅游计划策划及落实，住宿安排、接送车辆预约及交流、每天膳食统筹，给孩子们随时关注，小到在路边加油站按照英文说明自助加油，在墨尔本的停车楼里的收费器上自助缴费等，无一不是女儿担负起全部责任，使得一家三代人出国自由行美满成功快乐。如果硬要从鸡蛋里挑骨头找出一丝意见来的话，的确也是有的，那就是每次外出预定的住宿地点都大大超出了我和太太的预料，偏大偏奢侈偏铺张。但是反过来扪心自问，会不会是我们年纪大了跟不上年轻人一代的消费观念和理念节奏呢？后者的可能性很大，哈哈。

经过9个小时的飞行，我们落地在海南转机。下机后发现机场条件很差，转机旅客需要转乘大巴，然后下车，再步行很长很长时间才到达航站楼。为什么会这样呢？我百思而不得其解。那辆大巴车为什么不一下子把旅客送到位呢？太不方便了，后面的一大段路程难道是专门用来考验旅客虔诚的求佛态度吗？

进了航站楼，到达登机口，却听说我们的航班误点，由于海南召开什么峰会的缘故，有大人物往来，而且航班是无期限延长，没有确定旅客再次起飞时间，令人心累。还好只延迟了一个多小时广播就通知登机了。

南京时间晚上11时多到达禄口机场，还是那辆丰田塞纳商务车来接。

一行OK，谢谢上苍。

写于2019年9月

出行之前的上海夜景　　　　　　　　　　望子成龙

从迪拜飞往旧金山的空客 380-800 型，升级超级经济舱

金门公园日本茶花园的拱形桥

金门大桥隐身云雾，天冷风大

旧金山渔人码头恢复了往日的欢乐与闹猛

情人角公园的柏树恣肆不拘，任意铺排，造型充满张力

在蒙特利小镇逛街，坐看人来车往

孩子们天生亲近于水，乐不思陆。

洛杉矶迪士尼乐园是地球上最快乐的地方。

万里迢迢来见识华盛顿纪念碑

大都会博物馆已有的藏品世人尽知，今后还有会有什么呢？

再行美国

1、 引子

2023 年 6 月 28 日，一家三代六口人乘坐高铁前往上海。临下车前，高铁车厢门上的显示屏记录“室外温度 39 摄氏度”，车门一开，热浪滚滚，全体旅客进入烧烤模式。

中午，太太许琪海终于一偿夙愿，随全家人一起第一次在上海国际饭店愉快进餐。高 24 层楼的上海国际饭店于 1934 年落成，是当时全国也是当时亚洲最高的建筑物，并在上海一直保持高度纪录达半个世纪，曾有“远东第一高楼”之称。饭店地处繁华的南京西路，对面是风景如画的人民公园。太太是苏州人，七十年代前后在南通农场插“场”劳动，后担任小学教师，那时她从苏州返回南通的路线之一，是到上海十六铺码头乘坐轮船。岁月荏苒，来来去去，那时她作为知识青年多次瞻仰上海国际饭店的雄伟身姿，心生慕羡，但迄至今日，才作为宾客入座心目中的这座桂殿兰宫。

当晚我们住进瑞吉酒店，这可能是离梅陇镇广场最近的一家大型酒店了，相距仅百多米，步行五分多钟。第二天 6 月 29 日，是我们排期面签的日子。晨七时多，人们开始在大楼外面排队。幸亏上海夏季早晚多风，虽值高温季节，在门外排队时间长了，人们也还能坚持下去，不至于汗流浃背。面签时遇上一位签证官是鬈发小哥，言谈颇具亲和力，但是问话连连，验看资料严格，甚至要求亲自过目小哥俩的出生证明。一家人办好事宜离开美领馆走出梅陇镇广场后门，在一处方便的地方停下脚步把手里的各种材料归总到一起，这时候，有黄牛在十米开外的慢车道上大声招呼我们，“喂，签过啦？”我们点点头。他有点不信，又追问，“所有人都签过啦？”我们答应是的，于是一桩可能成为生意的线索就此不了了之。

签证通过了，旅行计划才有了可靠的基础。回家后开始预定机票，惜乎为时晚矣。由于疫情后遗症的影响，中美之间直航的航班大大少于之前的岁月。美联航虽然还有直航中国的少数班次，但是单人往返上海和旧金山的价格周末均超 2.8 万人民币，是我 2006 年去美国机票的数倍之多，只有“视金钱如粪土”的少数人士才能够无动于衷。而选择从上海浦东机场乘坐韩亚航空飞往美国旧金山，在首尔转机，是一种较好的选择，可惜在首尔机场转机时间只停留 1 个小时 40 分钟，关键在于飞机从浦东出发会不会晚点？我们一家三代六口人在首尔来不来得及赶上转机?我们觉得有点儿玄乎，万一飞机在浦东机场出发时稍微拖拉一下，下面的时间表就全泡汤了。最后还是选择了阿联酋航空，从迪拜转机。加上琪海早就想去迪拜旅游，这次正好一石双鸟。

此次旅行是送给一对双胞胎外孙祝贺 9 周岁暨 10 虚岁生日的礼物。在这次暑期的自由行旅游计划中准备自驾游览一番加州的一号公路，来与 2019 年同班人马自驾墨尔本大洋路做一番横向比较。预定自驾游车辆时颇费踌躇。美国的各家租车公司支持异地还车的七座车多是 SUV 款型，如克莱斯勒 Pacifica，GMC Acadia 或者大众 Atlas 等，成年人坐在 SUV 第三排如果长途旅行的话，不知道舒适感会不会较差。我们 2019 年 3 月在澳洲墨尔本大洋路上自驾游的时候，就对第三排乘客必须乘坐舒适抱有深刻体会。那次我们租的是一辆日产厢式车，El grand，译名是埃尔格兰德，是日产旗下的一款 MPV。中文名字叫君爵，是一辆进口车。中国大陆没有引入内销，只能通过平行进口购买。李超坐在那车上的第三排就感觉不舒适，一路上委屈他了，抱歉。而且那车第三排座位竖起后，后备箱的空间不大。后来我们拉网式查找，发现有一家租车公司有熟悉的塞纳厢式车出租，便一见倾心，他家的塞纳车有 2022 款和 2017 两款，新款的塞纳车七天出租价要高出好几百美金，但是我们仍倾向于定下新款塞纳车，毕竟新款的车安全性更加稳定和可靠。

随后租车公司提出，由于我们要求旧金山取车，洛杉矶还车，异地还车要另收拖车费 500 美金。我和齐娅闻讯颇感犹豫，七天租车费才不过一千多美金，一个异地还车就另加上五百美金，有点儿“调料贵过于正菜”的意思，让消费者顿时感到消化不良。

齐娅是本次旅行的设计师，具体安排 19 天行程，分别预定来去机票和在美国国内两次飞行的机票；预定沿途城市如上海、迪拜、旧金山、蒙特利、圣巴巴拉、洛杉矶（两家）、纽约、长岛、华盛顿、旧金山十来家旅店；预定租车借还前后各地的接送服务；又负责各地餐饮网点搜索以安排好一日三餐……事无巨细，任务繁重，而且个个都是人生地不熟。

齐娅准备预定洛杉矶迪士尼乐园门票和环球影城门票，其中迪士尼乐园门票决定购买 VIP 门票，一张合人民币两千多块钱。可以走快速通道，免排长队，这下可以让孩子们畅玩一通啦。

我问过中国移动客服，得知我的手机号码已经开通国际漫游和国际长途业务，现在这已经属于基础业务范畴，不需要另外开通。回想 2006 年去美国旅行时，曾交付了三千块钱押金，专门开通国际漫游和国际长途业务。17 年过去了，通讯业的变化还是看得见的。

7 月 2 日，上午和下午两次大暴雨，又湿又热。给美国国家档案馆留言查询，“您好，我希望搜索一个答案，我的父亲齐植果先生曾经在美国驻华大使馆武官处（1925-1949）工作过，期间，他曾经加入美国文官委员会，父亲的个人登记号（也就是 claim number）是 CSF 1275149。父亲曾于 1945 年和 1947 年两次获得美国政府勋章。我想知道他具体获得的是什么勋章。谢谢。

齐匡之

2023/07/02”

7 月 13 日。中学同学戴相陵转来他帮助我尝试联系美国国家档案馆后收到的复信，其中有四个 e-mail 地址。我给其中三个地址写去邮件，通过 Deepl 进行翻译。

很快我收到了圣路易斯国家档案馆和马里兰州学院公园国家档案馆的自动回复。要点如下：

—— 我们已经开始逐步恢复复制和数字化服务，但是，我们正在处理因 Covid 而积压的工作，并协助 NPRC 处理过去两年积压的紧急请求。任何订单都将按照收到的先后顺序排入队列并提供服务。

——我们的工作人员不多，正在努力处理积压的数千份申请。 我们正在尽快处理这些大量积压的申请，请耐心等待。

——我们的标准回复时间约为 3 周。由于收到的参考资料请求（包括提前咨询请求）数量较多，而工作人员回复信件的时间有限，因此收到回复的时间可能会比平时长。

——我们的研究室仅通过预约开放。我们会提前三个月安排访问时间。研究室开放时间为周一至周五，上午 9:00-下午 5:00。请访问 （略）以获取我们的 Eventbrite 页面链接，以安排研究预约。

——建议您在安排研究预约之前安排一次虚拟咨询，尤其是在您不知道想要索取的具体档案盒的情况下；与参考资料顾问合作将有助于您更好地为访问做好准备。

……

临到出发这一周，传来了李超由于公务需要不得不缺席本次旅行的消息。齐娅跟着大忙一气，不得不把原定李超四趟飞行路线的机票全部退掉，又对十来家酒店的住宿在可能的情况下进行调整和修正。这个小小的家人旅行团的结构更加突出了“老小为主”的特色，两名七十岁以上，两名九周岁以下，只靠齐娅一人独撑大梁。“天降大任于斯人也。”

刘燕从旧金山打来电话，详细介绍了一号公路自驾游不容错过的沿途景点，并且提出了在蒙特利和圣芭芭拉住宿的建议。齐娅和我十分感激她的诚恳善意和面面俱到。

7 月 22 日，周六，经过近期紧张忙碌，终于把匡之文集 9 卷本的 PDF 版本完成了，在中午之前发给竹和松出版社。长吁一口气感觉自己轻松多了。李超把他换下来的小米 12S pro 手机送给我了，下午多数时间化在紧张换机过程中。原来的华为 nova 5 手机还是蛮好用的，但是在摄影方面明显比不上这款装有莱卡镜头的小米手机。

7 月 23 日，周日，忙碌于“一大两小”行李装箱。中午时分，一辆 GL8 商务车把我们送到南京站。李超送行陪我们一起去上海。下午在盛大金磐一处豪宅饮咖啡和下午茶，晚上在黄浦江畔万豪酒店用餐，餐前卡拉 OK 唱歌。窗外景致和桌上菜肴十分精美。餐后奔驰商务车送我们到浦东机场的大众空港宾馆住下。

2、迪拜

周一，凌晨四时半起身，前往机场楼 check in，阿联酋航空公司的波音 777 飞机预定七点一刻离港但延迟到八点左右才起飞。迪拜时差四个小时，飞机约于当地时间中午一时左右到达迪拜机场。一辆雪佛兰 SUV 前来接站，此车后排宽大，容得下并排乘坐俩大俩小四个人。室外空气炎热灼人，约在摄氏四十二度左右。

迪拜的香格里拉酒店离机场约 20 公里，行驶 25 分钟。酒店前台站着三、四名员工在忙碌，在他们身后的墙上，赫然入目的是一大片密密麻麻的证书和文件，都是原件，有的上面还嵌有金质奖章。我初步估算一下，约有四百来份之多。难不成迪拜的酒店流行把荣誉称号和有关证书用这种方式全部公布于众以招徕顾客？

在一楼大厅的前台办完手续后，有员工引导又来到顶楼的一位专员处登记，然后住进了行政套房。随后在二楼香宫餐厅吃中餐。根据这家酒店专门设有中餐厅的特色，我揣测香格里拉酒店或许有中资背景。

晚上雪佛兰车载我们去迪拜 mall，巨大无比，游客络绎不绝，热闹非凡。 迪拜 mall，本名 Dubai Mall，是世界上最大的购物中心，建成于 2008 年，耗资 13 亿美元。占地 55 万平方米，建筑面积则相当于 200 个足球场之大，是新建一座小城市的规模。内有 1500 多家商铺，设有 16000 个停车位，里面还建有水族馆和符合奥运标准的溜冰场，步行一天根本逛不完。迪拜 mall 和中国香港一样是免税区，阿联酋对商品进口把关十分严格，在这里买到的商品品质均数世界一流，吸引了来自世界各地的游客前来购物。世界各地的奢侈品品牌和名牌商品云集此地。国际一线奢侈品多位于一层。由于购物中心面积太大，商铺特别多，为了方便贵宾购物，商场提供电瓶车接送贵宾穿梭于各大品牌，方便快捷地将贵宾送达意中的品牌店。各大化妆品牌都集中在二楼。三层则具有综合化的特点，如传统工艺品、电子产品和运动品牌多集中在这层，餐饮区主要也在这层。我们怀着好奇的心情一路穿行在灯火辉煌的购物中心里，顾客及游客队伍密集，行走路线常成为蛇行。东方和西方服饰的游客比例大体相当，来自世界各地的游客与我们的表情相仿佛，都是睁大眼睛好奇地东观西看，一看就是初来乍到。

未进迪拜mall，首先令我感到惊讶的是停车场的庞大规模。与中国大型购物中心的停车场多数设在地下数层明显不同，雪佛兰SUV一直在地面蜿蜒前行寻找车位，敢情迪拜mall的停车场主要就放在路面一层，而且看来当初的设计不太重视停车场密封收费的观念，一眼望去进口和出口四通八达，让车主们自由驰骋，任意停车。这种自由自在，简直就是无边无际。在市区最热闹的停车场里任意停车不收费，土豪们的这种豪横作风，在于来自当局停车费锱铢必较而且社区办心胸狭窄把住宅小区门口所有空地画上白线强行向业主收费的那座城市的我看来，简直就是不可思议。

相约去观看水秀。中央艺术喷泉是迪拜购物中心的经典标志，购物中心和迪拜塔之间拥有一座湖，湖中设有喷泉池，每晚准点时刻伴奏音乐喷出高度不同的水柱，呈现一场华丽的水舞表演，震撼人心。南京江宁区汤山百联奥特莱斯中心广场也有类似的灯光音乐喷泉，以前也曾经欣赏过几次，与南京所不同的是，此地的水秀表演，有着世界第一高楼哈里发塔作为背景，因此印象尤其深刻。

有意思的是，在水秀附近的露天餐桌旁，与食客相映成趣的不是司空见惯的鸽子和麻雀，而是几只斑鸠。有一只斑鸠胆子较大，与西方游客共处一桌，时不时地索取一点食物，相处仅有三十厘米左右，可见人鸟关系和谐。

晚餐吃土耳其烤牛排，美味诱人。据说当地的阿富汗餐也很有名，可惜此次要失之交臂了。Dubai Mall，这座世界上最大的购物中心太过壮观，规模太大，自成一座充满异域风情的现代化超级城市，化身高档购物天堂。商品琳琅满目，环境美轮美奂，美丽无比，各种奇观和各种娱乐活动目不暇接，此时一见，终生难忘。

凌晨四点，悠扬的诵经声通过大喇叭在天空中响起，把我从睡梦中唤醒。阿联酋是阿拉伯国家，国人信奉伊斯兰教，穆斯林每天必须做五次礼拜。即日出前的晨礼、中午的晌礼、下午的晡礼、日落后的昏礼和晚间的宵礼。每周星期五午后要做主麻拜，也称“聚礼”。穆斯林有着独特的生活方式和文化风俗，当地人传统服饰的特点是：男人穿白袍，头戴白头巾；妇女穿黑袍，披黑头巾，有的面蒙黑纱。在公共场合，男女的活动场所是分开的。诵经声在寂静的夜空飞扬，我虽然听不懂，但是理解那是在呼唤信徒们对于信仰进行礼赞。

半夜里，琪海忽然想起来了，昨天我们有一个礼品拎袋落在阿联酋飞机上的下拉储物斗里了，内有两支智慧笔和一盒乐高玩具，价值约两千块钱。由于礼品拎袋倒下来了，不易觉察，从此远离我们而去。我当时就想起了动画片《玩具总动员》中间的迷幻场景。

周二，早餐六时，早餐送进行政套房里，吃完后，雪佛兰车送我们去迪拜机场 T3 航站楼。先去失物招领处询问，礼品拎袋没有下落。齐娅后来在机场又索性买了三盒乐高玩具。

此趟阿联酋航空公司的空客 380 大飞机直飞美国旧金山，齐娅给大家办理了升舱业务，原来购买的是普通经济舱机票，现在改为超级经济舱，位置宽敞一些，膝下有宽敞托板可以按键升起，托住一双小腿，乘客可以呈斜躺状，有利于免除长途旅行的疲劳。升舱平均每人另支付人民币六千块钱，五个人就另外增加了三万块钱。但是乘坐确实舒适多了，物有所值。

3、旧金山

小朋友们在飞机上忙于打游戏，大宝迷上了棋牌斗地主，样样是无师自通。小宝则是喜欢棒球、保龄球之类游戏。飞机降落时，哥哥耳朵不适，反应剧烈，齐娅竭力安抚，好在飞机落地后就万事大吉了。

周三，经过十五个小时的飞行，到达了旧金山机场。第一时间激活短期美国手机卡：齐娅美国手机号码是 206 2288 372 ，齐匡之美国手机号码是 190 4523 4289 。

机场外的接站汽车还是随意停放在路边上甚至路中央，致使交通屡屡断流，和十七年前我来美国时一模一样。

负责租车的黄先生来接站，驾驶一辆雷克萨斯 LX570 的大型 SUV，后来他在车上告诉我们说，这就是给我们安排的“那辆车”。我们一时反应不过来，感到措手不及，到了他的车行后还花了一点时间进行交涉，强调说我们预定租赁的是一辆 2022 款的塞纳厢式车，而且我们只希望见到我们预定的车，而不是其他。黄先生原籍广东，来美国二十多年了，对于汽车是门内汉，他解释说“这是免费升级了啊。”我们不愿苟同。耗在车行里近一个小时，在交涉无果的情况下，尽管我们是一百个不情愿，但我们没有办法浪费宝贵的旅行时间，最后就接受了这辆车。当然，这一切都是发生在我们当时对于雷克萨斯 LX570 一无所知的情况下，事后我们谈及此事，均是开怀大笑。

虽然这次我们自驾游与塞纳车失之交臂，但是缘分未断，后来到达纽约后，预约来接机的小李开来的就是一辆塞纳车。

开上雷克萨斯 LX570，齐娅打开谷歌地图导航。一家人直接去斯坦福大学游览参观。十七年前来斯坦福大学参观，是刘燕驾车送我们入校园，由大门口循序而入。而这次谷歌地图导航把我们从支路上直接带进了校园的五脏六腑如斯坦福大学医学院门前，齐娅调整搜索条目，定位著名的斯坦福大学教堂，峰回路转遂回到了计划中的访问地点。此时正值暑假期间，一眼望去，游客占据绝大多数。校园葱翠满目，花木茂盛。斯坦福大学占地 33 平方公里，与其举世无双的庞大校园规模相比，是斯坦福大学无与伦比的崇高学术成就，截止至 2018 年 3 月，共有 81 位斯坦福校友、教授或研究人员曾获得诺贝尔奖，位列世界第七；27 位曾获得计算机界最高奖图灵奖，位列世界第一；另有 7 位斯坦福教授曾获得过数学界最高奖菲尔兹奖，位列世界第九。2017 至 2018 年，斯坦福大学在世界大学学术排名（ARWU）、QS 世界大学排名中均位列世界第二。我家 9 岁的大宝曾经放言，长大后要考斯坦福大学。

后来调转车头前往刘燕和朱骏家，当晚宿于此处。刘燕带领三个孩子乘坐游轮去阿拉斯加了，朱骏在家招待客人。

在朱骏的帮助下，齐娅购买了迪士尼乐园游览的门票。当朱骏听说我们还计划次日在环球影城游玩一天的时候，感到不科学也不切实际，提出异议说，孩子们前一天满负荷游玩一整天，第二天应该是有张有弛的节奏，不宜在游览节目安排方面暴饮暴食。遂听从了他的建议。后来的事实证明，朱骏的主张可谓英明。

周四，起床后敏锐地感觉到室外气温较低，空气“相当地”凉爽，这对于来自火炉城市的我们来说是喜出望外。旧金山半岛三面环水，受到太平洋加利福尼亚寒流影响，海水温度长年在摄氏 10 至 15℃间，夏天半夜受到西风翻卷，海水也可能下降到 10℃以下，由此形成海雾像冷凝剂一般笼罩着旧金山地区。

早餐后，一家人驾车去旧金山游览，远远望去，洁白的山岚缭绕，如入仙境。径直先去金门公园，路边停车很多，可见游客盈门，兜了几圈才找到车位。

金门公园的日本茶公园活脱脱是一处世外桃源，最初是为 1894 年的 California Midwinter International Exposition（加利福尼亚隆冬国际博览会）而建，后得到保留和开发。入门须买票，儿童也需购票。有趣的是每周一、周三、周五上午十时之前入园的成人可以免票，看来还是较有人情味，以此调节进入园林的游客密度。日本茶公园精致紧凑小巧，富有传统的东方风情，游客络绎不绝。

然后去金门大桥，偏偏就选中在桥头第一家停车场泊车，因为当时恰好看见有一辆车退出车位离开。租车行的黄先生事先叮嘱我们“千万不要在这家停车场泊车”，所以我们比较警觉，十分注意安全。下车后果然看见停车场两边栏杆上尽是警方标语 Safety Alert，提醒旅客注意砸车偷盗。警方的告示主要是两份，一份上面赫然是一位蒙面人大头像出现在车辆前，提醒说，“Leave Nothing Behind”，叫人一见心慌；另一份惊心动魄展示一扇被砸碎的车窗玻璃，上面提醒说，“SAFETY ALERT 1.TAKE ELECTRONICS WITH YOU. 2.KEEP ITEMS OUT OF SIGHT. 3.SECURE YOUR VEHICLE. 4.BE ALERT.下面还有两行小字：If you observe suspicious activity, call Golden Gate Bridge Patrol at (415) 923-2230”看来黄先生的告诫所言不虚。又闻砸车团伙现在图谋的主要是车上的电子产品，据说他们手持侦查工具，围在车旁即可判定目标车内有无值得打砸的财物。鉴于此说，又由于我看见金门大桥上空又一次是浓雾袅绕，难见大桥真面目，于是我拍了几张照片就单独回车看守车辆。琪海和齐娅带领孩子们上桥浏览。风太大，气温很低，我穿上外套还是不暖和，游览大桥的游客更是个个冻得发慌。旧金山今日 13 至 18 度，加上海风凌厉，虽是三伏天，感觉是冷极了。

离开金门大桥，一家人又开车去附近不远处的艺术宫参观。旧金山艺术宫于 1915 年为了巴拿马“太平洋万国博览会”所盖，当时曾吸引了 1800 万游客参观。会后筹集了三十五万美元经费使用永久性的建材进行重建。

回国后约半个月左右，我在网络上看见新闻报道，8 月 24 日（周四）上午，在旧金山艺术宫外举行的记者会上，旧金山执法官员宣布将启动包括钓鱼执法策略在内的新执法政策，使用诱饵汽车（bait cars）打击汽车破窗盗窃。而就在当天新闻发布会开始前几分钟，一群游客的租车在活动举办地附近被砸。双方势力，针尖对麦芒。

旧金山市政府目前正努力吸引更多游客来访，汽车破窗盗窃事件已成为该市当局十分头痛的一个长期存在的财产犯罪问题的显著标志。政府官员为此面临着越来越大的压力，被要求在打击财产犯罪方面采取一些有实质效果的措施，这也可能会成为市长布里德（London Breed）在选举年面临的一个问题。未来几个月，随着十月旅游旺季的到来以及 11 月中旬预计将吸引成千上万人的亚太经济合作组织会议的召开，旧金山对公共安全问题的审查可能会更加严格。

根据旧金山警方提供的最新数据，今年到目前为止，车内物品失窃案的报案数下降了约 3%，从 2022 年上半年的 10301 起下降到 2023 年同期的 9997 起。

地方检察长谢安宜说：“在旧金山，我们已经到了这样一个地步：人们甚至不害怕被逮捕，因为他们认为检察长办公室接手案件后不会发生任何事情。他们必须知道，警方不仅会逮捕他们，而且立案后还会发生一些有意义的事情，以对未来起到威慑作用。”谢安宜指的就是：地检处将会起诉，严惩犯罪。

昨天在朱骏家门口停车时，看见他家车库前停放着一辆雷克萨斯轿车。晚上便与朱骏说起下午在车行与黄先生的交涉经过。朱骏首先肯定塞纳厢式车很不错，原先他家就买了一辆塞纳车，家庭人多，使用方便。后来他又完全肯定了黄先生的另一说法，雷克萨斯 LX570 对于塞纳 2022 款是免费升级了，“升了两级也不止呀。”

于是我便抽空上网查了一下雷克萨斯 LX570 资料，不查不知道，一查吓一跳。LX570 搭载了一台 5.7 升 V8 发动机，8 座，最大功率达到 381 马力，车轮毂尺寸为 20 英寸。LX570 代表着顶级豪华 SUV 的特质，我们开的这辆 2018 款车，售价 130 万元人民币。车长五米多，高近两米。LX570 采用“易进易出”模式，当驾驶者停车时可自动降低车辆高度，方便乘客进出车辆。在停车熄火后，车身可以自动降低，前轮降低 60 毫米，后轮降低 40 毫米，在起动加速后车身高度则恢复到正常状态。事实上每逢我坐上驾驶座位，只要系上安全带，座位便开始自动调整，一副配合出行的殷勤架势，叫人无法拒绝。前排中央扶手箱中是车载冰箱，可惜没用上，因为路上买来饮料立刻就开喝了，少有储备。取车时，曾发现车内没有车辆证，请租车公司发了一个图片邮件过来，又请朱骏打印出来，放在车上，以备警察查询。

这辆雷克萨斯 LX570 车身重量 3858kg，自重接近 4 吨。这一点让我始料未及。其结果有二，一是在高速行驶中遇到情况要提前踩刹车，而且要及时下狠心把刹车一直踩到底，以有效控制这一恣肆前进的庞然大物；二是耗油量大，自身油箱容积达到 138 升，不是没有道理的。这七天一共加油三次，每次加油遇到的情况不同，妙趣横生。此外这车辆的减震效果较好，但是如果我们把几只旅行箱寄放在旅馆里的话，后排乘客在行驶过程会感到车身有些晃动。一俟沉甸甸的旅行箱们仿佛压舱石一般加入后备箱，晃动感消失，一切 ok。

离开艺术宫，我们沿着海边一路向东开过去，景色秀丽，海边全是密密麻麻的游艇泊位。一直开到了渔人码头，游客极多，熙熙攘攘，如同是正月十五闹花灯时南京夫子庙畅游秦淮风光带的游客一样，几乎是“密不透风，”可见当地的旅游业已从三年疫情期间的萧条状态下完全恢复过来了。

开车南下进入市区，切实领教了一下旧金山交通大考验，我戏称是“科目九”。市区道路忽高忽低，起伏不定，根据维基百科的记录，最陡的路是 Filbert Street 和 22 街，坡度为 17.5 度，而在司机本人的感受中，这些道路的坡度早已超过了 30 度。有些街口地势陡峭，遇到红灯停车，十分考验司机坡道出发的驾驶技术，遇上绿灯再次通行时，大车重车难免滑车 10 厘米，也是无可奈何的事情。

一个路口接一个路口，车辆终于到达市区最高处，然后沿着九曲花街开下来。九曲花街的学名叫做“伦巴第街（Lombard Street）”，由于道路狭窄，只能单向从 Hyde 由上向下行驶。这条短短的道路倾斜坡度达到了 40 度，有 8 个转弯，相当考验司机的驾驶技术。道路两旁种满了花卉，姚黄魏紫，争奇斗艳，“九曲花街”颇负盛名，算得上是美国最曲折的街道。

回家路上，去 UPS 给赵苏表哥把从中国带来的中成药寄出，他老先生就住在旧金山，但是我们不顺路，还是请专业人士来做专业的事情比较好。又去华人超市买饮料和一箱纯洁净水。

气温 13 至 18 度，盛夏季节，世界上怎么会有这么凉快的仙境呢？旧金山大暑季节，晚上睡觉必须裹紧棉被，这真是怕热之人如我等的养生福地。

周五，大宝早起后与朱骏一起在院子里采摘李子。据主人介绍说，院子虽然宽敞，种花果与栽蔬菜却殊为不易，因为一众小动物和鸟儿会争相分食。如果你想种胡萝卜，鸟儿和松鼠们在地面上是看不见了，但土拨鼠也会从地下一根根扯去吃掉。为保住收成，主人需要在地下设置金属网才行。幸好鸟儿和松鼠不愿分享李子。李子十分甜美。上午告别刘燕家，在街口的加油站自助加油。然后沿着一号公路驶离了旧金山。

4、蒙特利

蒙特利市位于旧金山南面约 180 公里，开车两个小时就到了。受到太平洋的影响，此地类似于地中海气候，平均温度冬天是 16 摄氏度左右，而夏天只有 22 摄氏度左右。蒙特利的夏天有时可能很冷并且有雾，夏季降水量很少或者根本就没有。

蒙特利自十八世纪开始就有大量艺术家居住，艺术和文化气氛相当浓厚。齐娅领着孩子们直接走进了著名的水族馆。我陪琪海在围栏边眺望海景，后沿着主要的一条滨海大街溜达，路边店铺密集，具有鲜明的西班牙和墨西哥风情特色。后来又在路边旅店门口的露天椅子坐下，观望人来人往，车行车停，分外气定神闲。

几小时后与齐娅娘儿仨会合并回到几条街外的路边停车处，赫然看见前窗玻璃上夹着一张车辆罚单。这时我才留意到路边有告示牌，停车限定在两个小时，过时会有罚款。齐娅说她事先倒是看见告示了，但是没有想到执法人员会动真格的，因为我们停车时毕竟没有任何记录，两个小时怎样计算谁也不知道。看来暗中或许会有电脑控制路边的停车记录。从此我就开始留意路边停车的告示牌内容了。

住进了一家汽车旅馆，这是我平生第一次住汽车旅馆，是蒙特利华美达汽车旅馆（Ramada by Wyndham Monterey ，2058 North Fremont Street, CA 93940, (+1)8313759511）。记得 2019 年在澳大利亚大洋路上自驾游时，中途在阿波罗湾住的是私人旅馆，当时我家六口人分住两幢二层小楼，楼上楼下，有些奢华。

放下行李后，一家三代人驾车去 4 英里外的卡梅尔文艺小镇，约十分钟就到了目的地。卡梅尔是一处世外桃源般的地方，建镇于二十世纪初期，历史虽只有百年上下，但是在美国西岸却是众所皆知，是一座人文荟萃、艺术家聚集、充满波西米亚风味的文艺小镇。卡梅尔的早期居民 90%是专业艺术家，许多风格独特的艺术家和作家入住这座依山面海的小镇。1969 年，中国著名国画大师张大千也曾居住在此，称其居所为“可以居”。小镇上一条坡度倾斜的通衢大道由高地直接伸延到远处的海滩，无论是上行还是下行，都颇费足力。

街道两旁的建筑物极富欧洲传统特色和鲜明个性，花团锦簇，景色美得如童话一般。这里的居民们抵制现代化，市区禁止广告、霓虹灯、停车咪表和快餐店，不允许建高楼大厦，也不允许设红绿灯（但各个路口的“STOP”红牌一个也不少），家家户户门口也不编门牌号，而是“凯蒂的家”，“鲍勃之屋”等人性化名词代替，以维持原始风情的朴实、祥和、宁静和温馨。

沿着倾斜的大道一直走到海边，游客众多，纷纷在沙滩上嬉戏玩耍。孩子们脱下鞋子，赤脚在海边玩沙。我赤脚在海边站立一会儿，调皮的孩子们就把白色沙子高高地堆积在姥爷的脚踝上，看上去我就像是一棵穿着蓝色外套的棕榈树受到海洋的诱惑正在迎风招展。

周六，我们开车来到了 17 英里风景区，这是一号公路上唯一收费的一处景区，每辆车入园时交纳 11.75 元美金。入口处在 Pacific Grove，出口为 Carmel，总长 17 英里，约 27 千米。17 英里风景区位于风光明媚的蒙特利半岛，此处被称誉为世界上陆地、海洋、蓝天的集大成者，并被公认为理想的度假胜地。车辆未达海边的时候，两旁路边绿草如茵，随处可见顶级的高尔夫球场，据说曾让伍兹一鸣惊人的国际排行榜首的 pebble beach（鹅卵石海滩/圆石滩）Golf 球场就在这里，景区内共有 4 个高尔夫球场。车辆首先来到了西班牙湾（Spanish Bay）海滩，碧海蓝天，鲜花礁石，令人开心欢呼，不过海风凛冽，寒气逼人，气候似乎不太友好。我看见有几位球装打扮的男子立在海边的高尔夫球场上正在交谈，我猜想在一杆高尔夫球飞上天之前，是不是也需要雇一位狙击手的助手在旁边测算风向、风速和距离才好呢？

17 英里风景区与美国高尔夫运动有着千丝万缕关系。1919 年，圆石滩高尔夫球场和圆石滩小屋向公众开放。1929 年在圆石滩举办首届全国高尔夫锦标赛——美国业余锦标赛，并于 1947 年、1961 年、1999 年和 2018 年再次举办。2014 年，圆石滩高尔夫学院和练习场开业。

据介绍美国没有任何一个高尔夫公共球场能与圆石滩高尔夫林克斯球场（Pebble Beach Golf Links）的大满贯冠军血统相媲美。2019 年 6 月在圆石滩球场百年庆典期间于此地举办了第六届美国公开赛，此外还有上述五届美国业余锦标赛、两届美国女子业余锦标赛和 1977 年 PGA 锦标赛。圆石滩高尔夫球场是美国排名第一的公共球场，又已被选为 2023 年美国女子公开赛和 2027 年美国公开赛的举办地。

17 英里风景区处在蒙特利半岛的海边，最北面的景点就是西班牙湾。据说西班牙湾海滩的命名，是纪念西班牙探险家于 1769 年在此扎营，他们当时试图根据 1602 年的史料描述找到蒙特利湾，为此花费了一年时间。这座美丽海滩因西班牙人的早期到访而永垂青史。

齐娅接手开车，开得非常稳当。我们一路开车环海边向西南方向前行，每到一处经典的观景区，海边都会辟出一块空地作为临时停车场，供游客们下车仔细观赏。一路上有十几个景点，我们就停车下车十几次。到了西面后，感觉是海浪依然扑岸，但是海风就不那么刺骨寒冷了。最后到了南面，海风拂面就有温柔的意思了。圆石滩高尔夫林克斯球场（Pebble Beach Golf Links）就在蒙特利半岛的南面，占尽天时地人和的优势，怪不得排名世界数一数二，不是没有道理的。

下车观赏的第二个景点是不平静的海（The Restless Sea）。此处是圆石滩最动荡的一段海岸线，因此得名。海浪不断汇聚并相互碰撞，据说这很可能是由海面淹没下的岩石结构所造成。

有趣的是海边顺序第四个景点叫做“中国岩（China Rock）”。中国岩在 19 世纪晚期至 20 世纪初期是一个中国小渔村的所在地，群居的中国渔民曾在此搭建棚屋挡风御雨。当时这个中国渔村只是点缀在蒙特利海岸边的众多渔村之一，不料想后来在顶级景区内竟然留下了无穷尽的遐想。

下面的景点陆续是鸟岩和海豹岩。直到 1930 年清理鸟岩之前，鸟岩上覆盖着 4 到 5 英尺厚的鹈鹕和鸬鹚的鸟粪。清理后鸟岩上开始出现海狮，成为了海狮理想的栖息地之一并从此开始在这里享受日光浴。我们看见大批大型海鸟在鸟岛展翅飞翔和栖息。到了海豹岛，意外地倒是没看见横七竖八卧倒休息的海豹，莫非这个时间段恰巧是海豹绅士和海豹太太的 Lunch Time？

孤柏（Lone Cypress）景点颇负盛名。悬崖龙柏是一棵独立于峭壁边的柏树，背衬大海蓝天，孤傲挺立，被称为“孤柏树”，美国的体育服装品牌里就有“孤柏树”这个品牌。据说此树经历了 250 年的苍桑岁月，比美国本身的历史还要古老，它是 17 英里景区的著名标志。路边的标识牌上这样叙述，“THE LONE CYPRESS For more than 250 years, the world-famous Lone Cypress has braved the elements atop its rocky pedestal overlooking the Pacific Ocean. Known as Midway Point on the original 17-Mile Drive, this iconic tree has been the logo for Pebble Beach Resorts since its founding in 1919.”大意是“孤独的柏树 250 多年来世界著名的孤独柏树在其岩石基座上不畏艰险，俯瞰太

平洋。在最初的 17 英里车道上被称为中途岛，这颗标志性的树自 1919 年成立以来一直是圆石滩度假村的标志。”

我们缓缓开车，一路上从容浏览风景，海景陆景皆是优美异常，构成了 17 英里迷人的画卷。景区里面有许多豪宅别墅，说明很多人居住这座风景区里，由于这一片都是私人财产，所以要对游客收费，管理颇佳。中国人所说的世外桃源，恐怕非此地莫属了吧？

出了 17 英里风景区，我们随后开车往北行驶约 3 公里，来到了附近的情人角公园，到了之后才发现这是一处景致非常优美的区域，我所看见的场所约有几个足球场那么大，居高临海，有一条高不过膝的石头围栏圈住，既提醒游客注意高低落差不要失误踏空，又不影响极目远眺的畅快视线。眼前有一条长长的石头台阶直接通往下面的海滩。

公园地面绿草如茵，修剪和打理甚佳，苍翠欲滴，丝毫不亚于顶级的高尔夫球场。在这一大片绿丝毯中间有弯曲路径将其划分为几大块区域。在公园远离海滩的另一侧，则有一排高大的柏树整齐排列，虽然形态各异，但无不是舒展身肢，抖擞精神，扩胸挺肩，坦露出拥抱大自然的积极向往和开放姿态，叫人一见难忘。我仔细打量这片与众不同的壮美景色，发现正是这一排美丽的参天柏树在这一片天香国色风景中起到了画龙点睛作用。柏树们纷纷摆出了大写意的姿态，在湛蓝天空背景下，或大气喷薄，或气宇轩昂，或率性恣肆，或参禅悟道，让人们过目不忘，会意领教，深铭心间。

小松鼠们在脚边跑来跑去，鸟儿停在附近好奇地盯着游客的一举一动。海风强劲，有一位老人双手从脚前的桶中取出沾满溶液的两根棍绳高高举起，让大泡泡不断放飞出去，飞得很远，一口气飘飞到 1 公里多远的海面上。小朋友们脱下鞋子，在海浪里跑来跑去，非常开心。

朱骏事先说过，他来过情人角几次，几乎每次都看见有准新人们在这里拍摄婚纱照。说明“百姓所见略同”，人们高度认可这里美丽的景致，愿将此生最幸福的片段与这里的美好景色结合在一起。据说很多美国人喜欢在这里办理结婚或征婚仪式，在几棵树之下摆放几排白色椅子，牧师为新人证婚……此景只应天堂有，人间能有几回见。

半路加油 60 美金，大概 10 加仑。

5、圣巴巴拉

谷歌地图显示，一号公路的以下路段正在修路，交通受阻。据当地新闻以前发布的报道，“6 月 28 日，风景秀丽壮观的加州 1 号公路在靠近圣路易斯奥比斯县（San Luis Obispo County）以北 30 哩处因大雨导致路基滑落塌陷，高速公路局人员 29 日初步维修评估需 500 万美元，尚无法得知何时可重新开放。”我们离开蒙特利后，便沿着 101 公路一直开到了圣巴巴拉。入住 Best Western Plus 旅店（Santa Barbara, 2220 Bath Street, CA 93105, (+1)8056827277）

傍晚入住之前，在旅馆门口发生了一起意外事件，太太琪海从一处约有三层台阶那么高的花台上跳下时，不慎跌倒摔伤，下嘴唇洞穿，血迹斑斑。齐娅陪到医院缝合。直到夜 12 时后才返回。

这起事故提醒我们，一是年纪大了，要服老。男孩子们可以一跃而下的花台，七十多岁的老人绝对应该掉头他去，另寻台阶从容走下来。二是自驾游出门在外，要把旅行中的医疗保险纳入考虑范畴。三是必须注意人身安全，琪海只是皮肉之苦，没有伤及骨头，此乃不幸中之万幸。

琪海摔倒受伤时，一名男子路过询问需要帮助吗？齐娅心慌意乱跟他说英语，那人立刻举掌抱歉说，“No English, Spanish.”交谈虽然没能继续下去，但是那男子可能随后去报知酒店前台，因为前台一位男服务员很快带着一叠毛巾和饮用水瓶出现在房屋门口，询问是不是需要帮忙，并告知医院距离此地不远，就在几个街区拐角处。

后来我才知道，加州与西班牙的关系在历史上渊源深厚。1769 年加州最先成为西班牙殖民地。1822 年墨西哥脱离西班牙独立后，加州暂时归属墨西哥管理。1848 年美墨战争后，加州、德州和新墨西哥州归属美国。西班牙殖民时期，西班牙语理所当然成为了这个地区的主流语言。19 世纪后期英语逐渐后来居上。20 世纪和 21 世纪随着拉丁裔人口的增多，加州西班牙语又再次流行开来，成为了继英语之后的第二种主流语言。在加州，西班牙语和西班牙文化无处不在。

周日，鉴于琪海身体不适，准备退掉我俩明天的迪士尼乐园门票。齐娅与负责买票的朱骏商量，得到的回复是迪士尼乐园明天的门票不给退款，但可以改日子，可以改成以后 12 个月中的某些日子。而且限定还是我俩的名额，不允许转让给别人。但我俩大概率 12 个月之内不太会去加州迪士尼乐园游玩了。只好不退票了，但心里在嘀咕这种不退票政策确实不近人情。

琪海上午卧床休息，齐娅在超市买了果酱面包和大米，中午我煮了一锅粥，琪海喜欢吃。下午一时退房，驾车前往洛杉矶去。

加州公路的两旁永远是不变的景色，即枯黄草坪覆盖山坡，灌木丛倒是一片片绿色。峰回路转，百转千回。有一大段路程在山上盘来盘去，琪海和齐娅大概是共喊了数百声“慢”来警示和提醒我减速缓行，我心想这些喊声的能量加在一起，就足以驱动这辆大车行驶几英里了也不一定。这辆车的操控性能很好，我感到很满意。我不知道今后还有没有机会来驾驶一辆百万元人民币以上的豪车来驰骋上千公里饱览异域景色。

今日周末，洛杉矶周边大堵车，开开停停一个半小时以上，实在是没有脾气了，不过我有机会领略一番大洛杉矶的交通状况。中途加油 80 美金。

6、洛杉矶

住进靠近迪士尼乐园的 Wyndham 酒店。酒店前台的两位先生可能就是西班牙人，他们彼此之间用一种明显区别于英语的语言交谈，我完全听不懂。

周一，天气晴好。上午一家人步行到一公里多远的迪士尼乐园去。游客如织，气氛热烈。

园门验票的一位老太太十分友善开朗，她尝试拼读出比较难以发音的中国姓名，每读准一个姓名，她都高兴地摘下口罩，畅怀大笑一番，表现出难以拒绝的热情与亲和力。我们也随之大笑。

入园后，我们首先乘坐小火车环绕迪士尼乐园一圈。两名孩子抢着用一台索尼 NEX-5T 相机拍照，当然理想的照片作品并不多。随后在商店门前排队与唐老鸭玩偶人合影。

我与琪海参加的项目少些，除了小小世界景点以前去过，还参加了潜艇看海，加勒比海盗，鬼屋等，皆是首次领教。迪士尼乐园的鬼屋是乘坐双人座的列车参观，我记得游客们在洛杉矶环球影城的鬼屋里只是步行。

中午吃汉堡包、薯条和鸡块。还有一种烤面包切开后放入大量烤蘑菇、薯片还有不辣的红辣椒片，不知道是不是墨西哥风味。薯条五大盒洋洋洒洒，小朋友们开心大吃，根本吃不完。

下午四时半，琪海和我先行退场返回酒店。路过迪士尼乐园大门口时，气氛庄重正式，原来是正在降美国国旗，有乐队郑重演奏，后来全体齐唱美国国歌，仪式是大阵仗，严肃也耐看。

晚上九时半，迪士尼乐园放烟火，琪海和我在酒店房间里听见“轰隆轰隆”的声音，留在园内的游客们一天的兴致至此掀起最高潮。晚十时半，齐娅和小朋友们随着滚滚人流出园回家，大街上全是乘兴而归的游客。但也看见还有新的游客逆流入园而去，据说那时候玩任何节目几乎都不用排队。每周七日，这家迪士尼乐园都营业到晚上 12 时，那些夜行游客的脑回路明显与众不同。

今天一天，小朋友们和妈妈在迪士尼乐园逗留超过 13 个半小时，真是了不起。不过齐娅叹道，这样也太费妈了。

周二，今天比较休闲。昨天齐娅和小朋友高强度玩耍一天，今天上午以休息为主。十一时退房。一家三代人驾车去洛杉矶的加州科技中心。

加利福尼亚州科学中心位于洛杉矶市博览会公园内，是一座综合性的科普场所，展馆分为科学殿堂、生命世界、创造力世界、经验积累、穹幕电影厅等部分。展馆的序厅是一个圆柱型建筑，顶部由双色玻璃组成，人站在下面可以看到太阳光透过顶部的玻璃照到地上的光谱，随着太阳位置的变化，光谱也会发生变化。

根据科技中心资料显示：生命世界是科学中心内容最丰富的展区，通过生命过程、生命起源、细胞实验室、能量工厂、消化系统、供给网、控制中心、人体工程等项目向公众介绍了生命科学方面的知识。“生命过程”使人们了解所有生物的生命过程。“生命起源” 讲述着人类奇迹，让人们知道人是怎样从单个人体细胞演变而来的。在“细胞实验室”里，可以观察到单细胞生命体的细胞世界。“能量工厂”则告诉观众动、植物是怎样得到赖以生存的能量和原材料。“消化系统”为人们展示了整个消化系统，使人们了解食物分解的知识。“控制中心”则让人们认识自己的大脑功能。

在创造力世界展区，展示了信息、结构、运输、材料等方面的大量科学知识，还为人们提供了一个展示自己才能的场所。在美国的科技馆界，创作力是一个永远不会被忽视的话题。

科技中心一楼大厅十分宽敞宏大，一侧有快餐店和餐厅。我们品尝了美国汉堡套餐，但是孩子们的口味在国内被麦当劳和肯德基引导惯了，对于美国流行的 In-N-Out Burger 之类的产品反而不太接受。

开车到达 Inn 旅店，（Holiday Inn El Monte - Los Angeles， 9920 East Valley Blvd， 艾尔蒙特， CA 91731，（+1）6264341688）这里靠近还车的地点，也方便明天租车公司送行。

开车去华人超市购买食品与购物。后在附近华人餐馆晚餐，有牛肉浇头米饭，也有大馄饨和面条，量大，根本吃不完。

晚上六时多与齐娅一起去旅店附近的指定车行还车，验车时参考我手机录制的租车时黄先生交代的外观说明，一切 ok，没有任何问题。

租车时，黄先生的车行可能是帮我们洗过车，不过我想也许是还没洗过，因为临出发前，我看见前挡玻璃不够清澈，还专门要求黄先生请员工特别清洁一下车窗玻璃。我们驾驶了 660 英里，正好是 1000 公里，历时 7 天，除了前车身有单独一丁点儿鸟儿的遗矢，车身清洁如初。在蒙特利停车的那条小街上，我曾看见旁边一幢二楼平顶房屋的屋顶上有一名男子走来走去挥舞大扫帚在驱赶鸟儿，大群海鸥心怀不满展翅离去绕圈飞行并且高声抗议，我还想过鸟粪污染的问题。在旧金山时我曾问过朱骏多少时间洗一次车？他笑了，说大概是半年洗一次吧。我想环境不同，遭遇不同，如果在南京半年洗一次车，恐怕要比垃圾车还脏了。

按照事先约定，租车公司一位约五十多岁的河北籍戴维先生驾车送我们回酒店。

周三，6 时起身，戴维驾驶一辆大点的车于 7 时之前来到，送我们一家人去机场。路上堵车，到达机场后托运行李完毕就直奔 JetBlue 登机口，虽然还有十分钟才到九时半，但是被告知舱门已关闭。就这样我们误了九时半的飞机。齐娅几处去交涉，最后改签 11 时的飞机去纽约。一切 ok。

齐娅杰出的组织能力、交涉能力和外语能力，再次得到证明。

7、纽约

洛杉矶飞纽约 6 小时，加上时差 3 小时，到达纽约已经是晚上七时二十分。误机取行李排队又费了一点时间。在携程上约定的小李驾驶塞纳车来接站，车资折合人民币 780 元。住进纽约时代广场喜来登酒店（Sheraton New York Times Square Hotel, 811 7th Avenue, W53rd St., (+1)2125811000 ）。

这家高 51 层、拥有两千个房间的酒店有两个特点，一是不向自己的住店客人提供免费的 WIFI。它倒是有 WIFI 可以链接，但是有偿服务，要收费。在网络技术如此发达的当今世界，这种小儿科作风未免有些不可思议。

二是齐娅事先预定了两个房间，等齐娅到了前台，被告知两个房间不在一个楼层，一间在 20 楼，一间在 21 楼。当时我们并没有意识到有什么不合适，此前住旅店也碰到过两个房间不在一层楼的情况，影响不大。但是，我们太轻视纽约时代广场喜来登酒店了，它确实与众不同。一家人在 20 楼的双大床房间放下行李后，齐娅说去看一下 21 楼的大床房，然后一去久久不复返。过了半天齐娅才回来，告知我们说是本酒店比较奇葩，21 层虽然只比 20 层高一层，电梯无法直达，必须先乘电梯下行到 Lobby 即一楼大堂，然后向左边大门走去，记住（就在几几乎率直步出酒店大门之前）要在大堂拐角处左拐，那里单独有一间电梯通往包括 21 层在内的其它楼层。假如您在20楼房间洗完澡后才发现装有换洗衣物的箱子放在21楼自己预定的另一个房间里，那么您将不得不重新穿上湿漉漉的脏衣服出门下楼，在大堂人来人往的世界各地旅客面前惊艳亮相并假装若无其事与西装革履或阿拉伯长袍打头碰脸地碰撞一遭然后直奔拐角处的另一电梯。此时您难免会怀疑酒店前台人员这种不近情理的安排究竟是何居心？

晚上和齐娅步行至附近美国超市购买食品等。

与赵苏和利华电话商议去长岛时如何乘坐地铁事宜。

周四，上午一家人步行二十多分钟，前往 47 街西头停泊在曼哈顿西侧哈德逊河畔的航空母舰博物馆参观。今天天气晴好，而十七年前与琪海一起来参观的那天是大雨。当日游客很多，我看见许多小朋友跟随亲友前来，能有机会在一艘真正的航母上走来走去任意观看确实是一种不同凡响的体验。这艘退役的“无畏号”航空母舰曾经参与过第二次世界大战和越南战争，甲板上停放着各式各样的战机，孩子们大开眼界，毕竟在电视或书本上认识航母和战机与亲身经历一番是完全不同的事情。

中午顺路在一家名叫“柴院”的中餐馆吃饭，抚慰一下琪海母女的中国胃。

下午一家人在50街乘上地铁1号线，前往曼哈顿南部终点站South Ferry，我留意到沿线还经过了纽约大学站和世贸中心站。我们乘坐4时的游轮出发在海上巡游三个岛，我们第一次在自由女神像岛下船，环岛一周，以自由女神像为背景拍了很多照片。

除了赫赫有名的自由女神像，岛上还有一组小型铜像约5至6尊引人注目，均是与自由女神像的建造密切相关的历史人物，细细长长造型，或读报，或托举埃菲尔铁塔模型，或攀踩三足高凳揣摩自由女神像模型。其中一位女性，下面铜牌上镌有姓名“EMMA LAZARCS”，系美国犹太裔女诗人埃玛·娜莎罗丝（Emma Lazarus），其十四行诗《新巨人》原文镌刻在美国自由女神铜像基座上。还有法国作家和政治人物爱德华·德·拉布瓦（Edouard de Laboulaye），他首先想到把庆祝自由的雕像作为法国送给美国的礼物。此外还有雕塑家弗雷德里克·奥古斯特·巴索迪（Fredric-Auguste Bartholdi），他对女神雕像着迷，着手开始设计并积极推广建造它的想法。这组雕像的底座均有一米高，人物造型另有约一米多高，造型极佳，令我迷恋。

齐娅去酒店附近的有机食品超市 Whole Foods 买烤鸡，牛奶和豆奶，加上面包，作为晚餐。

晚上九时多，一家人去时代广场游览，步行 5 分多钟就到了，真是近在咫尺。永远的灯光灿烂，永远的人群密集，永远的开心快乐。有黑人组合在表演街舞和跳跃观众人墙等节目，与游客趣味互动，纽约的魅力无与伦比。

周五，上午一家人步行穿过偌大的中央公园，前往大都会博物馆。这段路有点长，走起来有点热，也有点不耐烦。

与 2006 年旅行美国那次相比，美国的景点及博物馆门票是越来越昂贵了。2018 年 3 月 1 日，大都会博物馆开始执行新的门票规定：沿用了 50 多年的“随意付费”(pay what you wish)的惯例被废止，非纽约州的成年人在参观博物馆前，须购买 25 美元的门票，老年人票价为 17 美元，学生票价为 12 美元。与此同时，纽约州居民以及在纽约州、新泽西州和康涅狄格州读书的学生，在出示相关身份证明后，将继续享受“随意付费”的门票政策，12 岁以下的儿童仍可免费参观。

美国的博物馆和艺术馆历来有长期或限时免费的政策惯例，执行“建议付费”(Suggested Admission)以及随意付费(Pay What You Wish)政策，以示博物馆对于公共责任的承担。据报道，在 2004 年，63%的参观者会全额支付建议的入场费用，但在 13 年后的 2017 年，只有 17%的成人参观者会全额支付 25 美元的建议票价，“全票”人次数量下降了 73%，参观者的人均支付金额也下降到 9 美元。越来越少的人在 pay as you wish 的规定下付足全款进入博物馆。2016 年大都会博物馆的参观者人次创下历史新高的 700 万人次，但获得的门票收入却只占其运营资金的 14%，是纽约市多家博物馆中最低者。这可能算是“硬性购票”规定的由来。

相对而言，美国景点门票的价格更是令人咋舌，在携程网上预定洛杉矶迪士尼乐园的门票看上去单人单日单园仅是七、八百元人民币，但细化到暑假期间，门票价格一下子乘风高企，无论是成年人还是儿童票单日单人单园的门票价值人民币均在一千多元，如果加上 fast pass 则更贵。我们五个人的迪士尼乐园门票达到了六千五百多块钱人民币。据说暑假期间洛杉矶环球影城的门票价格还要高出一截来。

大都会博物馆里游客云集。我们五个人兵分两路，我领着大宝重点参观了埃及馆，兵器馆和希腊罗马艺术品馆，还有北美艺术品馆。孩子们大开眼界，面对全人类的灿烂历史若有所思。

离开大都会博物馆，乘坐上 M1 公交车。齐娅把信用卡关联 MetroCard，五个人乘坐约十站路，前往 731 LEXINGTON AVENUE 的“胡同”餐厅，齐娅在 Tulane 大学法学院的同学邓晗请我们吃午饭。香港高端中餐厅“胡同”于 2019 年在纽约开设了分店，这里有两种特色菜——点心和烤鸭。这是 Hutong 在世界各地开设的第三家餐厅，纽约菜单与香港和伦敦相仿佛，但是邓晗说这里的厨师手艺甚至超过了伦敦。

邓晗毕业后起先在一家英国人的纽约律所工作，几年前转到现在的礼德律所，现在赫然是律所合伙人之一，专门从事海商方面业务。如 2021 年 3 月下旬，悬挂巴拿马国旗的重型货船“长赐”号在苏伊士运河新航道搁浅，造成航道拥堵。“长赐”号(英文名 Ever Given)，长 400 米，宽 59 米，重约 20 万吨，载有 18300 个集装箱，所属日本正荣汽船公司。它这一堵，周边 422 艘大小货轮也遭殃了，全都被堵在运河入口附近，难以动弹。故障排除后，她们律所就代理了各方组团诉求长赐号船主赔偿的业务。

邓晗签单的时候，是用左手。左手写字的人，往往有大智慧。

下午回家路上，一家人在 5 大道 58 街交汇处的一处广场小憩观光，这里紧邻中央公园东南角，旁边是 Apple Fifth Avenue，有许多游人在此驻足休息，天晴日朗，青翠满目，心情十分愉快。

回旅馆之前，前往附近一家大型 mall 楼下的 Whole Foods 超市，一家人从容选购食品和水果，融入平常美国百姓的柴米油盐日常生活中去了。

晚上邓晗约齐娅在附近宵夜叙旧。

8、长岛

周六，上午一家人 Uber 打车塞纳去 Penn 火车站，乘坐中午 12.07 的火车去长岛，一小时后到达 Huntington 站。赵苏驾驶一辆 21 款斯巴鲁 SUV 白色“傲虎”接上我们。我一问起这辆车，赵苏就对于爱驾赞不绝口，尤其是其智能座舱及智能驾驶，在城市内驾驶辅助系统非常稳定，跟车、加塞都能进行准确识别，尤其对加塞车反应迅速，可以准确平稳降速，防止追尾加塞车。应急场景俗称 AEB，也就是主动紧急制动，这种功能主要应用于危急时刻，是一项被动防御技能，其优点主要是对车辆和行人都能准确识别，刹车过程极为线性，预警时间也比较早，主观体验值得点赞。紧急自动转向辅助功能 ACC 功能表现出色，车道保持功能在直线道路或者不急的弯道上可以始终让车辆自动行驶在道路中央，如车道居中保持和前车跟车转向。按照赵苏的脾气，他立刻就在行驶中双手丢开了方向盘，当场验证爱车的自动驾驶功能，叫人又惊又喜。这辆车还会自动刹车，后来在餐馆泊车时，在停车位上后退较多一点，车辆立刻自动制动，确保避免事故发生。

此外，如果驾驶员在开车时看手机，该系统会迅速做出反应，立刻用最大警告声音提醒。假若在驾驶中眼神迷离走神儿，也会触发系统警告音量。驾驶员身份录入全新傲虎的车机系统后，每次上车后，驾驶员疲劳监测功能通过扫描面部，识别对应人员，可进行座椅位置和反光镜的自动调整，实用方便。

车辆在长岛的道路上行驶，空气清新，环境安静，与曼哈顿完全是两个世界。直接去往一家意大利披萨店，向利华在那里等待。小朋友们开心吃披萨。

住进旅店，宿长岛（Whitman Motor Lodge，295 E Jericho Tpke，亨廷顿，NY 11746-7309）。

先去一家古董店参观。这家店规模较大，里面满满当当摆放着形形色色的古董，琳琅满目，千奇百怪。以前赵苏曾经在这里租下几节柜台出售自己珍藏的各种照相机，所以与老板很熟悉。

后去他们家参观。前院有一块打理得很好的草坪，后院较大，约有上百平方米。曾有一棵巨树立地参天挡住了阳光影响草坪生长，被主人请来工人“腰斩”，现在只剩下两米高的主干。

赵苏是典型的玩家，这个词汇的意思是他既是Gamer(玩家),又是Collector（收藏家），仅照相机就藏有几百台，他拉得一手堪称专业琴师级别的手风琴，另外还收藏八音盒等老物件。他家有三十几把枪支，下午参观重点是欣赏和触摸赵苏收藏的枪支，多数是世界著名经典名枪类，如苏式AK-47突击自动步枪、德国98K 步枪、英国的李恩菲尔德丛林步枪、美国M1卡宾枪、雷明顿散弹枪、参加越战的中国56式半自动步枪等。逐一端详，好奇也新鲜。

后用两款气手枪在后院实弹射击打靶，赵苏在约10米开外的大树下方悬挂几个饮料罐，作为靶子。琪海和小朋友们先后尝试实弹射击，这种体验在国内难以满足。我也连射多枪，几几乎就打中了，啊，在此必须诵经似地念上三遍：不经常练习准头确实是不行啊。

赵苏家前门窗下的灌木丛中有一个马蜂窝，影响到他家不敢开窗通风透气。他顺便引导我察看了一下，我看见确实有一些马蜂在前窗下横行无忌，为所欲为。假如赵苏胆敢开窗，势必会被这些飞行小杀手视为寻衅滋事，一窝蜂成群结队闯入民宅大举兴师问罪也不一定。

以赵苏的性格，他可能已经权衡过无数遍各种除蜂方案的利弊，但是在达到万无一失和两全其美之前，他还是按兵不动。我当时插了一句嘴，说，“你可以用吸尘器把马蜂全吸掉。”

赵苏“哦”了一声，顿时若有所思。

一起驾车去长岛南面海滩，路过两座桥到达第三座岛。赵苏介绍说，这个岛是长岛南边在外海上与长岛平行的一座外岛，名字叫Fire Island（火岛，音译是“法尔岛”）。据维基百科介绍，岛屿会随着外界因素的影响而发生变化，如2012年，飓风桑迪再次将火岛分为两个岛屿。这两个岛屿加起来大约有50公里长，宽度在160至400米之间。赵苏说，火岛原来功能分为两个部分，一是美军海岸警卫队的驻扎地，二是天体浴场。他豪迈地指着前方放言，站在火岛岸边可以眺望东面大西洋隔着的欧洲和南面的大西洋百慕大三角区。当然这是一种极而言之，因为欧洲最接近纽约的部分就是西班牙，直线距离远在五千公里以上。裸眼“眺望”，力所不逮也。

大人及孩子们赤脚在海滩上嬉戏，随着海浪进退而跑前跑后，趣味横生。海风十分凌厉，我看见远处海面上有十来名年轻人还在汹涌海浪中间游泳，此时救生员已经下班了，可见余下的全是顶尖的游泳高手。

回来的路上经过 Costco，入内购买蛋糕、车厘子和维生素等，用的是向利华的会员卡。出门时有两道岗检查消费者是不是用向别人借来的会员卡来付账。足见张三李四互相借卡的现象令商家头疼。

晚餐在 Hokohama 餐厅吃日式料理，顾客很多，生意兴隆。我感觉到这家餐馆的名字比较熟，思量一会儿后，终于想起来了，2007 年我接手使用一辆美国进口排量 2.3 升的福特天霸轿车，当时这辆车的轮胎用的是 Yokohama（横滨） 品牌，一字之差。

周日，八时半退房，去利华和赵苏家品尝西式早餐，有十几样果蔬和点心瓜果，丰富而且营养。饮食健康从来是头等重要的大事，添加剂必须少之又少，全无才好。

转去 Tanger Outlets，买衣服三件。奥特莱斯对于女性顾客的吸引力，丝毫不亚于洛杉矶迪士尼乐园对于孩子们的影响，如果不说是有增无减的话。

十二点半，向利华夫妇接上我们一家人前往纽约 Penn 车站，路上有些堵车。到达车站时已经晚了。尽管如此，轿车在通过曼哈顿皇后区大桥的时候，赵苏一时兴起，边慢吞吞驾车，边举起手机拍摄大桥视频，惹得向利华直催他抓紧时间开车。皇后区大桥竣工于 1909 年，是跨越纽约东河的一座重要的悬臂桥，古色古香。大桥分为上下两层，大桥刚建成时，上层设两条人行道和两条高架铁轨，下层是四车道和两条有轨电车道。现在皇后区大桥上下两层均可行车。上层双向四车道。下层双向五车道加上北边一条在 2000 年 9 月改建的行人和自行车通道。

赵苏开车接近中央火车站，首先到达我们熟悉的昨天中午曾经进入的 Penn 车站入口，但是导航显示出目的地在前面红绿灯路口向右拐弯后较远的地方，于是继续乘车前行。遇上红灯开开停停，有些焦虑。中央火车站是一幢十分庞大的建筑，高大的柱式，巨型的拱窗，挑高的屋顶，是全世界最大、最忙碌的运输建筑，占地 49 英亩，每天有 75 万人次进出使用。

大厅地面以下是核心交通空间——44 座站台和 67 条铁轨，中央火车站成为世界上站台最多的火车站。挑高宽敞的空间，拱形的穹顶，车站建筑给人以视觉冲击，内部大理石装饰与精美雕塑更是让人震撼。中央火车站于 1913 年竣工，当即成为纽约最重要的交通中心，既将长途客运、郊区通勤铁路线与市区地铁系统和街道连在一起，也成为曼哈顿中城地下交通网络运行的中介地。

本以为我们是无论如何来不及乘上火车了，因为我们在导航引导下终于赶到曼哈顿中央车站门前停车时，已经到了列车出发时间下午两点零五分。齐娅不顾一切带头奔下电梯，却惊喜异常地发现，火车还在那里悄悄静候，车门仍然大开。我们一家人连奔带跑一拥而入，连送行的向利华都上了车，我们赶紧又把她送下车去。我留意到火车于 2 时 15 分开动，晚了十分钟。这种情况与赵苏夫妇叙述几年前送行王党生夫妇虽然迟到了但是绝处逢生的情景几乎一模一样。

当时我在给赵苏夫妇的微信中高度评价美国火车晚点的好习惯，希望继续保持并发扬光大。但后来齐娅说，似乎美国火车讲的发车时间是 check in 的时间，这就好解释了，为什么火车实际发车时间并不是告知顾客的那个时间。

事后的切身体会，是我们还是应该选择乘火车回曼哈顿中央车站比较科学。一是火车不会堵车，一个小时就到达目的地。二是由长岛回曼哈顿的火车回到了 Penn 火车站，但这个 Penn 火车站就处在曼哈顿中央车站大厅之内，我们乘坐去华盛顿的火车站台入口与 Penn 火车站的出口，分别处在曼哈顿中央车站庞大建筑的对角线上，无论曼哈顿中央车站有多大，在一屋之内交通，永远是最为方便快捷。这个经验永志不忘。

8 月 5 日，我接到了美国国家档案馆工作人员署名的回复：

“亲爱的齐匡之，

你最近向国家档案馆询问有关齐植果在武官处担任翻译期间所获奖励档案的情况，本信是对你询问的答复。 您的询问已转给我，请我答复。

在马里兰州学院公园国家档案馆的以下系列中，可能有 1945 年美国政府授予勋章的相关记录：（略）

鉴于上述每个档案盒都有超过 1000 页的记录(这些记录都没有按名称编制索引，没有按文件级别进行描述，也没有在线提供)，很遗憾我们无法进行必要的广泛研究来为您确定相关记录。我们的工作人员可以协助研究人员开展工作，但不能为他们进行实质性研究。

由于可能有助于您感兴趣的主题的记录数量庞大，我们建议您预约到学院公园国家档案馆或聘请私人研究员到现场进行研究。可提前三个月通过 Eventbrite 预订。学院公园国家档案馆文本研究室的预约请访问(略)。我们建议您尽早预约，以免错过您希望的研究日期。 如果您有兴趣聘请私人研究员，请访问我们的网站 (略)。

如有其他问题，请联系文字参考档案二处 (RR2RR)，电子邮件:(略)。

此致

Lori Norris

文字参考档案二处 (RR2RR)

学院公园国家档案馆”

我随后给予回信:

“尊敬的Lori Norris，

我在出国旅行中，看到了您 8 月 5 日的回复邮件，迟复为歉。

感谢您提出的一系列有益的建议，我会继续跟进。

当务之急，是确认我父亲在上个世纪四十年代美国政府档案里的姓名准确拼音。我父亲的中文名字是“齐植果”，按照当时的拉丁字母注音，应该是“Chi chih kuo”.

请指导我根据父亲参加美国文官委员会的 CSF 1275149 那个号码，我该如何去查找美国政府档案中我父亲姓名的旧时拼音。

只有找到父亲姓名的准确拼音，才有下一步新动作的基础。

齐匡之”

9、华盛顿

火车一路经过费城和巴尔的摩，于下午五时多到达华盛顿特区，入住华盛顿国会山希尔顿酒店（Hilton Washington DC Capitol Hill, 525 New

Jersey Avenue Northwest, Washington)。酒店距离 Union Station 550 米，出联合车站后步行即可到达酒店。酒店距离里根机场仅 8.9 公里。晚上一家人边看电视边品尝向利华带来的一包点心和水果，感叹一番老同学的良苦用心。

特别点赞一下大宝，下火车后就独立拉一个小旅行箱，在复杂的道路情况下从容面对，全力以赴，从联合车站一直拉到酒店。宝宝们不知不觉中在各个方面快速成长，承担责任，勇于担当。

8 月 7 日，周一上午，一家人外出参观。酒店离国会山很近，便一路溜达过去。巧遇一对南京夫妇听见孩子们说中国话便过来搭腔，听说都是南京人后双方抚掌大乐。他俩住在南京七里街，孩子现在霍普金斯大学上学。

航天航空博物馆正在维修，只展出三分之一展品，而且需要事先预约。我们便转去自然历史博物馆。路上经过华盛顿国家艺术馆雕塑园，里面约有二十来件大型的抽象派雕塑，如红色的两米多高的类似于椅子的六足钢铁怪物，如白色的类似小金字塔的建筑，其中包括最著名的在阳光下闪闪发光的一棵不锈钢大树。

位于华盛顿宪法大道上的国家自然历史博物馆开馆于 1910 年，是一栋 5 层白色大理石建筑，馆舍长 175 米，进深近百米，可见百多年前的策划人----即史密斯学会----的高瞻远瞩是何等英明。建筑风格模仿古代希腊和罗马建筑，追求庄重、庄严、堂皇的风格，一见之下，叫人油然而生敬意。

馆内展品多达一亿二千万件，从恐龙化石到各种保存完好的珍贵动物标本及珍稀矿石等。入门即是中央穹顶下方那巨大的非洲象，鼻孔朝天，威猛无比，给游客留下了终生难忘的深刻印象。海洋馆有很多海洋生物标本，巨大露脊鲸悬挂于展厅上方。哺乳动物展厅里有雄赳赳气昂昂的狮子。2 层的矿石展区里可见一片五彩斑斓的矿石。宝石展区展示了曾经震惊世界的海蓝之心，还有各种著名的宝石项链。骨头区展示出各种动物的骨架标本。恐龙和化石展区中间的木乃伊展区，游客能看到当年的牛木乃伊……

中午走了一段远路专门去吃熊猫快餐，清一色黑人店员，菜肴热乎乎地分别装在笔筒似的纸筒内，与中餐讲究摆盘艺术完全不同，我想至少放在纸盒里也比纸筒好啊。至于清炒里脊肉的滋味如何本人不置评论，有一点可以肯定，确实是炒熟了。

餐后齐娅去二楼买咖啡，小宝跟去。后来见到小宝端盘托着两杯冰咖啡和一杯冰水回来，我们笑道，孩子们长大了，可以排上用场了。

孩子们在二战纪念喷泉池模仿其它游客脱下鞋子泡脚，乘机戏水打闹。然后一路走到林肯纪念堂。华盛顿城市里流行的电动车，几乎清一色是电动踏板车，没有座位，骑手直立行驶。而中国的电动车多是坐式，相对而言，坐下来放低重心似乎更安全和舒适。参观结束后在公交车站候车，车久久不来，我们至少看见几十架大飞机在头顶起落。后乘坐循环公交车回到联合车站，居然是免费载客。

齐娅出门去 Whole Foods 买食品，顷刻之间雷阵雨大作，齐娅在大堂幸亏还没出门，就被雨给拦住了，不然就尴尬了。改叫希尔顿酒店自己的餐饮送到房间，汉堡披萨，食物精美，加收小费。

我们此行与赵苏夫妇建有一个微信群，赵苏今天在群里发了几段视频，然后留言说，“看看我这段视频是在干啥呢？”我们打开视频一看，天哪，赵苏果然把“吸尘器灭马蜂”的计划付诸行动了。

在视频中，他手持吸尘器，对准窗台下的马蜂窝，毅然揿动开关，人蜂之间正式宣战，立决生死状。猖獗一时的马蜂们完全没料到房主人今天会跟它们玩这一出，一批批张牙舞爪地冲上前来，意欲狠狠收拾入侵者。奈何那条塑胶管口形成了强大无比又源源不断的“龙卷风”，瞬间就把不畏生死、所向无敌的空中战士们一网打尽，立刻翅折针断，一命呜呼。

——“谢谢匡之的建议，太棒了。”赵苏在微信上说。

——“昨天一开始吸是手持吸杆，有些冒着敌人炮火前进的感觉，特别是几只马蜂顺着吸杆往上寻找持杆人时，吓得我小腿直抖。后来就是吸了足足三十分钟后，手也端不住了。”他又写道。

——“昨天吸了大约 500 余只，我是根据马蜂吸入管中撞击的轻微震动来计数的。”

——“今天又有不少外来马蜂志愿者队伍。可能是昨天漏网的马蜂外出搬救兵。[偷笑]”

——“今天想了一个办法，把吸杆绑在墙上。又是（消灭）几百上千只吧？总之又吸了半桶。”

——“这只马蜂特别大，可能是蜂头吧？[抓狂]”

又是“昨天吸了大约500余只，”又是“今天……又吸了半桶。”我记得那个马蜂窝并不是巨无霸，大概比柚子大一点，这样痛下狠手“屠城”，实在是惨无“蜂”道。

齐娅关心地问，“两次都吸完了吗？”

——“明天再看看有没有马蜂支援者再来。”赵苏回答。

我们一家人在华盛顿开怀大笑，赵苏永远是非同一般。

周二，多云。上午一家人来到了附近不远处的国家植物园参观。美国国家植物园（U.S. Botanic Garden）建于1820年，位于马萨诸塞大道50号，就在华盛顿国会大厦旁边。美国国家植物园收集美国及世界上9000多种不同植物，展示植物、园艺在经济和生活中的重要性。这是美国唯一由农业部管理的一家植物园。

植物园由国家花园、巨型温室和巴托尔迪公园三部分组成。植物园大厅陈列出华盛顿许多建筑的模型，如议会大厦，林肯纪念堂，国家图书馆等，仔细观察全部是使用植株茎秆、叶子、树皮和种子等制作，栩栩如生，十分精美。

中午在联合车站的Shake Shack快餐店吃饭，网约车汉兰达接我们去里根国际机场。

由于雷阵雨天气，飞机晚点两小时起飞。波音737的座位全满。我是18E，坐在中间。左边是一位块头有我两倍大的老妇人，全程在安静专心看书；右边看上去是一位南美裔姑娘。我抬头看见前面有几位身强体壮、宽如门板的男性乘客，如果他们之一恰好是我今天的右座，那么我怀疑这趟旅行我就只好全程站立而无法落座了。

10、旧金山

机场有接驳车把我们送到附近的 Alot 酒店（Alot San Francisco Airport, Millbrae Avenue, 米尔布雷），与 Westin 酒店是前后位置。酒店距离旧金山国际机场 T3 航站楼约 3.5 公里，酒店提供机场与酒店往返的免费接驳服务，装卸行李只要付司机小费即可。

大堂里有一台大型面条出售机引起我的兴趣，品牌是 Yo-kai。这是一件新鲜事物，2022 年 3 月 23 日，由美国研发的拉面自动贩卖机“Yo-Kai Express”第一台就设置在日本东京的入境大门羽田机场第二航厦，提供柚子鸡白汤拉面、东京酱油拉面、九州豚骨拉面、札幌味噌拉面等四种口味，每碗一律 790 日币，比泡面还要快的 90 秒超短加工时间，24 小时随时待命。这种 90 秒就能热腾腾端上桌的拉面，如果细看可以发现每一种口味的配菜都是极其讲究，而且不用去店里排队等待，不到两分钟就有一碗热腾腾的拉面可供客人享用。

美国的“优岂科技”（Yo kai Express）是由来自台湾的团队在硅谷开设的新创公司。他们所研发的是自动烹煮拉面、河粉等面类的自动售货机。YO-KAI EXPRESS 的自动售卖机与传统的自动售卖机不同的是，YO-KAI EXPRESS 出售的是在机器内煮熟的食物。下单后，它会自动解冻和烹饪冷冻面条、汤和配菜。大约 2 分钟完成烹饪。除此之外，YO-KAI EXPRESS 还计划让消费者选择煮多少面条以及酱料的口味。

这种机会真是可遇而不可求，我们发现面前的这台机器显示的菜单远多于四种，估计有十来种之多，足见是二代或三代产品。我们先后选购了两碗韩国牛肉面，肉多味鲜，标价是 12.99 美元/每碗。齐娅告知我，实际上银行卡信息显示每次只收了 5 美元/每碗，不知何故。

华盛顿与旧金山时差三小时。

周三，晴天。上午一家人沿海散步，一路步行到附近的万豪酒店，那里的大堂内有较丰富的餐饮营业，我们选择在星巴克吃点心，喝咖啡。

海边景致极佳，能见度超远。飞机起降不断，常常看见两家飞机同时起降。

孩子们回到酒店，在大堂的台球桌和电子游戏机前玩乐，十分开心。12时退房，乘接驳车到旧金山国际机场，等待Check in和安检。

乘坐下午五时多的阿联酋航空飞机空客 380 前往迪拜，这趟超长航班飞行十五个小时。小朋友们贪玩桌位前的电视游戏节目，兴高采烈地一直坚持到晚上十时，才丢下键盘开始入睡。

飞机上的空调总是开得冷气十足，必须穿上外套并盖上毛毯。

11、迪拜

周四，在迪拜转机有七个小时的空闲时间，齐娅领我们来到了位于B26 进站口附近的贵宾楼，付费享受了四个小时的贵宾待遇，沙发，水果，饮食和酒水。把干巴巴的待机变成了舒适惬意的享受生活。

悠扬的诵经声广播再次在耳畔缭绕不绝。

凌晨一点钟，从B26推着行李车一路走到C21，由衷感到惊讶，一是乘客人流如织，摩肩接踵，子夜时分这里的热闹程度比得上迪拜Mall了。二是我们经过的这条路线竟然穿过了无数世界著名奢侈品店，其中在路过一家品牌店时，我无意中看了一下logo，居然是顶级奢侈品牌香奈儿。三是打造精品，如我们在机场里面一路上看到的道旁时钟全部是Rolex，费资巨万。四是机场占地面积阔大，肆意铺排，在我这样的外行看来好像是完全不知道考虑成本。

上机顺序照例如此：一是first class；二是business class；三是premium economy class；四是platinum；五是gold & silver；六是……

12、上海

8个多小时飞行到达上海，当地时间已经是下午四点多。出关时发现大宝的护照居然不见了。左找右找，到处都没有线索。海关帮忙打电话给飞机上请他们帮忙查找一下桌位前面的网兜，也没有找到。我去等行李，费了不止半个小时。空客A380-800型的乘客多达555人，行李超多。

李超在出站口接到我们，JL8 商务车一路向南京出发，由于时差，我基本上是一直都处于睡眠状态。晚上十时多，顺利回到了家里。谢天谢地。19 天的跨国旅行至此告一段落，人到家了，心还在天南地北翱翔。

家里的电热水器似乎出了问题，一直引起跳闸。夏天的旅行结束了，明天要做的第一件事情就是去选购一台新的电热水器。

翌日，齐娅去上班。李超下午去新加坡出差。

晚上八时，传来好消息，阿联酋航空公司发邮件给齐娅，告知大宝的护照在迪拜机场找到了，询问怎样方便归还到齐娅手中。太棒了。

后记

8 月 19 日，我接到了 Lori Norris 回复我的邮件：

“亲爱的齐匡之

在没有看到记录的情况下，我不能保证 Chi Chih Kuo 就是文件上他名字的拼写。不过，您父亲的名字在记录中应该是 Chi Chih Kuo，这似乎是正确的。 在您父亲从事翻译工作期间，使用的是 Wade-Giles 系统来罗马化普通话。

如果您有其他问题，请联系文字参考档案二处 (RR2RR)，电子邮件：(略)。

此致敬礼

Lori Norris

文字参考档案二处 (RR2RR)

学院公园国家档案馆”

9 月 12 日，我接到了一位专家的令人兴奋的回复：

“RE：姓名：CHIH-KUO, Chi

SSN/SN：

申请编号： 2-28310869231

感谢您联系圣路易斯国家档案馆。

我们已找到上述人员的联邦服务记录。

这些文职人员档案由国家档案馆和记录管理局依法保管。 您只需提供档案的高分辨率扫描件费用即可查阅这些记录。

您将收到 Pay.gov 发送的有关在线访问账单的电子邮件。 只需访问提供的链接并输入电子邮件中列出的访问代码。

然后，系统会提示您回答一个安全问题。

安全问题的答案是： 2023

请在 30 天内提交付款。

如果您对 Pay.gov 有任何疑问，请拨打（略）或 （略）联系其客户服务部门。如果您对您的记录订单有任何疑问，请联系圣路易斯国家档案馆。

收到付款后，我们将制作记录的高分辨率 PDF 扫描件（请预留扫描和上传过程的时间），并通过电子邮件将访问记录数字副本的链接发送至（略）。如果在此期间未收到付款，我们将认为您不再需要该记录的副本，您的申请将自动关闭，无需采取进一步行动。

如果您对此回复有任何疑问或意见，可以通过电子邮件与我联系。 如果您与我们联系，请注明上述申请编号。

***此外，伊利诺伊州瓦尔迈耶的文职人员记录中心可能有他的更多记录。

请点击此处联系他们：

国家人事档案中心

1411 Boulder Boulevard

Valmeyer, IL 62295

参见（略）

客户支持（略）

此致敬礼

乔治-富勒

参考档案专家

国家档案和记录管理局

Room 340, 1 Archives Drive

Saint Louis, MO 63138”

www.ingramcontent.com/pod-product-compliance
Lightning Source LLC
Chambersburg PA
CBHW080830220726
48293CB00009BC/2635

* 9 7 8 1 9 5 0 7 9 7 5 4 7 *